A TRAVERS
LE
VIEUX BORDEAUX

Le Meilleur des Apéritifs

AMER PICON

G. PICON, Inventeur
Chevalier de la Légion d'honneur

H. PICON Fils
Chevalier de la Légion d'honneur

38 Médailles et Récompenses diverses aux Expositions
A L'EXPOSITION UNIVERSELLE PARIS 1889
2 MÉDAILLES D'OR (La plus haute Récompense)
MEMBRE DU JURY
Aux Expositions Universelles de Lyon 1894, Bordeaux 1895, Rouen 1896
Président du Groupe 19 à l'Exposition Nationale-Régionale de Montpellier 1896 (Hors Concours)

MAISONS
BONE (Algérie), MARSEILLE, ROUEN, BORDEAUX, PARIS
LEVALLOIS-PERRET

ENTREPOTS
PHILIPPEVILLE, ALGER, ORAN, TUNIS, LYON

Se méfier des imitations vendues dans les bouteilles de la **Maison PICON**

Les Consommateurs devront demander un **AMER PICON** ou plus simplement un **PICON**
EXIGER LA BOUTEILLE AUTHENTIQUE

AMER PICON

TONIQUE   HYGIÉNIQUE

Ernest LAROCHE

A TRAVERS LE VIEUX BORDEAUX

RÉCITS INÉDITS

LÉGENDES, ÉTUDES DE MŒURS, PORTRAITS, TYPES, MONUMENTS

RECONSTITUTION DES QUARTIERS PITTORESQUES

(NOUVELLE SÉRIE)

Préface d'Aurélien SCHOLL

Illustrations de Léonce Burret et Henri Goussé

BORDEAUX

G. GOUNOUILHOU, IMPRIMEUR-ÉDITEUR

11, RUE GUIRAUDE, 11

1900

DU MÊME AUTEUR

HISTOIRE. ROMAN. ÉTUDES. POÉSIE.

A TRAVERS LE VIEUX BORDEAUX

Histoire anecdotique locale, du Moyen-Age à la Révolution. Usages, Mœurs, Coutumes, Lettres, Arts, Politique, Sciences, Industrie, Commerce.
Série approuvée par le Ministre de l'Instruction publique; mentionnée à l'Académie française; honorée de subventions du Conseil général de la Gironde, du Conseil municipal, de la Chambre de commerce, de la Société Philomathique de Bordeaux, etc.

1ᵉʳ volume : *A Travers le Vieux Bordeaux*, un fort volume illustré. Préface d'AURÉLIEN SCHOLL.

2ᵉ volume : *Le livre d'or des Sapeurs-Pompiers de Bordeaux* (historique de 1800 à 1889).

3ᵉ volume : *Bordeaux d'hier et d'aujourd'hui*, un fort volume illustré. Préface d'ARMAND SILVESTRE.

4ᵉ volume : *Bordeaux à travers les Ages*, un fort volume illustré. Préface d'EMILE ZOLA.

Le Livre utile (10ᵉ mille). Manuel populaire de 300 pages. Jurisprudence, Lois, Usages, etc. Préface de F. SARCEY.

Chroniques et conférences sociales, un volume.

Contes et Nouvelles. Préface de CATULLE MENDÈS.

A bas le Pouvoir! Chansons du Peuple, paroles et musique, de 1600 à 1789. Un fort volume. Riches illustrations de LÉONCE BURRET.

Pour Passer le Temps. Poésies et proses (illustré par les premiers artistes de l'époque). Préface d'ERNEST TOULOUZE.

Tristesse d'Aimer... Roman moderne. Illustration de A. WILLETTE.

THÉATRE BORDELAIS.

Le Bonheur à Trois, comédie en 3 actes.
A l'Eau! A l'Eau! vaudeville en 4 actes.
C'est le Printemps! vaudeville en un acte.
Disparu! vaudeville en un acte.
Bonne Marraine, comédie en 3 actes.
Coup double, comédie en un acte.
Fausse alerte, opérette en un acte.
Trousseau embarrassant, comédie en un acte.
Les Tribulations de M. Veinard, opérette en un acte.
Bordeaux dans la Lune, pièce en 3 décors.
Tout Bordeaux aux Bouffes, pièce en 3 décors.
Une mère, pièce dramatique en 5 actes.

En collaboration littéraire avec M. Victor MEUSY

Bordeaux-Express, revue en 2 actes.
Bordeaux-Chicago, revue en 2 actes.

Ah! pôvre, il est midi! revue en 3 actes.
Les Records de l'Année, revue en 3 actes.
Elles en Veulent, revue en 3 actes.
Les Bouffonneries de l'Année, revue en 3 actes.

En collaboration musicale avec M. de SONNEVILLE

L'Enfant d'Adoption, pièce en vers en un acte.

En collaboration musicale avec M. Ch. HARING

L'Amour-Trompette, opérette en 3 actes.
Ali-Baba, opérette-comédie en 4 actes.
Fanfan-la-Tulipe, opérette en 3 actes.
Raté! monomime en un acte.
Le Cœur de Pierrot, pantomime en un acte.
Le Mariage de Pierrot, ballet-pantomime en un acte.
Le Roi de Cracovie, comédie-opérette en 3 actes.

A MESSIEURS

OBISSIER SAINT-MARTIN
SÉNATEUR

A. SURCHAMP
DÉPUTÉ

G. CHASTENET
DÉPUTÉ

J'offre ce livre en témoignage de vive amitié.

Mon cher Ami,

Je viens de terminer la lecture de votre ouvrage ; je l'ai lu tout d'une haleine, tant il m'a captivé. Un soleil de printemps m'attirait au dehors, mais ayant l'habitude de prendre mon plaisir où je le trouve, j'ai sacrifié le Bois de Boulogne au Pavé des Chartrons.

Votre livre n'est pas seulement un livre pour Bordeaux, c'est un livre pour la France entière, et il serait à désirer que chaque ville trouvât un historien de votre valeur, ayant le dévouement de la recherche, la fidélité de l'impression et la sincérité du récit.

Que de fois les ruines ont été relevées sur cette rive de la Garonne que Bordeaux a traversée pour fonder une colonie

en face des Quinconces! Que de combats, que de sièges, de pillages et d'incendies ont écrasé, ensanglanté, ruiné, détruit la vaillante cité, toujours renaissante, qui est devenue la grande et magnifique ville qu'on voit s'étaler aujourd'hui, dans un paysage plein de contrastes, au bord d'un des plus beaux fleuves de l'Europe! En remuant la terre, on y trouve les ossements des Visigoths, des Francs, des Sarrasins, des Anglais qui, tour à tour, ont occupé Bordeaux. Dunois l'assiège au nom du roi; Talbot s'y établit; Charles VII l'en déloge; le connétable de Montmorency y pénètre à coups de canon et s'y montre plus terrible, plus cruel, plus impitoyable que ne le fut le duc d'Albe à Gand.

Des temples, des théâtres, des arènes, de tous les monuments par lesquels chaque conquérant avait voulu marquer sa prise de possession, il reste à peine quelques vestiges. Assez cependant pour prêter à la rêverie. Enfant, je contemplais avec regret le peu qui reste du Palais-Gallien, je reconstruisais les arènes par la pensée ; puis j'allais, comme en pèlerinage, au caveau de Saint-Michel où un saisissement me prenait, chaque fois que le gardien, ou sa fille (jeune alors !), disait au visiteur en élevant un bout de chandelle à la flamme tremblotante qui mettait de grandes ombres sur les momies : « Vous marchez sur dix-huit pieds de poussière de morts ! »

Et dans le Bordeaux vivant, on allait de Lormont, aux auberges joyeuses, à Monrepos, cet Orezza de poche ; à Pessac, où commençaient les forêts de pins ; d'autres fois, Blanquefort nous tentait, et aussi les ruines du château de Duras avec ses vieilles tours démantelées, ouvertes comme par un éventreur, et les souterrains où l'on pénétrait en rampant pour y voir de gros boulets de pierre, oubliés là depuis des siècles !

Tous ces souvenirs sont encore vivants, pleins de couleur et parfois de sourires...

Vous avez remué tout cela en moi, mon cher Confrère, et je vous en remercie. Grâce à vous, la cité, quatre et cinq fois ressuscitée, m'est apparue à ses différents âges ; puis, j'ai revu notre Bordeaux actuel, sa clarté, sa joie, son soleil ; j'ai respiré de nouveau les grappes de ses acacias ; et, comme en un mirage, ses foires bariolées ont reparu avec l'animation des bazars d'Orient et le brouhaha du Midi; et les fanfares, les bruits discordants, les éclats de rire des grisettes dans les émanations des gaufres sortant du moule et le doux parfum des gimblettes!

Sensations exquises, retour vers un passé — peuplé de fantômes adorés — qui sonne pour le Bordelais vieilli, avec le regret des jeunes années, le signal mélancolique du retour!

Aurélien SCHOLL.

A Travers
Le Vieux Bordeaux

I

Les Anciens Cafés

Il y aura tantôt trente-cinq ans qu'un chercheur infatigable, doublé d'un profond érudit, Alfred Delvau, publia un livre fort intéressant : *l'Histoire anecdotique des Cafés et Cabarets de Paris*. Tel était, je crois, le titre de cet ouvrage introuvable à l'heure actuelle, et dans lequel l'aimable boulevardier monographiait d'une plume humoristique et bien gauloise, dans des chapitres alertes qui avaient parfois une saveur toute rabelaisienne, la plupart des popines historiques, des cabarets et parlottes littéraires, des guinguettes galantes, des tavernes de bohêmes et de gueux, et des cafés à la mode de la capitale du monde civilisé — depuis la *Laiterie du Paradoxe* jusqu'au *Lapin blanc*, en passant par la *Brasserie des Martyrs, Momus*, l'*Assommoir* et les tapis francs d'Eugène Süe.

L'exploration ainsi comprise est des plus utiles : elle permet d'étudier, dans l'estaminet, période à période, l'histoire de la civilisation parisienne; on y salue des noms illustres, on y rencontre des physionomies aimées entre toutes.

Le cabaret — ou, si vous le préférez, le café — tient une place importante dans la vie des gens. De même que la Grèce et Rome avaient les *xénies* et les *popines,* que l'Allemagne a les *kellers,* l'Angleterre les *public-houses,* l'Espagne les *ventas,* l'Italie les *osterias* et la Chine les *cong-quans,* la France a les cafés en grande quantité. C'est un fait acquis, acceptons-le tel quel et essayons d'en tirer, ainsi que l'a fait d'une façon si heureuse Alfred Delvau, le détail curieux.

Que voulez-vous, après tout? On l'a dit depuis longtemps : « Le « chez soi », qui est la caractéristique du tempérament anglais, est inconnu dans nos grandes villes. Vivre chez soi, penser chez soi, aimer et souffrir chez soi, nous trouvons cela ennuyeux, incommode; ce sont des pratiques, des habitudes d'un autre temps. Il nous faut la publicité, le grand jour, le monde pour nous témoigner en bien ou en mal, pour satisfaire tous les besoins de notre vanité ou de notre esprit. Nous aimons à nous donner en spectacle, à avoir un public, une *galerie* facile; la *pose* nous tue. Ce n'est pas d'aujourd'hui, ni d'hier, ni d'avant-hier que nous nous conduisons ainsi — et cela durera probablement longtemps encore. »

Faut-il s'en réjouir, s'en attrister? Ma foi, ni l'un ni l'autre. Agissons donc à notre guise et laissons travailler et lutter les sociétés de tempérance : il paraît qu'elles obtiennent des résultats!...

Il y a longtemps, belle lurette, que les cafés et les cabarets sont devenus les salons de la démocratie, de tout le monde, comme l'a dit M. Hippolyte Castille. Et si vous voulez des noms, je puis vous en fournir et non pas des moins illustres.

Socrate, le sage, allait volontiers dans les tavernes d'Athènes et s'attardait au milieu des oisifs et des portefaix du Pirée; Denys le Jeune, dans les cabarets de Corinthe, et Virgile, le doux Virgile, dans les popines syriennes, de même qu'Ovide, en compagnie de Properce et de Tibulle, chez le cabaretier Coranus.

Puis, plus près de nous, est-ce que Shakespeare le génial ne fréquentait pas assidûment — trop assidûment — la *Taverne du Cygne,* à Londres; Luther, l'*Ourse noire,* à Orlemonde; Rabelais, notre Rabelais, la *Cave peinte,* à Chinon; Cromwell, le *Lion rouge;*

LES ANCIENS CAFÉS

Gœthe, l'*Auerbach keller*, à Leipzig ; François Villon, le pâle bohême, la *Pomme de pin* ; Ronsard, le *Sabot* ; Racine, le *Mouton blanc*, où il composa ses *Plaideurs* ; Voltaire, le *Café Procope* ; l'abbé Prévost, le petit cabaret de la *Huchette*, où il commit

Manon ; Vadé, Collé et Panard, ces chansonniers que l'on veut, avec raison, remettre en honneur aujourd'hui, le *Tambour royal*, chez Ramponneau, à la Courtille, — d'où tant de gens sont descendus ?

Et plus près, plus près de nous encore, ceux que nos pères ont connus, aimés — admirés : Véron, Alexandre Dumas le père, Méry, Roger de Beauvoir, Théophile Gautier, n'étaient-ils pas les familiers de cet aimable et minuscule cabaret de la mère Saguet, où s'est dépensé tant d'esprit — et du bon, — où se sont tant de fois attablés, au temps de la prime jeunesse, Adolphe

Thiers et Crémieux, Victor Hugo et David d'Angers, Tony Johannot et le pauvre Armand Carrel?

Ont-ils eu raison ceux-là de fréquenter au cabaret? Cela ne me regarde pas, ni vous non plus, du reste. Un modeste, un conteur n'est pas forcément un moraliste. La recherche du « pourquoi », du « comment » des choses et des faits — psychologie spéciale et aride — ne le tente pas. Il constate l'incontestable et passe, furetant toujours, dans sa course sans merci ni trêve après le renseignement, l'indication, le document, l'inédit; — et c'est déjà un titre à la considération distinguée de ses contemporains!

**

Bordeaux est certainement exploitable — explorable, si vous voulez — à ce point de vue. Il y aurait beaucoup à glaner de-ci et de-là, à l'aventure, en flânant, pour les Bordelais qui se connaissent si peu d'une façon intime, dans l'histoire des « buvants » de tous ordres, étranges souvent, intéressants toujours, qui ont inondé — c'est une figure — notre belle cité gasconne. Que d'enseignements on peut tirer de ces promenades, de ces hantises fréquentes! Et bien que notre ville offre non point à l'observation, mais à l'étude et aux investigations, un champ moins vaste que Paris, on doit essayer quelques incursions dans le domaine du passé. Il y a à faire comme une ébauche de l'histoire curieuse de Bordeaux — types et lieux — découverte en buvant un bock, en dégustant le petit bleu, en savourant une tasse de crème, la pipe ou le cigare aux lèvres, suivant le cas, et crayonnée au hasard de la plume et des impressions multiples.

A ceux qui se voilent la face devant le nombre — tous les jours plus grand, c'est à reconnaître — des maisons où le plaisir énervant se tarife, où, au milieu de la chanson claire des pintes et des brocs, les jeunes de notre génération vont, sous le prétexte d'oublier des chagrins qu'ils se créent, et de rêver aux illusions envolées pour un jour avec la dernière amourette, s'emplir la tête de fumées lourdes, se fausser le jugement et dissiper le meilleur de leur jeunesse; à ceux-là je citerai aujourd'hui —

comme palliatif, s'il en est — quelques-unes des guinguettes et des salles publiques installées dans notre ville pendant le premier quart du siècle.

Alors florissaient les *Champs-Élysées*, la *Charmille*, *Vincennes*, *Plaisance*, *Sacouty*, au canton de la Rode (rue Croix-de-Seguey), le *Bon Grenier*, chez Tartillette, rue Paulin, près la rue Bel-Air (rue Naujac); le *Petit-Bosquet*, l'*Ile-d'Amour*, à l'entrée de la rue Pont-Long (d'Arès); l'*Hôtel Femelle*, rue de Condé, près des Quinconces, où l'on achevait la démolition du Château-Trompette dont je parlerai longuement plus loin; les cabarets de Flageolet et de Rochefort, ce dernier au Grand-Marché (il existe encore); *Blanchereau*, le *Champ d'asile* et le *Barricot*, chemin d'Arès; le *Montferrand*, rue Laroche, à côté de la source de Figueyreau où les marchands d'eau, ces types oubliés, allaient s'approvisionner; les *Petit* et *Grand Versailles*, deux concurrents, chemin du Tondu, et non loin du cours d'Albret; le *Trianon*, à côté de la vieille église de Sainte-Croix, le plus bel antique peut-être de Bordeaux; le bal équivoque du *Sabot* ou de la *Galoche*, rue de la Chartreuse, et tous les cabarets sans désignation, avec leurs enseignes de fer-blanc peinturluré grinçant au vent et leurs charmilles fleuries, où, dans un doux nonchaloir, allaient s'oublier les grisettes, les vraies, les seules — les Bordelaises — en robe à taille courte, tabliers à corsage et à bretelles, bas à jour, souliers découverts à attaches, et la tête coquettement encadrée dans le mouchoir de madras ou la coiffe blanche, les jours de grandes fêtes.

La mode était alors aux visites à *Maconnais*, un bastringue situé rue du Palais-Gallien, tout au coin de la rue Turenne, près de la poudrière, à deux pas des ruines romaines qui occupaient l'emplacement où ont été tracées depuis les rues Sansas et du Colisée et une partie de la rue Émile-Fourcand.

On se rendait souvent chez les *Frères Arnaud*, qui sont devenus le *Moulin-Rouge* sans changer de réputation. Les oisifs aimaient s'attabler volontiers, pendant les longues soirées de janvier, en devisant autour des poêles rougis, à la lueur vacillante des chandelles, au *Café des Aveugles*, rue Planturable (Émile-Fourcand), près le Colisée; au *Chien-Canard* (?) et à la *Table ronde,* le premier rue Voltaire, le second rue Huguerie, au coin de la rue de la Taupe (Lafaurie-de-Monbadon), et au *Petit-Matelot,* guinguette qu'il ne fallait pas confondre avec les restaurants du même nom, situés, l'un à mi-chemin de Cenon, l'autre près de l'étrange maison des *Quakers,* ces fantasques gris, bâtie au milieu d'une des anciennes sablières de la rue de Marseille.

On dansait ferme à cette époque; la danse était même la seule distraction, et les avant-deux, les valses, les sauteuses, les pastourelles allaient leur train. Il fallait voir, c'était merveille! Quand je dis la seule distraction, je me trompe. Il y en avait une autre qui consistait à mettre en chansons — et quelles chansons, bon Dieu! — les faits les plus communs, les plus ordinaires, les riens, les bagatelles. Les ouvriers qui fréquentaient les bals raillaient amèrement les « calicots », vers qui allaient évidemment toutes les préférences des demoiselles. Les calicots répliquaient vertement, et la lutte tournait à l'aigre en un clin-d'œil. Bien souvent c'étaient les pauvres grisettes qui souffraient de cette lutte poétique (!); à preuve la chanson suivante qui courait les faubourgs de Bordeaux en 1818 et que je vous livre telle que je l'ai découverte récemment avec la notation de l'air, un air de danse, bien entendu :

> Rue de l'Église-Saint-Seurin,
> Il y a une fille qui se croit bien.
> ..... Malgré tous ses attraits gâtés,
> La pauvre fille se croit une beauté!
> . . . .
> Jeunes gens qui voulez lui parler,
> Allez-vous-en à *Maconnais;*
> Elle doit s'y rendre pour y montrer son pied
> A un jeune homme que je ne puis nommer.
> . . . .
> *(Textuel.)*

Je passe des vers et non point des meilleurs.

Et c'était tous les jours ainsi, à propos de botte — ou de jambe, pour mieux dire. Rien n'arrêtait la haute inspiration, rien ne tarissait la verve des poètes-amateurs dont pas un seul, hélas!

n'est allé à la postérité. Ils traduisaient de leur mieux leur sentiment en strophes plus ou moins correctes, en se souciant, on l'a vu, des règles de la prosodie comme d'une guitare ; et si maintenant tout finit par des banquets, tout alors, ainsi que je l'ai dit plus haut, finissait par des chansons.

Et, somme toute, c'est encore, certes, la meilleure façon de comprendre la vie.

*
* *

Puis, quand le printemps montrait le bout de son petit nez rose derrière les grands arbres des allées de Tourny, dans le rire ensoleillé des premiers beaux jours, quand c'étaient les Pâques fleuries, — et le bon soleil alors était précoce ! — les grisettes prenaient vite les robes et les brassières d'indienne à ramages, les mouchoirs aux couleurs tendres, et s'en allaient, dans la grâce éclatante de leurs vingt ans, courir les sentiers, belles et désirables, au bras des « prétendus » énamourés. Puis, en rentrant, ne sentant pas la fatigue, tellement on était heureux d'aimer et d'en vivre, on hâtait le pas, à travers les rues tortueuses, — éclairées, comme vous savez, par de rares lanternes suspendues à des cordes tendues de droite à gauche des voies étroites, et que le vent se chargeait d'éteindre au début de la soirée, — pour aller achever la journée chez Bojolay qui tenait à ce moment le *Théâtre de la Gaîté*, sur les allées de Tourny, à côté d'un café qui, ensuite, a beaucoup perdu de son importance première, le *Café Kern*, soit au *Théâtre de Gillotin*, sur la place des Quinconces.

Gillotin avait édifié sa scène à peu près à la place qu'ont occupée tour à tour le théâtre du Gymnase et les bureaux du journal *le Nouvelliste*. Il était entouré, comme son concurrent la *Gaîté*, seulement de quelques masures et petites « échoppes » dont l'aspect offrait un contraste saisissant avec l'aspect de la maison Gobineau qui déjà se dressait, imposante, sur les magnifiques allées d'arbres de Tourny.

Le 12 avril 1801, un petit spectacle pour le genre des variétés avait été établi sur les allées de Tourny, dans une baraque décorée du nom de *Salle de la Gaîté*. Elle fut brûlée le 12 mars 1802. Le directeur fit rebâtir son ancienne salle qui fut baptisée *Théâtre de la Gaîté,* ainsi que je le dis plus haut, et y réalisa des recettes assez rondelettes, jusqu'au jour où l'on réduisit à deux le nombre des théâtres permanents à Bordeaux : l'un pour le grand spectacle, l'autre pour le genre des variétés.

Le même directeur avait également fait construire, route de Saint-Médard, les Folies-Bojolay dont je reparlerai.

Le soir, aussi, les maris qui échappaient par hasard aux exigences de leur moitié, ou qui trompaient leur aimable surveillance, se réunissaient au café de l'État-Major, à la « Rotonde des Français » (aujourd'hui brasserie du *Coq d'Or*), narguant au passage les petites... dames qui débouchaient de la rue du Canon (de la Vieille-Tour), pour faire leur promenade quotidienne. L'usage, en ce qui concerne ces dames, ne s'est, pardieu! pas encore perdu!...

Au café de l'État-Major, puisque j'ai parlé de lui, se réunissaient aussi des journalistes, Couderc ou J. Arago, appartenant soit au *Mémorial,* soit au *Kaléidoscope,* l'ennemi acharné de M. de Villèle; des acteurs, Desforges, Buet, Fournier, un comique; des musiciens, Duchaumont fils et Duchaumont père, violon-solo au Grand-Théâtre et chef de la famille Amourous, si connue et si justement estimée.

On y a vu, tour à tour, le grand Talma et Pauline Rossignol, une danseuse-étoile, qui demeurait au Puits-de-Fer, au coin de la rue de la Taupe et du cours de Tourny (où se trouve actuellement le café de l'Époque), et qui faisait, surtout dans *l'Amour au Village,* les délices des lorgnettes abonnées aux fauteuils de la salle Louis. Ligier s'y arrêtait parfois, en descendant de sa propriété de la rue Ségalier; de même que Déruisseaux, un comédien médiocre, mais un garçon de cœur, qui se tua, un soir, en plein théâtre, pour échapper aux sifflets et aux quolibets des spectateurs — un peu moins Bordelais que de nos jours, je veux dire un peu moins... indulgents.

Hélas! ce passé s'efface peu à peu, chaque jour davantage, avec l'image des Mimis et des Babets qui, belles d'insouciance, de gaîté et de jeunesse, couraient les bois de Pessac et de Talence, dans un froufrou de pompadour et de percaline neuve, et attachaient leur petit cœur tout entier au fil d'une amourette, à l'âge où ce cœur entrait en efflorescence comme les bosquets au mois d'avril.

On a oublié les chansons des grisettes, et c'est à peine si on peut saisir, au fond de la brume triste des années, un souvenir de cette époque pleine d'une poésie intime, alors qu'on va s'asseoir, au printemps, sous les treilles bourgeonnantes, dans la campagne aimée de nos aïeux.

BLANCS ET BLEUS

1815

II

Nous nous rappelons, par les récits de nos grands-pères, les luttes politiques auxquelles donnèrent lieu, dans notre ville, la chute de Napoléon Ier et l'avènement de Louis XVIII. Les fidèles de l'empereur et les fanatiques du royalisme se livraient bataille sur tous les terrains. Je ne veux parler aujourd'hui que des rixes des rues et des combats à coups de chansons.

Donc, à la fin de l'an 1815, les querelles étaient fréquentes dans les rues, et des rixes s'ensuivaient entre gens du peuple, royalistes et bonapartistes. Et les coups pleuvaient dru! Les belliqueux partisans de Louis ou de Buonaparte n'auraient certainement pas apporté plus de rage et d'acharnement dans la lutte contre les Anglais.

Les royalistes, qui se sentaient les plus forts, ne cessaient de narguer leurs adversaires, de les molester en prose, en vers — et contre tous! Quelque vieil émigré, sans doute, avait commis le couplet suivant qui se chantait — avec accompagnement de coups de trique au besoin — sous les fenêtres des bonapartistes :

> Pauvres bonapartistes,
> Qu'avez-vous à pleurer?
> Vous avez un air triste :
> Est-ce pour ce guerrier
> Qui souvent dans le Nord
> A mis tout en déroute?
> Le vent soufflait si fort
> Que le nez vous en goutte.

Les dames de la halle — du grand marché des Fossés surtout — étaient intraitables et espéraient en imposer à leurs contemporains par l'étalage de sentiments royalistes et de costumes qui traduisaient fidèlement ces sentiments : robes blanches, tabliers de soie verte et souliers de prunelle à attaches vertes.

Les hommes portaient la cocarde blanche à leur chapeau, et s'en seraient voulu s'ils n'avaient arboré le dimanche le drapeau blanc officiel à gros nœuds verts, tout en haut de leur échoppe aux murs crépis.

On promenait à ce moment le buste en plâtre de Louis XVIII par les principales rues de la ville, et le cortège passait au milieu des ovations enthousiastes sur une jonchée de feuillage et de fleurs. Les dames de la halle — qui avaient formé une vaste association et marchaient précédées d'une bannière que l'on a vue longtemps suspendue aux voûtes de l'église Saint-André — étaient au premier rang des spectateurs, houspillant au passage, malmenant dans leur pittoresque idiome gascon, couvrant de quolibets d'autres femmes connues pour bonapartistes, que l'on gratifiait de l'agréable qualificatif de « terroristes » et qui répondaient en menaçant du poing, en montrant bec et ongles... je n'ose pas dire : et le reste, et cependant !...

Et c'étaient des fêtes, des manifestations sans fin, des chants d'allégresse, des vivats, des bruits de pétards dans l'air, comme une débauche de joie dans toutes les classes; car ce mouvement eut ceci de particulier — je parle pour Bordeaux — qu'il engloba tout le monde, grands et petits, riches et gueux. On apprenait des chansons dans le genre de celle-ci, par exemple, que l'on débitait à tout propos et surtout hors de propos :

I

Les dames du Grand-Marché
Ont voulu célébrer
Le retour d'un bon père.
C'est là que leur cœur a parlé ;
Sans craint', sans fard, avec gaité,
Elles ont chanté et répété :
Vive le Désiré !

II

Oh ! que tu fais d'heureux,
Monarque des cieux,
Qui règnes sur la France !
En voyant ce prince chéri,
Du peuple le plus ferme appui,
Nos cœurs diront à l'unisson :
Vivent tous les Bourbons !

III

Bordeaux, quel doux espoir !
Bientôt tu vas revoir
Cette aimable princesse [1] ;
En lui rendant ce roi chéri,
Du peuple le plus ferme appui,
Nos cœurs diront à l'unisson :
Vivent tous les Bourbons !

Et notez bien que le mouvement, loin de s'arrêter au bout de quelque temps, s'accentua plus fortement encore chez les dames de la halle. On n'a pas oublié qu'en 1820, lors de la naissance du duc de Bordeaux, ces dames envoyèrent à Paris une délégation de *recardeyres artisanes* qui offrirent au royal nourrisson un superbe berceau, œuvre du vannier Chevrier, demeurant allée des Noyers. L'une des députées, une bonne femme pleine de santé robuste, Mme Anniche***, vivait encore il y a quelques

---

1. La duchesse d'Angoulême.

années. Elle était, comme bien on pense, plus qu'octogénaire. Elle habitait non loin du cours du Jardin-Public, où je l'ai connue, entourée de la vénération de ses descendants.

Dans toutes les réjouissances publiques, les harengères de Paris qui, les premières, s'intitulèrent les *Dames de la Halle*. avaient coutume de députer vers le roi quelques-unes d'entre elles pour lui porter les félicitations... du peuple de la capitale, simplement! Les marchandes de Bordeaux les imitèrent dans la circonstance que je viens de rappeler. Mais, afin de donner plus de magnificence à leur offrande, elles résolurent d'y associer les principaux habitants de la ville, en recueillant des souscriptions volontaires.

Le berceau, béni par l'archevêque, fut remis à la duchesse de Berry le 16 décembre 1820 par trois *députées* présentées à la cour par leur compatriote, M. de Sèze, pair de France. A cette occasion, une médaille commémorative fut frappée qui portait à son revers l'inscription suivante :

« *La maï daou noubet Henric Dioudounat, a lous de Bourdéous qu'an baillat é as brabes Bourdeléses qu'an pourtat lou brés oun drom lou hillet daou Biarnés duc de Bourdéous.* »

Mais les bonapartistes tenaient bon : ils avaient confiance, ces gens-là. Ils croyaient à la possibilité, à l'imminence du retour de leur monarque bien-aimé. Ils répondaient aux attaques de leurs ennemis, aux vexations dont on les accablait, par des coups d'épée s'ils étaient gens de marque ou militaires, par des coups de poing s'ils étaient roturiers. Une querelle commençait, soit dans un café, soit aux *Folies-Bojolay*, route de Saint-Médard (vis-à-vis les Deux-Ormeaux), qui finissait souvent d'une façon tragique dans une rencontre dans la rue Coupe-Gorge, derrière la Chartreuse, à deux pas de Vincennes.

Ils essayaient bien de conspirer un peu entre-temps, mais en pure perte, et piteusement ils échouaient.

Et, comme une suprême raillerie, pleine de dédain et de mépris, une chanson dont la tentative de restauration impérialiste faisait tous les frais, courait les rues, poursuivant comme un remords, ou plutôt un cauchemar, les partisans du Corse à la redingote grise. La voici, textuelle :

I

Quelle heure est-il? c'était le mot
    De nos bonapartistes.
On a découvert leur complot :
    Voyez comme ils sont tristes.
Malgré la grande obscurité,
    Ce mot lugubre et sombre,
Les amis de la royauté
    L'ont découvert dans l'ombre.

II

Pourquoi nous dire : Il est minuit,
    Quand c'est midi qui sonne?
Je crois que vous perdez l'esprit,
    Qu'un démon vous talonne.
Cherchez votre Napoléon
    Avec une lanterne,
Et sachez toujours qu'un Bourbon
    En plein midi gouverne !

III

Un chef de parti, l'imprudent
    Qui sous le dépit crève,
Dans un moment très éloquent,
    Nous fit part d'un grand rêve.
Il avait vu dans un ballon,
    Chose sûre et certaine,
Partir le grand Napoléon
    De l'île Sainte-Hélène.

Pour éviter les collisions dans la rue, sur les places, et les scandales qui pouvaient en résulter, les postes avaient été doublés ou renforcés, d'autres créés. Il y en avait un au coin de la rue Poudensan et de la Croix-de-Seguey — mis là pour défendre la demeure d'une irascible charcutière bonapartiste; un autre à la place Dauphine, veuve alors de la statue du roi de Rome, qui l'ornait quelque temps auparavant (la place Dauphine était alors occupée par les véhicules des charretiers qui y attendaient les clients); d'autres encore aux allées Damour, sur les quais, à Saint-Michel.

La ville tout entière était en effervescence, les bonapartistes logeant un peu partout, bien entendu. A ma connaissance, des rixes se produisirent assez fréquemment rue Saint-Christoly, rue des Treilles (de Grassi), rue Tronqueyre (Rodrigues-Pereire), rue des Lauriers (Mériadeck ou du Château-d'Eau), rue Neuve (de Fleurus), au pont de la Mothe (angle de la rue Dauphine et du cours d'Albret), place du Marché-aux-Veaux, allée des Noyers (rue David-Johnston), rue des Mothes, près de la Porte Basse (fossés des Tanneurs, anciennement rue Boule-du-Pétal), rue du Poisson-Salé (rue Sainte-Catherine, depuis environ la rue des Ayres, où se trouvait la fontaine du Poisson-Salé, jusqu'au cours des Fossés), rue Bouhaut (continuation de la rue Sainte-Catherine jusqu'à la place Saint-Julien). La rue Bouhaut était presque exclusivement occupée par des marchands israélites.

Les « terroristes » impénitents, avec une ténacité digne d'un meilleur sort, allaient toujours, ne se laissant ni réduire ni abattre. Eux aussi avaient leur chanson, quelque chose comme leur choral de Luther, où perçaient, dans les allusions poétiques, leurs secrètes espérances, leurs inébranlables résolutions, leurs fermes aspirations.

Qu'on en juge :

I

Déjà mille escadrons épars
Couvrent le pied de nos montagnes;
On voit de nobles étendards
Briller sur ces vertes campagnes.
Et le plus brave et le plus fort,
C'est *Roland,* ce foudre de guerre,
Qui, pour les combats de la mort,
Va retrouver son cimeterre.

Soldats français, chantez Roland!
Honneur à la chevalerie!
Et répétez en combattant
Ces mots sacrés : Gloire et Patrie!

II

Combien sont-ils? combien sont-ils?
C'est le cri du soldat sans gloire.
Que nous importent les périls :
Sans les périls, point de victoire!
Amis, laissons nos ennemis;
Que pour eux seuls soient les alarmes;
Qu'ils tremblent, tous seront punis :
Roland a demandé ses armes.

Soldats français, chantez Roland!
Honneur à la chevalerie!
Et répétez en combattant
Ces mots sacrés : Gloire et Patrie!

Quel lyrisme, quelle fidélité, quelle espérance, quelle ténacité dans la conviction!

Hélas! tout cela était très beau, j'en conviens sans peine, — mais *Roland* ne revint pas!

ENCORE BLANCS ET BLEUS

III

'ai dû dans le chapitre précédent sacrifier beaucoup aux citations de texte et laisser dans l'ombre des faits susceptibles d'intéresser le lecteur, dans cette étude anecdotique de la Restauration et des Cent-Jours — une époque si peu connue.

Le populaire, certes, n'était pas seul en proie à cette fièvre de la passion politique que j'ai montrée. Pendant que les dames de la halle et quelques *acabayres* manifestaient hautement leur entière sympathie pour le régime nouveau, M. Henri-Joseph Laîné, accusé par les bonapartistes d'être un factieux vendu à l'Angleterre, et qui, par son attitude, précipita le mouvement qui ouvrit, le 12 mars 1814, les portes de Bordeaux au duc d'Angoulême, écrivait ses énergiques protestations contre « l'usurpateur ». Enfin, comme je l'ai dit, tous ceux, gentilshommes ou bourgeois, nobles ou soudards, qui voulaient s'en donner la peine, trouvaient mainte occasion, sans se déranger, d'en découdre proprement.

Il était écrit que cette glorieuse et sinistre épopée césarienne, qui avait déjà coûté tant de sang à la France, devait s'achever dans le sang, au milieu de la lutte sauvage des partis. Les cœurs battaient encore dans les poitrines la charge des jours de combats ; les têtes étaient chaudes encore, et dam !...

Pour un rien, un mot, une futilité souvent, on armait une dispute, histoire d'aller ferrailler sur le pré pour ne pas s'engourdir les muscles. Cette habitude brutale du duel s'ancrait chaque jour davantage dans les mœurs, et deux braves gens parfois risquaient leur vie et compromettaient leur avenir sur la rouge ou la noire d'un combat singulier, parce que c'était d'usage, bien vu et de bon ton.

Bordeaux eut, à cette triste époque de décadence politique, cette plaie sociale : les bretteurs de profession. Gobineau, propriétaire de la maison qui porte son nom ; le jeune Gaston Clairat, le comte de Larillère, qui habita une petite maison de la rue Saint-Étienne, construite tout à côté du cimetière de Saint-Seurin, sur l'emplacement qu'occupe actuellement celle portant le numéro 12 ; le marquis de Lignano, demeurant dans le cul-de-sac Saint-Pierre, près la rue des Argentiers ; Lucien Claveau, un Chartronnais, dont les duels ont été déjà racontés, et cent autres encore.

*
* *

Je parlerai donc seulement des duellistes honnêtes — bonapartistes ou royalistes — qui se battaient avec acharnement, mais aussi avec loyauté et courage, pour leurs opinions, et qui, d'abord, étaient sincères. Mais, avant d'aller plus loin, il convient ici d'ouvrir une parenthèse.

J'ai à m'expliquer sur deux points. Le premier a trait à la classification des Bordelais en deux partis : les royalistes ou légitimistes, et les bonapartistes. Étaient dénommés bonapartistes non pas seulement les partisans de Napoléon, mais même tous les gens qui n'étaient pas royalistes — voire même les républicains purs, ou plutôt les « libéraux ».

La confusion pourrait se produire à ce sujet. Aux yeux des blancs, tous leurs adversaires politiques étaient des fauteurs de désordre : lisez bonapartistes. Et pourtant, parmi ces prétendus factieux, je pourrais citer des hommes honorables et intègres qui, sous la monarchie de Juillet, furent les libéraux de l'opposition, ce groupe d'où sortirent, d'où surgirent les fermes républicains militants de 1848.

Le second point concerne les duellistes. Abstraction faite des spadassins de profession, il y avait à Bordeaux une nombreuse catégorie d'hommes imbus d'idées belliqueuses, qui, sur les bancs du lycée, avaient appris, au lieu du grec, l'art de ferrailler et de se battre; dont l'instruction, l'éducation première aussi avaient été toutes militaires; et qui considéraient comme un devoir naturel de répondre par l'envoi de témoins à une intempestive et bête provocation.

S'ils étaient royalistes, ils obéissaient, dans leur façon de faire, aux mêmes sentiments de haine politique qui guidaient les dames de la halle allant de grand matin donner des charivaris sous les fenêtres de leurs adversaires, ou encore fouettant en plein marché, en 1815, une femme, Mme Lhoste, accusée de bonapartisme. Somme toute, des honnêtes gens que l'idée et la passion politiques entraînaient souvent et aveuglaient.

*

Je ne veux pas m'occuper, à cette place, des spadassins de métier qui, au sortir de leurs clubs de la rue Notre-Dame-aux-Chartrons ou de la rue du Mû — (une des petites rues montueuses existant encore dans le quartier Saint-Paul et qui conduisaient au marché aux Veaux (Vieux-Marché), près du Mû (l'Abattoir) — se postaient aux abords du Grand-Théâtre pour, de leur autorité privée, en défendre l'accès aux spectateurs paisibles.

Les duellistes sérieux — ceux qui se rencontraient et croisaient le fer pour une cause — se réunissaient dans deux endroits. Le *Café Helvétius,* à l'angle de la place de la Comédie et du cours de l'Intendance, abritait les officiers et quelques soldats de la garde nationale royale que l'on venait d'instituer. Par dérision, on les appelait les « culs-blancs », à cause de leurs brassards blancs et de leurs longues redingotes blanches dont les pans leur battaient les mollets. C'étaient, pour la plupart, des gens de condition moyenne.

Le *Café Helvétius* se transporta ensuite sur le cours du Chapeau-Rouge, en face du Grand-Théâtre. Il est devenu depuis le *Café de l'Opéra.*

Le *Café de la Préfecture,* qui subsiste encore, était le lieu des rendez-vous quotidiens des bonapartistes. Il arrivait souvent qu'une quinzaine de demandes de cartels étaient envoyées dans un seul jour d'un café à l'autre. C'était, sur une feuille de papier, une liste en regard des noms de laquelle les habitués du café où elle était adressée étaient tenus, de par les usages en vigueur, de mettre leurs noms.

Il me revient à l'esprit une anecdote que je ne puis résister à l'envie de vous livrer. Je la tiens d'une personne très estimée à Bordeaux et dont le père, un homme très chatouilleux et qui eut plus de trente duels, vivait encore il y a quelques années.

Un soir, M. H... — qui fut plus tard, sous la monarchie de Juillet, je crois, chef d'un des services de la mairie — se trouvait au Grand-Théâtre. Il avait pris place au fond de la salle (il y avait alors — déjà — une porte tout en haut du parterre, sous la loge municipale). A ce moment, Garat, neveu du conventionnel et acteur adoré du public, chantait une cantate en l'honneur de Louis XVIII, dont le buste, sur la demande des spectateurs, venait d'être placé sur la scène avec grande cérémonie.

M. H..., qui était de petite taille, écarta du coude, à plusieurs reprises, pour mieux voir le spectacle, ses voisins, debout, comme lui, dans le couloir. L'un d'eux, un officier de cuirassiers, impatienté de ce manège et peut-être aussi un peu bousculé, toisa dédaigneusement M. H... de toute sa hauteur, et, d'un ton ironique, l'appela gamin.

Le *gamin* — un homme de vingt-cinq ans, s'il vous plaît, bondit sous l'affront. Il appela l'ouvreuse :

— Un tabouret, tout de suite !

L'ouvreuse s'exécuta avec un empressement intéressé. M. H... grimpa sur le siège, et, blanc de colère, il appliqua par deux fois sa main frémissante sur le visage de l'officier, en lui criant :

— Je suis assez grand, maintenant ?

On sortit sur-le-champ, comme bien vous pensez, pour se battre tout à côté, sous une lanterne, contre les remparts du Château-Trompette.

A la deuxième passe, l'officier était percé de part en part.

Les duels avaient lieu, ainsi que je l'ai dit, sur le Pré-aux-Clercs bordelais, dans la rue Coupe-Gorge, puis sur les terrains vagues du Tondu, du chemin des Cossus, ou encore du côté de Vincennes, à deux pas du mur où les généraux César et Constantin Faucher, les deux jumeaux de La Réole, ces martyrs de l'exaltation populaire, et que leur ami M. Ravez lui-même ne voulut pas défendre, devaient être fusillés le 27 septembre 1815. L'exécution eut lieu sur le *Pré-de-Pourpre,* lieu ordinaire des exécutions militaires, à deux pas du « Porge des protestants », où a été construite depuis l'usine à gaz.

Une fois les affaires terminées, les combattants qui en réchappaient allaient avec leurs témoins soit chez Olivier, aux Orangers ou au Bois de Boulogne, un charmant établissement situé à mi-chemin de Pessac, un peu avant la Médoquine ; soit chez Thuronne, une marchande de comestibles du marché, très renommée pour ses produits de primeur, et qui tenait à Caudéran, un peu après la propriété où a été ouverte depuis la rue Saint-Amand, une auberge devenue en peu de temps le rendez-vous obligé des viveurs de l'époque. Et la journée s'achevait gaiement en amusettes.

> Fêtons ensemble le retour du bon temps ;
> Vive Henri IV, vive ce roi vaillant !

Les manifestations de la rue et des cafés ou cabarets se reproduisaient souvent à Bordeaux, au théâtre, avec cette circonstance, peu à l'honneur des trouble-fête, qu'elles visaient des acteurs à qui il était interdit de répondre.

La grande tragédienne Mars (de son vrai nom Anne Boutet) aimait beaucoup Napoléon — non pas pour des motifs politiques, je le crois du moins. Léon Gozlan dit, dans ses *Châteaux de France*, qu'on lui a montré, à Rambouillet, un petit kiosque, isolé au milieu d'un lac, où Napoléon la reçut mystérieusement. Cela me suffit.

Un soir, Mars parut sur la scène — on était alors en pleine Restauration — avec une robe constellée d'abeilles et de violettes. Le tumulte fut à son comble. On voulut la forcer à crier : « Vive le roi ! » Elle s'y refusa d'abord ; puis, se ravisant, elle s'avança vers le public :

— Vous me demandez de crier : Vive le roi?

Après une pause :

— Eh bien ! je l'ai dit.

L'acteur Fleury, l'ami de Mars, qui eut souvent l'honneur de jouer chez Voltaire, à Ferney, fut aussi, en 1815, soupçonné, avec moins de raison peut-être, de bonapartisme, et, à Paris, il essuya, dit M. Louis Loire dans ses Notices biographiques, à deux reprises, des marques d'hostilité des spectateurs royalistes. A Bordeaux, où Fleury donna avec Mlle Patrat une représentation, le fait se reproduisit. On jouait du Molière. L'acteur, s'avançant, respectueux mais digne, sur le devant de la scène, dit aux spectateurs :

— Messieurs, je représente ici Tartufe ; ayez, je vous prie, la bonté de permettre que je m'acquitte de mon devoir. Si demain quelqu'un désire me parler en particulier, je demeure rue Traversière, n° 23.

Nul ne bougea et la représentation s'acheva au milieu des bravos.

CARBONARI BORDELAIS

IV

ES Anglais, entrant à Bordeaux en 1814, se logèrent un peu partout où ils purent, dans la ville : les officiers au centre, les soldats dans les faubourgs. Bordeaux comptait à ce moment à peu près cent mille habitants qui leur accordèrent une hospitalité forcée, et intéressée par cela même.

Les étrangers s'installèrent donc aussi commodément que possible, qui dans les hôtels ou « maisons bourgeoises », qui dans les échoppes. Ils traitèrent bientôt Bordeaux en ville conquise. Le séjour, ai-je besoin de le dire ici, était en tous points charmant, comme aujourd'hui; le climat très doux, les femmes aimables, et le vin — car il y avait alors du vin, disent nos grands-pères! — et le vin généreux.

La ville avait déjà, à cette époque, son aspect monumental. Certes, on était loin de l'ancienne cité limitée par la ligne des remparts qui allaient de la Porte-Basse à la porte de la Rousselle — le quartier marchand, — de la Rousselle aux fossés du Chapeau-Rouge et de cette enceinte primitive à la Tour-du-Canon (rue de la Vieille-Tour). D'importantes améliorations se poursuivaient. Le palais de l'Ombrière et l'antique maison commune de Saint-Éliège (Saint-Éloi), dont on a conservé une des quatre tours, venaient de disparaître pour faire place bientôt à des constructions édifiées, avec un caractère plus régulier, sur le modèle adopté par l'intendant Louis-Urbain Aubert de Tourny, qui, le premier, fit planter la pioche du démolisseur dans le Bordeaux si pittoresque du moyen âge.

Puis les Anglais, il faut le dire, devaient éprouver un certain plaisir à occuper quasi militairement une ville soumise pendant longtemps à la domination de leurs ancêtres. Ils se souvenaient, certes, qu'après la guerre de Cent-Ans, — cette page si troublée de notre histoire locale, — après l'entrée de Dunois victorieux à Bordeaux, les jurats avaient décidé l'édification des forts Tropeyte (Trompette) et du Far (Hâ), pour prévenir le retour offensif des Anglais, retour que l'on considérait comme désormais impossible.

La population, batailleuse déjà et qui ne demandait qu'à en venir aux mains, s'irritait contre les étrangers. La vieille fierté gasconne reprenait le dessus. Et, malgré les recommandations et l'intervention de M. Laîné, préfet provisoire de la Gironde, et du général Clauzel, qui avait été nommé gouverneur militaire de la place, le peuple était pris souvent de brusques colères à l'endroit des envahisseurs dont il réclamait le départ. La haine grondait sourdement dans la foule constamment remuée par de patriotes agitateurs, bonapartistes et libéraux, qui la conseillaient et la guidaient, travaillant sans relâche, sans trêve, sans répit à la libération du sol natal.

Une étincelle pouvait mettre le feu aux poudres et déterminer une explosion superbe de patriotisme révolté. Voici comment elle fut communiquée.

Une Société s'était formée depuis peu à Bordeaux. Ses membres, recrutés dans l'opposition politique, avaient pris pour nom les « Carbonari ». C'était une affiliation à la Société de Paris qui rayonnait sur toute la France, et dont M. de Lafayette devait être quelques années plus tard le président. Le carbonarisme bordelais n'était pas une Société secrète dans l'étroite acception du mot. Il était bien distinct de la formidable Association italienne, bien que fondé sur le modèle des sociétés révolutionnaires de l'Italie et de l'Allemagne.

Aucun serment n'était exigé du « carbonaro », si ce n'est celui de garder le plus profond secret sur l'existence et les actes de la Société. Celle de Bordeaux était composée d'habitants très honorables de la ville — des jeunes gens surtout — qui ne demandaient rien moins que le renversement du pouvoir royal établi sur les ruines de la France appauvrie d'hommes et d'argent. L'énergique vitalité de l'esprit libéral se manifestait dans cette conspiration, qui était comme une continuation de l'état révolutionnaire.

Les « carbonari », traqués parfois par les alguazils de la politique, avaient plusieurs lieux de réunion, tantôt sur un point, tantôt sur un autre. Leur organisation était complète, et chaque réunion de vingt « carbonari » formait une « vente » particulière. Les assemblées partielles ou générales — ces dernières peu fréquentes, on le comprend — avaient lieu chez quelques-uns des membres de la Société, les plus indépendants au point de vue de la situation, soit à la place Saint-Julien, près de l'Hospice des Incurables, bâti, ainsi qu'on a pu s'en rendre compte en 1886 en construisant la nouvelle Faculté de médecine, sur une partie des anciens remparts; soit dans le quartier Saint-Bruno, dans les vieilles rues Nauté, du Réveil ou des Piques (rues de Belleyme et de la Chartreuse); soit encore rue Saint-Christoly, qui est devenue la rue Montméjan, puis la rue Poquelin-Molière; rue du Grand-Pont-Long, qui avait été la rue Plus-de-Rois, et qui est devenue la rue d'Arès; rue des Religieuses (rue Thiac); rue Marmanière, perdue dans le faubourg des Chartrons, une voie d'un mètre de largeur à peine, et qui était, loin des regards indiscrets de leurs adversaires, fort bien située pour donner asile aux conspirateurs à « jabots » et à redingote à la « propriétaire ».

On m'a montré, il y a déjà quelque temps, la liste d'une section de la Société. J'y ai retrouvé des noms encore très connus, très estimés dans notre ville : négociants, industriels, bourgeois, artisans, maîtres-ouvriers. Cette section, la quatrième, si mes souvenirs me sont fidèles, était surtout composée de Bordelais habitant le centre de la ville et le quartier Saint-Pierre : rue Judaïque-en-Ville (rue de Cheverus); place de l'Ancienne-Monnaie (rue Sainte-Catherine, à la hauteur de la rue de la Devise-Saint-Pierre); rues des Trois-Canaux et du Fort-Lesparre, qui allaient de la place du Marché-Royal (du Parlement) jusqu'à la rue du Petit-Cancera, et dont on a fait depuis le commencement de la rue du Pas-Saint-Georges; rue Arnaud-Miqueu; enfin, quelques rues types du vieux Bordeaux, étroites, tortueuses, désertes, bordées de maisons humides, lézardées : rue Corcelles, des Trois-Chandeliers, de la Coquille, Traversière, qui est devenue la rue Vinet (du nom du savant historien local); puis la petite ruelle aujourd'hui rue Millanges (du nom du premier imprimeur bordelais, Simon Millanges).

Le chef ou le sous-chef de la section demeurait sur la place Puy-Paulin, au coin de la rue du Jardin ou de la rue des Carmélites, près du Château Puy-Paulin, plus tard l'*Intendance*, où fut logé le premier intendant de la généralité de Bordeaux.

Un détail à noter : les « carbonari » portaient comme signe de reconnaissance, dans la rue ou dans les lieux publics, une épingle piquée au revers gauche de leur paletot, d'une façon assez apparente. Certains, les manifestants, faisaient garnir le fond de leur chapeau d'une coiffe tricolore dont la seule vue mettait dans des états de fureur indescriptible les partisans de Louis le Bien-Aimé! L'un de ces derniers, qui habitait la rue Putoye (Saint-Fort), eut à ce propos trois duels dans une semaine, m'a-t-on affirmé.

Mais revenons aux incidents à la suite desquels les Anglais quittèrent Bordeaux. Ils fréquentaient — je parle des officiers — le café de Tourny, depuis café Bibent, installé au rez-de-chaussée et à l'entresol de la maison Gobineau. Ils y absorbaient force consommations, y menaient joyeuse vie, et, après boire, installés à la fenêtre d'un des salons qui leur étaient réservés, à l'entresol, ils raillaient parfois les promeneurs de Tourny dans des plaisanteries à bout portant.

Un soir, quelques officiers anglais s'amusaient à jeter des gros sous et des liards à la marmaille, en manière de passe-temps. Un groupe de jeunes gens, « des carbonari, » solides gaillards, friands de la lame comme on l'était à cette époque, s'étaient arrêtés sous la fenêtre, en souriant ironiquement de cette distraction de désœuvrés. Mais leur attitude était des plus correctes.

Tout à coup, deux d'entre eux, qui parlaient couramment l'anglais, crurent entendre les officiers employer cette langue pour adresser des insultes aux Français, spectateurs paisibles de cette scène. Ils écoutèrent avec plus d'attention. Plus de doute. C'était bien cela, en effet. Les injures pleuvaient dru, provoquant les rires sans fin des insulaires.

Les Anglais raillaient les jeunes gens dont les cheveux courts étaient coupés « à la Titus », innovation introduite par Talma qui, ayant à jouer Titus dans le *Brutus* de Voltaire, se fit, un soir, tailler les cheveux sur le modèle d'un buste antique, et abandonna la « queue » si disgracieuse.

Nos compatriotes n'étaient pas d'humeur endurante. D'en bas, on répondit comme il convenait à cette provocation ridicule, insolente. Des propos plus que vifs s'échangèrent de part et d'autre. La foule s'ameuta. Les jeunes gens montèrent dans le café, et, au bout d'une minute, ce fut une bagarre épouvantable. Les verres, les carafes volaient et atteignaient le but : la tête des combattants. Les vitres se brisaient. Un vacarme assourdissant, une lutte sans merci, qui se continua dans l'ombre, — car les lampes furent bientôt éteintes, — plus atroce encore.

Un des assaillants, M. Lanusse, mort aujourd'hui, dont le nom est toujours hautement porté, s'empara, pendant l'action, d'une paire d'épaulettes d'or qu'il renvoya deux jours après, avec sa carte, mais coupées par petits morceaux, à leur propriétaire, officier de l'armée anglaise. L'officier ne broncha pas, si bien que M. Lanusse ne put pas — comme il l'eût désiré — donner réparation de cette offense à qui de droit. Il faut dire, du reste, pour être juste, que l'officier anglais aurait encouru très probablement, en relevant le gant et en ravivant ainsi la querelle, de graves punitions de ses chefs. Mettons que c'est pour cela qu'il ne dit mot.

A la suite de cette scène qui mit dans un état voisin de la stupeur tout le camp britannique, l'autorité avisa et décida de donner aux Anglais, pour résidence et campement, la petite localité de Cachac, près de Blanquefort.

Une fois les « Sans-Culottes », comme on les appelait, — car la troupe comprenait avec les Anglais une quantité d'Écossais, en costume national, bien entendu, — partis, avec leurs femmes et leurs enfants, qui suivaient le convoi, la ville reprit son aspect ordinaire. On se battit bien encore avec fureur, mais dans des duels seulement, et Français contre Français ; je dirai même Bordelais contre Bordelais — ce qui est tout bonnement impardonnable !

**

J'ai déjà eu l'occasion de donner mon opinion sur les spadassins de profession, les coupe-jarrets qui désolèrent Bordeaux et le dépeuplèrent, pourrais-je dire, si le mot ne semblait pas un peu exagéré.

Les Bordelais ont été de tout temps *fumistes*... Gascons, si le premier mot vous blesse. En voulez-vous une preuve?

En 1815, il y avait dans les prés du quartier Saint-Seurin, entre la rue Durand (de La Chassaigne) et la rue Judaïque-Saint-Seurin, une construction isolée, sorte d'archaïque manoir de triste apparence, entourée, du côté de la rue Judaïque, de terre en friche, et avec larges fossés et pont-levis sur la rue Durand. On l'appelait le « Château du Diable ».

Les bonnes grand'mères et les enfants se signaient et passaient bien vite devant la maison maudite, où le soir on entendait, affirmaient-ils, toutes sortes de bruits infernaux, au milieu de grandes lueurs rouges.

Cette idée s'accréditait chaque jour davantage et prenait grande consistance dans l'esprit crédule des bonnes gens. Au fond, c'était, comme bien vous pensez, une magistrale plaisanterie. Elle avait commencé de la façon suivante :

Lors du passage des troupes britanniques à Bordeaux, le propriétaire du « Château du Diable », afin de réaliser quelques bénéfices, avait loué sa maison à une famille anglaise qui l'habita pendant plusieurs mois. Au moment du départ définitif des Anglais de Bordeaux, un mauvais plaisant résolut de punir le propriétaire du château pour avoir donné asile à des ennemis de la France, et se mit en campagne pour discréditer l'antique demeure et empêcher sa location, répandant partout les bruits les moins rassurants, parlant de sabbats pendant les nuits noires, de plaintes qu'on entendait, de gémissements, de ferrailles traînées lourdement sur les larges dalles, que sais-je encore ?

Il fit si bien qu'en peu de temps, tellement on crut à ses sornettes, les voisins les plus proches déménagèrent : ils avaient entendu, eux aussi !... Enfin, un homme courageux, un jardinier, chantre à Saint-Seurin, du nom de Désarnaud, un « incrédule », tenta l'aventure. Il loua le château, fit défricher une partie de la terre... et s'en trouva fort bien, je vous l'assure. Les esprits infernaux avaient fui. On n'a jamais su ni comment ni pourquoi, par exemple !

Le « Château du Diable » est devenu le Refuge des Petites-Sœurs des Pauvres. Il ne donne asile qu'aux misérables gens vieillis et fatigués de tirer... le diable par la queue et non plus aux lutins. Je préfère ça, pour ma part!

V

'est le 24 décembre 1816. Un brouillard épais tombe sur la ville; il est bien près de six heures, et, pressant le pas dans les rues et les ruelles que les lanternes fumeuses sont impuissantes à éclairer, l'ouvrier, le gros négociant, le bourgeois regagnent le toit familial. Une maison toute petite, une sorte d'échoppe en contre-bas de la chaussée, tapissée en façade par des ceps de vigne décharnés. La porte est fermée au loquet simplement. Nous pénétrons. Toute la maisonnée, dans la pièce qui sert à la fois de cuisine, de salle à manger et de dortoir, est là, debout, tête nue, attentive et recueillie, autour de l'aïeul vénérable, au « catogan » blanc comme la neige aurorale, qui vient, avec mille précautions, de placer sur deux chaises de paille une grosse, une énorme bûche de « bois de tonneau ». C'est le traditionnel « souc de Nadau » (Noël), ce ressouvenir des sacrifices des ancêtres, ce reste persistant des pratiques païennes.

Le vieillard redresse sa taille cassée; il trempe l'olivier de

Pâques-Fleuries dans l'eau bénite et il s'en fait un aspersoir. Et sa main tremble comme la chandelle de résine qui l'éclaire lorsqu'il bénit le « souc ». A quoi songe-t-il, le bon vieux, dans le grand recueillement de la pièce bien close, au milieu des petits-fils aux blondes têtes curieuses? A quoi songe-t-il?

Il trace dans l'air un grand signe de croix, et toute la famille, alors, les enfants les premiers, fait processionnellement neuf fois le tour de la bûche en récitant chaque fois un *Pater* et un *Ave;* le « souc de Nadau » est placé dans le foyer où il pétille bientôt joyeusement, et sa lueur douce emplit la chambre, découpant des silhouettes étranges sur les rideaux à grands carreaux rouges et blancs ou les ciels-de-lit couverts d'étoffes à ramages. Pendant neuf jours il doit brûler, et, la neuvaine terminée, on jettera ses derniers tisons sur l'armoire ou sur le grand buffet pour préserver la maison du feu du ciel durant l'été qui va venir.

La soirée se poursuit. Autour du foyer, les vieux et les bambins — qui font toujours si bon ménage — chantent des cantiques, dont un dédié à Notre-Dame de Talence — sur ce rythme lent qui berce et fait rêver :

> Dans le calme de la nuit,
> On entendit un grand bruit.
> Une voix
> Mille fois
> Plus angélique qu'humaine,
> Une voix
> Mille fois
> Chantait : Gloire au Roi des Rois!

Puis on cause; les bébés se serrent, curieux, près des jupes bouffantes des grand'mères, pour mieux entendre ce que l'on va conter.

Et tandis que les grand'mères, pour la centième fois, racontent la vieille légende de la Nue et de son mari le Soleil, les hommes de l'assistance, assis sur des tabourets dont les pieds branlants frappent à intervalles de coups secs le dallage de briques, entourent aussi la cheminée qui flamboie et dont la chaleur les enveloppe d'un grand engourdissement. Ils devisent de tout un peu, traitant la question politique ou religieuse avec une égale naïveté et une entière bonne foi. Il y a là le gros maître Jean, charretier chez M. Coudert, chemin de Saint-Médard, dont la verve est intarissable. C'est un madré qui en sait long sur les hommes et sur les choses de son temps — ou qui le prétend. — Il n'est pas bigot et se déclare, au contraire, libéral et ennemi de l'autorité, de la domination des moines, comme il dit. Maître Jean est avec des amis; il leur exprime toute sa pensée bien franchement, sans ambages, et il résume la situation. Il « parle comme un livre », ce diable d'homme-là !

Depuis le 3 mai 1814, depuis le retour de Louis le Désiré, les pratiques religieuses sont plus en honneur que jamais. Ceux qui ne vont pas à confesse par goût doivent s'y rendre par intérêt, par nécessité et pour échapper aux continuelles vexations des « gens de bien ». Les prêtres reparaissent tout-puissants après le long exil qui les a sacrés martyrs, appuyés par la fameuse « Chambre introuvable » dont MM. Corbière, de La Bourdonnaye et de Villèle, qui est si bien arrangé tous les huit jours dans le *Kaléidoscope bordelais*, de J. Arago, font le plus bel ornement.

Le 7 juin prochain fera deux ans, en 1814, le clergé, sans perdre de temps, a obtenu une ordonnance interdisant les divertissements publics les dimanches et jours fériés, et les remplaçant par des cérémonies expiatoires. Il est même défendu de déménager le dimanche; les commerçants sont tenus de fermer boutique, et maître Jean cite avec un sourd frémissement de colère dans la gorge le cas d'un pauvre charpentier, du nom de Dufils, habitant la rue Judaïque-en-Ville, qui vient d'être frappé d'une forte amende pour avoir transgressé cet ordre. Malgré les supplications adressées par lui au vicomte de Gourgues, maire de la ville, et au comte de Tournon, préfet, malgré ses prières, la peine a été maintenue, — et le pauvre diable est sur la paille.

Toutes les églises, toutes les chapelles sont ouvertes au culte. Le couvent de Barada, rue Sainte-Catherine-de-Sienne (Matignon); la chapelle de Saint-Bruno, la chapelle du « Palais-Gallien », la

« Madeleine », rue Lalande, et cent autres sont, ainsi que les églises paroissiales, fréquemment visitées par des missionnaires qui s'élèvent avec fureur contre les idées de progrès. Des curés des diverses paroisses de Bordeaux, les plus tolérants sont, sans contredit, M. Rousseau, l'ancien curé de Saint-Michel, de 1814 à 1816; M. Perrier, qui vient de lui succéder, et « le bon M. de Lafeuillade », le curé « de chez nous, de Saint-Seurin ».

« Bah! ça va mal, mais qui vivra verra, » achève maître Jean en clignant de l'œil. — « Eh quoi! vous roupillez, la marmaille? Debout! on ne dort pas ce soir. » Et il se met à chanter à pleine gorge, dans notre patois gascon, son cantique à lui, une exhortation à la bombance :

    A la bingude de Nadau,
    Tripes dau porc sur lou rascau,
    Une bouteille de bin blanc,
    Per fa canta lou moyne blanc!

Enfin, voici qu'à onze heures et demie les cloches carillonnent gaîment, enveloppant les beffrois rigides de chansons claires, emportées bien loin sur le vent, par delà les horizons. A ce moment, tout le monde est dehors, sous la pluie, le givre ou la neige, qu'importe! se dirigeant vers l'antique église de Saint-Seurin, toute prochaine. Les rues sont bruyantes, pleines de bruits de pas, de chuchotements, de rires jeunes. Des voix fraîches de jeunes filles enveloppées de châles sombres et la chevelure serrée pudiquement dans la coiffe blanche ou le petit bonnet, fredonnent des refrains pieux. Les lanternes qui, suspendues au poignet de leur porteur, se balancent au gré de la marche, piquent la brume de points d'or.

L'église s'emplit lentement : des gens, qui ne sont pas noctambules, bâillent à se désarticuler; d'autres, hommes ou femmes, commodément installés déjà, ferment les yeux et font croire qu'ils se recueillent. Ce n'est pas vrai : ils dorment comme des loirs.

L'église, très vaste, est parée comme une épousée resplendissante. L'autel est surchargé de dorures nimbées par la fumée des encensoirs au parfum exquisement maléfique. Et quand les douze coups cadencés de minuit sonnent au timbre vibrant; quand, alors, dans le grand silence du temple, sous les voûtes sonores, les orgues éclatent de toute la puissance de leurs jeux; que toutes les têtes des femmes, courbées pour prier, se relèvent, radieuses, et que les voix claires, un peu criardes, des enfants de chœur en surplis de mousseline, montent, disant :

> Il est né le divin Enfant,
> Jouez hautbois, résonnez musettes!...

on se sent pris d'un trouble inexprimable, et les marmots, qui ont fait une scène pour être amenés à la messe de minuit, songeant que, le matin, ils retrouveront leur petit sabot plein de bonbons, de dragées et de pralines, et entouré de jouets apportés par le petit Jésus de la légende nocturne, envoient à leur jeune et divin ami, de leurs menottes grassouillettes, de bien gros baisers qui s'envolent sur l'aile des anges gardiens vers le ciel perdu, tout là-haut, tout là-haut, par delà les bruns horizons.

II

La scène change. Deux heures du matin. On a voulu faire réveillon. D'aucuns sont allés même, pour avoir un peu de l'argent qui se fait rare dans la rude saison, engager quelques bijoux, une broche, un collier, une chaîne, une bague, au grand bureau du Mont-de-Piété de la rue du Mirail, chez le « commissionnaire » de la rue des Argentiers, ou encore chez M. Trognon, rue Putoye (Saint-Fort), dont la maison est éloignée dans le faubourg, à l'abri des regards indiscrets.

Pendant que, tout à l'heure, la broche tournait, on répétait encore cette perle de la poésie patoise :

> Rebeillats bous, maynades,
> Canten Nadau alègrement.
> Lou Hillet de Marie
> Nous bau dau saubement.

Et maintenant, c'est une allégresse générale, une joie universelle. Les virtuoses de la franche lippée, que leurs opinions un peu avancées — ils sont rares, on le sait — ont retenus chez eux, se joignent aux voisins qui font ripaille. La ribaude qui s'est faite ermite et bigote en vieillissant retrouve là sa jeunesse; et, les yeux mi-clos, au milieu du fumet âcre des casseroles, elle rêve à sa beauté perdue sans retour, au temps où, aux sons harmonieusement mariés des fifres, des hautbois, des musettes et des basses de viole, elle esquissait, légère et souple, en coquets atours — elle la matrone haute en graisse et en couleur d'aujourd'hui — les pas si simples, si élégants des menuets, des rigodons, des pavanes ou des gavottes.

Sur la table dressée près du feu de la cheminée ou du poêle rouge à éclater, la ménagère, la maîtresse de céans, a déposé les saucisses marinées dans du vin blanc doux, les andouilles grasses, la poularde au riz, la crème et les tartelettes, dont le parfum fait dilater les narines des bambins.

La note dominante de la cave est le clairet que vendent dans les rues « les trompettes des ivrognes », ces courtiers des marchands de vin de la Fondaudège ou des Capucins. Qu'est-ce que le Bouzy rouge, le Saint-Péray, le Romanée, le Chablis, le Pomard, le Cliquot? Il n'y a encore que le vin de la treille voisine, conservé précieusement pour les grandes solennités — et Noël en est une — qui vous puisse mettre en gaîté, qui vous fasse monter le rire à la joue et la chanson aux lèvres, « té, ma chère ! »

On se déboutonne... moralement; on cause, on s'interpelle, on bavarde dans ce patois plein de musique et de poésie; cette langue du berceau, de l'enfance, du foyer, naïve, vive et hardie, dont l'harmonieux Fénelon était tant amoureux; cet idiome dérivé du roman et de la langue d'oc, ce patois gascon, inimitable d'accent, d'expression et de pittoresque couleur.

Le grand-père est debout, tout au haut de la table. Il a revêtu ce soir son habit à la française, passé sa culotte de velours frappé et chaussé ses souliers à boucles brillantes. Il se recueille pour chanter. Les gamins le contemplent bouche bée; les parents ont un sourire respectueux dans les yeux. L'explosion de folle gaîté est calmée maintenant. Il est tard, le sommeil plombe les paupières des plus robustes, qui se raidissent pour entendre le vieux une dernière fois. Oh! il ne va pas chanter des drôleries ou des couplets en valse. Non, il va répéter simplement un Noël qui fait hausser les épaules aux jeunes hommes et à maître Jean, ces incrédules; mais dont le sentiment intense, dont l'archaïsme laissent dans l'esprit de ceux qui, comme moi, l'ont entendu chanter par une voix cassée et grêle d'octogénaire, une impression ineffaçable. Le voici :

> La sainte Vierge avait produit,
> Dans sa sagesse,
> La sainte Vierge avait produit
> Vers les minuit.
> Saint Joseph était si ravi
> D'avoir un si beau fruit,
> Qu'il prit un peu de foin et de paille fraîche,
> Et dans le coin de son manteau
> Il fit un berceau,
> En lui disant : « Poupon,
> Voilà votre maison ;
> Mais moi je ne suis pas votre vrai père ;
> Votre père est dans les cieux,
> Bien glorieux... »

III

On le voit, à cette époque on faisait plus souvent réveillon chez soi qu'à l'auberge. Il n'en est pas de même aujourd'hui, où des annonces multiples sont faites pour les yeux aux dépens du ventre par bien des traiteurs et des vaisseliers que je sais.

Donc, on n'allait pas souper aux *Champs-Élysées*, à *Vincennes*, au *Grand-Versailles*, chez les *Frères Arnaud*. C'est tout au plus si quelques familles y commandaient d'avance le repas qu'elles désiraient faire chez elles à la rentrée de la messe de minuit, en prenant soin encore d'apporter les victuailles à accommoder.

Les pauvres gens, les tristes hères, les besogneux, faisaient comme ils pouvaient pour réveillonner : c'était un problème, souvent insoluble, à résoudre; car chez les gargotiers, restaurateurs, aubergistes d'alors, comme chez les Vatels de nos jours, « crédit était mort : les mauvais payeurs l'avaient tué. » Ceux qui ne pouvaient, « faulte de monnoye, » pousser une visite chez *Belle-Rose*, dont le magasin, qui n'a guère changé, se trouvait en face de l'ancienne Monnaie, dans l'étroite rue Sainte-Catherine; chez Calin, à la Bourse, ou chez les charcutiers en renom : Picard, à la place d'Aquitaine; Estèphe, rue Judaïque; Queyron, rue Sainte-Catherine, un peu après la rue Saint-Remy, se rabattaient sur les boutiques de deuxième et de troisième ordre, qui ne faisaient certes pas défaut, pas plus qu'à notre époque.

Un aubergiste-cabaretier, Furet dit Jovial, avait installé un établissement populaire, rue Porte-Dijeaux, ouvert justement pour la première fois une nuit de Noël, sous l'Empire. Le bonhomme se piquait d'érudition. A l'instar du fameux Boulanger — oh! non, vous vous trompez, madame, c'est un autre!... — qui ouvrit à Paris, dit-on, le premier restaurant, Furet avait tracé au charbon sur ses murs la devise suivante : « *Venite ad me, omnes qui stomacho laboratis et ego restaurabo vos.* » Personne ne comprenant, il y avait foule; et comme la cuisine n'était pas plus méchante qu'à côté, le cabaret était toujours plein.

C'était chez Furet que se réfugiaient la nuit de Noël les pauvres diables qui avaient envie — et souvent besoin — de prendre place au festin général. Et puis, ils allaient finir leur nuit de débauche modeste, de fête triste, de goinfrerie sans le sou, soit dans un « café au lait » — ces boutiques que l'on ne retrouve qu'au Marché des Capucins, et encore en les cherchant bien; — soit au café au lait de Cadette, à la Croix-Blanche, où s'arrêtaient les maraîchères arrivant pour la « paneyrade », poussant leurs ânes à deux paniers et portant la corbeille de primeurs sur la tête; soit chez Mme Diris, rue de l'Église-Saint-Seurin; soit chez Mariette, place Saint-Seurin; soit chez Louisa, en face de Saint-Michel; soit enfin chez le plus renommé de tous, Cardeilhac, dont l'établissement, situé au coin de la place Dauphine et de la rue du Canon (Vieille-Tour), était fort bien tenu, largement approvisionné de « choines », de pains au lait et de brioches chaudes, et jouissait d'une grande vogue, bien méritée, m'a-t-on dit.

Autour de la maison Cardeilhac, quelques femmes installaient aussi, de préférence la nuit de Noël, des petites tables en plein vent, couvertes de serviettes irréprochablement blanches, et vendaient aux pauvres gens les reliefs de la table des heureux, que les cuisinières des « maisons bourgeoises » leur cédaient à bon compte. On m'a cité notamment trois femmes, nommées Maneyre, Cadichonne et Masson, qui amassèrent un joli pécule en s'instituant ainsi la Providence des affamés. D'un autre côté de la  ville, à l'extrémité du faubourg des Chartrons, cette industrie était aussi en grande vogue, mais là c'étaient des hommes, marins retraités ou maîtres de chai retirés des affaires, qui augmentaient ainsi, parfois dans de notables proportions, leurs revenus annuels. Très aimés des pauvres et des gamins en école buissonnière dans ces parages, ces restaurateurs modestes n'ont pas été remplacés.

Et puis, quelques heures après minuit, en 1816 comme aujourd'hui, plus d'un ivrogne s'en allait, le couvre-feu des gens honnêtes ayant depuis longtemps sonné, chantant à pleine gorge, débraillé, titubant, la bourse vide, le long des rues embrumées, noires et humides, pleines d'un grand silence : le Réveillon n'était plus qu'un souvenir !...

VI

Les Rameaux

ÉCIDÉMENT, la foi se perd, la croyance est morte! C'est une constatation, non un regret que je veux exprimer ici. Toutes les traditions symboliques du passé avec leur parfum de naïf mysticisme s'en sont allées aux quatre vents de l'indifférence la plus absolue. Et si nous parlons aujourd'hui — par hasard et parce que le calendrier est là, sans répit, qui nous pousse vers l'inconnu — du dimanche des Rameaux, c'est que nous nous souvenons malgré tout de notre enfance heureuse, insouciante et gaie; c'est que nous nous revoyons passant par les rues éclatantes de lumière, au milieu de la foule endimanchée et roulant paresseuse au tiède soleil qui annonçait la résurrection de la nature, des êtres et des choses; nous nous revoyons babillant à propos de rien, accompagnant de nos timides cris de joie et du battement de nos petites mains la chanson vibrante des cloches qui mourait dans l'air charriant des senteurs déjà très douces.

Nous regardions de temps à autre, du coin de l'œil, très vite pour ne pas paraître gourmands, les bonnes choses sucrées soutenues par un fil léger et suspendues parmi les feuilles odorantes du rameau que portait avec orgueil notre mère. Et alors, dans l'église débordante de curieux, emplie du bruit des interminables conversations, des plaintes des enfants comme nous, des rires des sceptiques, du remue-ménage des chaises que l'on transportait tout au haut de la nef, devant l'autel, pour avoir une bonne place loin des courants d'air des portails ouverts à deux battants, quand venait l'Évangile et que s'agitaient comme dans un frémissement, au-dessus des têtes légèrement inclinées, ces milliers de branches d'olivier et de buis, il nous semblait, dans notre petite imagination, entendre le frôlement d'ailes de nos anges gardiens qui nous apportaient du ciel la permission de goûter maintenant les gâteaux et les bonbons dorés et coloriés qui fleurissaient, comme des corolles entr'ouvertes, les branches de nos lourds « rameaux » d'un vert sombre.

Aujourd'hui, nous avons grandi. L'âge et le labeur quotidien ont fait de nous des hommes. Nous ne pratiquons plus depuis longtemps ; les croyances candides de nos premières années se sont évanouies à mesure que nous avancions dans la vie et que nous la connaissions davantage, et si l'ancien *dominica competentium* ne nous amenait pas chaque année le cortège joyeux des bébés aux palmes ployant sous les sucreries ; si les carillons clairs et tapageurs ne nous réveillaient pas brusquement le matin des Pâques-Fleuries, je crois que nous achèverions le Carême sans nous en douter !

*_**

Mais il n'en a pas été toujours ainsi. J'ai déjà eu l'occasion de dire — à propos des fêtes de Noël — ce qu'a été la Restauration, cette époque dont je vous demande encore la permission de vous parler ici, au point de vue des cérémonies et surtout des pratiques extérieures du culte catholique. La foi renaissait de tous côtés, et ses manifestations revêtaient une pompe inusitée. Soit par calcul, soit par conviction, soit pour faire comme tout le monde, soit pour ne pas être inquiétés par les ultramontains pleins de morgue hautaine, qui signalaient leur retour victorieux en tracassant sans répit les gens qui n'avaient pas le bonheur de penser comme eux, mais qui se sentaient, par contre, le courage de le dire, les habitants de notre ville affluaient dans les églises que la Révolution avait fermées et où les luttes incessantes de l'Empire avaient fait le vide... un vide sans profit, certes, pour les pauvres desservants!

Aussi quel grand, quel unanime mouvement de religiosité se manifestait vers 1825, par exemple! Pendant tout le temps de Carême, les églises Saint-Dominique, Saint-André, Saint-Pierre, Saint-Michel, Saint-Seurin et les chapelles des communautés d'hommes et de femmes ne désemplissaient pas. Le R. P. de Pineuilh, de la Compagnie de Jésus, qui occupait la chaire d'honneur, avait pour auditoire la foule des magistrats, des fonctionnaires de tous ordres, dont l'empressement était une bonne note pour un rapide avancement — avant tout.

Enfin, le dimanche des Rameaux arrivait. Depuis deux ou trois jours déjà, toutes les maisons étaient abondamment pourvues d'oliviers, de rameaux, dont les branches bénites devaient détourner toutes les calamités, toutes les douleurs, toutes les désespérances, du toit familial.

Des gamins couraient les rues, vendant avec des « rameaux » de lourds maillets de bois blanc dont les fidèles se servaient pour accompagner en vacarme dans les églises le chant des *Ténèbres*, le Jeudi-Saint. Ils allaient, nez au vent, tête à l'air, perruque ébouriffée, un grand panier à la main, criant comme des damnés, les galopins! dans les voies tortueuses et étroites de la cité : « Dos rameous! dos maillocs per fa *Ténèbres*! dos maillocs! » Et leur commerce allait son train, c'était merveille.

Les ménagères achetaient aussi l'olivier de Pâques-Fleuries, soit au marché des Récollets, au Grand-Marché des Fossés, au marché des Chartrons (où avait lieu chaque année, après le Carême, un grand dîner de regrattières et de cadichonnes, repas dont l'omelette au lard de l'*Alleluia* était le plat de résistance, et où *l'on se faisait une bile,* ma chère!...); soit dans les boutiques de quartier : Gertrude, à l'entrée de la rue Saint-Martin; Chérie, sous la Porte-Neuve; Lisa Toureau, à l'angle de la rue du Canon (Vieille-Tour) et de la place Dauphine; soit enfin aux marchés de première main où les paysannes portaient la *paney-*

rade : rue des Ayres, depuis les Fossés des Tanneurs jusqu'à la rue Sainte-Catherine (la vieille et noire rue Saint-Antoine aujourd'hui disparue était occupée par les charrettes, les brouettes, les ânes « à deux paniers » de ces dames); puis sur l'emplacement libre en avant des portes du pont, dont les grilles s'ouvraient moyennant finance pour livrer passage aux marchands de la rive droite, porteurs de longues corbeilles d'osier.

De même qu'à cette époque les étrennes s'envoyaient depuis la Noël, les présents de Pâques commençaient à être adressés le jour des Rameaux. Les magasins des confiseurs, des liquoristes, des marchands de bonbons étaient dévalisés littéralement, il y avait cohue élégante chez les petits boutiquiers : Félix, sur le Chapeau-Rouge; Andrieu, rue de la Taupe; Audubert, à l'angle des rues Bouhaut et Tombe-l'Oly. Mais les commerçants qui réalisaient les plus sérieux bénéfices étaient MM. Jourde et Forestier, et MM. Vène et Champion qui avaient leurs magasins, l'un à la « rotonde » de la Galerie-Bordelaise, l'autre rue Saint-Remi. Plus tard, M. Droz succédait à M. Champion, pendant que M. Vène s'établissait rue Sainte-Catherine, au numéro 7 ou 9 (les numéros impairs étaient à ce moment-là du côté gauche de la rue), après avoir acheté le fonds de commerce de M. Pagès, — une physionomie particulièrement connue des Bordelais de Tourny, — dont le vaste bazar occupait depuis longtemps le local du café de Bordeaux actuel.

On faisait donc emplette d'œufs sucrés, de bibelots de toutes sortes qui, avec les gâteaux, les oranges, les prunes, les oiseaux en biscuit, les « tortillons », garnissaient les arbustes des enfants. Les bébés pauvres devaient se contenter de l'œuf durci dans de l'eau bouillante et dont on avait peinturluré la coque en couleurs criardes — les mêmes qu'on offrait autrefois aux curés qui bénissaient un nouveau-né, une maison ou un champ. Les riches, les favorisés de la vie, avaient, eux, des œufs légers accompagnés de devises sentimentales et mirlitonnesques, délicatement peints et qui, avec leurs filets d'or fin, excitaient, derrière les vitrines des magasins, la convoitise des petits loqueteux vagabondant.

La veille des Pâques-Fleuries, le samedi soir, après le travail, dans certains quartiers de Bordeaux, les faubourgs surtout, quelques jeunes gens organisaient de petites sauteries, en famille, sur les places ; et puis on faisait une quête pour l'achat d'un rameau monstre mis en loterie à deux liards le billet. Une loterie semblable était organisée chaque année aussi par les dames de la halle dans les divers marchés : l'usage ne s'est pas perdu depuis si longtemps de ce côté.

Enfin, le jour des Rameaux, depuis l'aube, depuis l'*Angelus* qui réveillait les plus obstinés dormeurs, c'était une allégresse générale, un bruit sans cesse croissant, un va-et-vient continuel. Le temps était presque toujours très clair — oh ! il a bien changé ! — le soleil versait sa pluie d'or sur les arbres bourgeonnants, pleins de leur sève jeune, et, dans le grand recueillement des masses prises de religiosité, les processions des chasubles étincelantes et des chapes piquées de pierres fines faisaient le tour des basiliques, laissant sur leur passage une traînée alanguissante d'encens.

A la porte des églises, les pauvres en permanence, les infirmes, les aveugles, les paralytiques, les lépreux cessaient un instant leurs exhortations à la pitié publique. Leur « Chrétiens de Dieu, ayez compassion de ce misérable estropié ! » faisait place à l'*Hosannah !* triomphant en l'honneur du Libérateur, que chantait la voix grave de l'ophicléide :

>Gloire au Seigneur,
>Béni celui qui vient sauver le monde !

La cérémonie commençait. On se pressait, on se bousculait, on se tassait un peu partout où l'on pouvait, dans les tribunes, dans les bancs-d'œuvre, sur les dalles ; les enfants étaient à moitié étouffés dans la cohue, au milieu de laquelle des gamins sans scrupules se glissaient pour arracher traîtreusement pendant le long Évangile de la Passion les oranges, les gâteaux, toutes belles choses sucrées qui leur étaient inconnues, attachés sans soin par des mains indifférentes aux rameaux touffus des petits riches.

※

L'Évangile terminé, dans chaque église paroissiale, on distribuait le pain bénit, sous la forme alléchante de petites brioches; ensuite, conformément à l'usage, les douze plus pauvres vieillards des environs — hommes et femmes hâves, ridés, brisés par les ans — recevaient des mains des « Dames de charité », comme on les appelait, des vêtements tout flambant neufs — et ce qui leur causait un plaisir bien plus vif, sans nul doute, quelques pièces d'argent, qui semblaient briller davantage dans leurs mains tremblantes, parcheminées.

Et puis, en rentrant de l'église, on jetait sur les armoires, dans toutes les demeures, les palmes d'olivier bénit, pendant qu'on faisait brûler dévotement les rameaux jaunes et desséchés de l'année écoulée. La maison était dès lors à l'abri du fléau, à l'abri du malheur, à l'abri du besoin...

Mais où sont les croyances de nos mères grands?

VII

Pâques

Alleluia! Alleluia! C'est la chanson d'amour et d'espoir qui monte de la terre rajeunie vers le grand ciel souriant. Les buissons sont en efflorescence, et le long des sources qui chantent, dans les creux des arbres pleins de verdure et couverts de la neige des pétales, les oiselets jaseurs se grisent de soleil et d'effluves caressants. C'est l'Avril charmeur. C'est le renouveau. Le firmament, qui verse des trésors de lumière dont s'imprègnent les sens délicieusement troublés, va reprendre, les nuits, ses manteaux d'indigo tout constellés d'épingles d'or par milliers de milliers; les aubes sont claires, roses et tendres comme des réveils d'enfants. C'est la saison primavérale; c'est le temps où l'Amour malin aiguillonne le cœur des gentes damoiselles; c'est le moment des baisers surpris, volés et rendus au centuple dans les combes silencieuses. C'est le printemps. *Alleluia! Alleluia!*

Hier, samedi, les gamins et les bonnes vieilles gens ont attendu, anxieux, sur le seuil des portes des échoppes, appuyés contre les treilles plantées en façade, ou assis sur les bornes qui gardent l'angle des ruelles, des culs-de-sac, le retour de Rome — où elles sont allées, il y a deux jours, en pèlerinage — des cloches de la paroisse, cette patrie en réduction. Il est dix heures. Tout à coup, le branle commence. Ding! ding! boum! boum! et, comme une traînée, le mot joyeux court de bouche en bouche, roule de maison en maison dont les fenêtres s'ouvrent toutes grandes au soleil, pendant que les rideaux à carreaux rouges et blancs flottent au vent, comme des oriflammes les jours de fête.

« *Alleluia!* J'ai gagné l'omelette au lard, Cadichoun!... Eh! qu'acos pas tu, aqueste annade!... »

Et chacun, ragaillardi, les yeux brillants, songe aux petites bombances qui vont suivre et faire oublier les longs jeûnes du Carême, qui s'achève dans le refrain repris en chœur, là-haut, par les cloches, qui marient et harmonisent leurs multiples tonalités.

La religion, — n'en déplaise aux feuilles bien pensantes, — c'est le prétexte, c'est l'accessoire. Ce qu'ils entrevoient d'abord, tous ces gens, ces travailleurs au teint hâlé, aux mains durcies, c'est la perspective de la flânerie ineffable pendant les trois ou quatre jours que va durer la solennité. Ce qu'ils saluent d'abord, ces gamins qui s'apprêtent à aller dénicher des fauvettes dans les séculaires ormeaux des allées Damour, c'est les vacances; ces vieillards dont la taille cassée se redresse au souvenir des belles années pleines d'espérances, c'est le bon réveil de la nature qui sourit à leurs cheveux de neige.

Aujourd'hui, c'est dimanche, c'est Pâques. Les jeunes gens viennent de tirer des « bas de buffet » les pantalons de nankin, les robes à corsage de percale, d'indienne frappée ou d'organdi, les souliers à boucles et les fins brodequins à attaches. Ce que l'on va s'en donner des « sauteuses » et des valses, aux Deux-Ormeaux, à la Renaissance, aux Champs-Élysées, à Vincennes, guidé par l'orchestre de maître Hamelin ou celui de Sailly, cet excellent musicien, installé derrière les « montagnes russes » qui vous donnent le vertige! Ah! monsieur le curé, en chaire, pendant tout le temps du Carême, a proscrit la danse, ce grand moyen de corruption dont dispose le diable, muscadin frisé et pommadé! Mais on est libre aujourd'hui, et les mollets sont la proie des tarentules. D'ailleurs, le mot Pâques ne vient-il pas de « pâsahh », marcher, sauter, passer? *Alleluia!* En avant-deux! La jeunesse des grisettes et des artisanes n'a qu'un temps! Racle violon, nasille musette!

Par les grandes voies comme dans les carrefours des faubourgs, sur « l'Intendance » et les allées ombreuses de Tourny comme dans la rue de la Fusterie, la rue Marmanière, la rue Saint-Thomas ou la rue de la Rousselle, les marchandes d'agneau — le tendre agneau pascal — viennent de faire leur apparition, coquettement attifées, la robe courte de bure serrée aux hanches, le madras fraîchement « calendré », le tablier blanc « à bavette ». On les entend venir de loin, offrant leur marchandise saignante encore et bien parée de papillottes de papier de couleur, avec ce cri qui leur est particulier : « *Une baoute d'agnet, un cartey!* » Et les clients affluent.

Le « quartier » d'agneau, on l'ira, comme c'est l'usage — et ça vaut peut-être les repas mosaïques des premiers âges, — manger, avec un peu de pain azyme obtenu à grand'peine, dans les auberges aux murs ornés de *passions*, des cadres de bois entourant les naïves estampes, ou sous les tonnelles rustiques de Pessac, du Bouscat, de Caudéran, ou sous les treilles de Lormont, « au bord de l'eau, » chez Verdillotte, Bertrand, Lagneau, Thuronne, Laperche, Chéri Martin, le même qui tient un « café au lait » dans la rue Permentade. L'appétit aura été aiguisé par l'interminable promenade le long des chemins que les pluies de Carême ont défoncés, où les rouliers ont marqué de larges ornières, le long des routes désertes et mal tracées, où le lilas qui passe vite met par place des bouffées de parfums.

Et puis, comme le 1ᵉʳ avril coïncide avec la venue de Pâques, on se fera mille niches, on se jouera de bons tours, après « souper », entre garçons et filles, avant de s'envoyer des cadeaux mystérieusement empaquetés : — le poisson, de par la tradition, a une importance emblématique très grande — un léger châle acheté chez Marchet, rue du Parlement-Saint-Pierre, ou une croix émaillée de chez le joaillier Pasquet ou le bijoutier Servan. Et les petites grisettes, bien malignes et rusées cependant, se laisseront prendre aux promesses lentement répétées par une voix tremblante, et, dans les prés en émeraude, donneront — je n'ai pas dit vendront — leur tendre cœur au plus entreprenant, oubliant que souvent

> Serment de tendresse éternelle
> Est bien un vrai *poisson d'Avril !*

Parbleu !

***

La semaine sainte, la grande semaine, comme on l'appelle, est finie. La Passion, ce point culminant de la légende du Christ, a été retracée par l'Église, scène par scène, avec l'apparat dont elle entoure ses cérémonies. L'estomac est affadi à force d'abstinence. Les distractions ont fait complètement défaut ; le temps est passé où les bourgeois des villes, succédant aux confréries, interprétaient, en vingt-cinq journées, s'il vous plaît, ni plus, ni moins, tels ceux de Valenciennes au xviᵉ siècle, les Mystères de la Passion, cette première manifestation de notre théâtre tragique.

C'est à peine si parfois, maintenant, à de rares intervalles, une troupe joue sur une des scènes bordelaises un drame ayant une vague couleur religieuse.

Les « concerts spirituels » sont cependant assez courus. Ils ont été mis à la mode ici par maître Joseph-Nicolas Royer, ancien directeur de la musique de la chambre du roi Louis XV, chef d'orchestre de l'Opéra et professeur de clavecin de la Dauphine, qui, un peu après 1750, séjourna pendant quelque temps à Bordeaux et essaya même d'organiser une campagne artistique. Royer, qui était un artiste et un bon compositeur — on lui doit la *Pandore*, de Voltaire, — avait dépensé plusieurs milliers d'écus pour cette installation.

Les vieux d'à présent, ceux qui survivent à la Terreur et aux boucheries de l'ogre de Corse, se souviennent d'avoir entendu raconter que Royer ne fut que le continuateur de la tentative. C'est, en effet, François Philidor, fils du célèbre musicien de ce nom, qui, en 1725, eut, le premier, la permission, fort difficile à obtenir, d'organiser à Paris un concert spirituel qui fut donné dans la salle des Cent-Suisses du roi, au château des Tuileries.

Les directeurs de ce concert furent, après Philidor et avant Royer, Simart et Mourd, d'amusante mémoire.

Depuis, le goût de ces réunions musicales s'est développé, et, à l'époque dont nous parlons, chaque année un ou deux concerts intimes sont donnés soit dans la salle de l'Athénée, qui est appelée à subir de nombreuses transformations, soit dans le local de la Société des musiciens du Grand-Théâtre, — montée grâce aux libéralités d'un baron de l'Empire, un mélomane, M. d'Estrade, — rue Mautrec, à deux pas du bazar de Pagès, où MM. Duchaumont, Béziat, Blandin et Pietrelli exécutent de si beaux quatuors de Gluck et de Spontini. Il y a foule ces jours-là sous les fenêtres basses de la salle de la Société, et la petite rue montueuse, mal tracée et aussi un peu mal famée, qui conduit à l'église des Dominicains, est pleine, à ces moments, d'une vie inaccoutumée. Les curieux y sont massés en bon ordre, sous l'œil vigilant des sergents de ville primitifs portant le « chapeau à cornes » et le baudrier sur l'habit aux longs pans.

**

Les enfants viennent de serrer dans les placards, jusqu'à l'an prochain, tous les objets qui leur ont servi à monter de petites chapelles au coin des rues les plus fréquentées. Une caisse basse, recouverte d'une nappe éclatante de blancheur crue sous le soleil; une madone de plâtre sali par la fumée des chandelles de suif; quelques vases remplis de fleurettes et de verdure arrachée au jardinet voisin; de saintes images; des guirlandes de papier de couleur piqué de grossières étoiles d'or; des morceaux du cierge de la Chandeleur, mal plantés dans des chandeliers de cuivre dépareillés; une branche de laurier trempant dans l'eau bénite, — c'est toute la mise en scène, désespérante de simplicité.

Et pendant que les fidèles et les oisifs, l'après-midi du Jeudi-Saint surtout, s'en vont par groupes faire la visite des églises, — une, trois, cinq ou sept, car la tradition superstitieuse veut que ce soit un nombre impair, — les gamins s'embusquent près de leurs petits « monuments », qui n'ont aucun point de ressemblance avec les beaux reposoirs noyés de lumière bleue et dense, où les prêtres psalmodiant gardent le corps de leur Dieu qui attend la résurrection; près de leurs petits monuments que le vent fait, à chaque instant, trembler sur leurs fragiles bases, et une sébile à la main, ils vous ont des mines hypocritement sournoises, ces garnements! en vous suppliant d'accorder à leur œuvre l'obole de votre générosité, — les deux liards ou, suivant le cas, la petite pièce blanche de cinq sous, qui vous embarrassent.

Le moyen de ne pas se laisser faire et de refuser?

Le soir, les mauvais drôles, que les parents inquiets, anxieux, cherchent de tous côtés chez les voisins, se partagent la quête après avoir démonté leur chapelle portative, au lutrin de laquelle les petits oiseaux du nid voisin chantaient en faux-bourdon, et rentrent triomphalement à la maison — où régulièrement ils reçoivent une de ces corrections qui font époque.

Ça leur est bien égal, après tout : la recette est faite!

**

Enfin les grandes cloches ont cessé de battre dans l'air leur carillon cadencé. On vient d'aller « manger la dernière queue d'agneau », comme on dit, à « l'assemblée » de Caudéran, qui se tient le lundi de Pâques. C'est le matin de la troisième fête chômée, — et ceux qui se souviennent encore vont à la « Chartreuse », par les allées solitaires, bien loin du bruit de la foule en gaîté, dans des recoins perdus dont la musique des Champs-Élysées, toute proche pourtant, au delà de la rue Coupe-Gorge, ne trouble pas le lourd silence, apporter à la tombe d'une mère, d'une fille ou de la première maîtresse — celle à qui l'on eût tout donné, quand, par malheur, l'on n'avait rien — un bouquet de fleurettes à peine écloses encore, les premières branches du lilas de la saison, achetées à Catherine Lardit, par exemple, sous le porche du chemin d'Arès.

Ce n'est pas le pèlerinage douloureux du mois de novembre; aujourd'hui, le sourire brille derrière les pleurs. C'est plutôt comme une visite faite à des gens qui sont trop éloignés pour songer à venir vers vous, mais qu'il faudra bien se résigner à rejoindre un jour. Cette poétique coutume, qui n'est pas très ancienne, n'était pas pour se généraliser. On l'a oubliée, car tout le monde, hélas! ne peut pas comprendre la joie que doit procurer à ceux qui dorment depuis des années dans leur rigidité marmoréenne l'offrande des fleurs qu'ils aimaient tant, épanouies au premier rayon d'avril...

L'HÔTELLERIE DU CHAPEAU ROUGE

VIII

I

C'est demain la fête des Rois, ce reste des saturnales païennes, si énergiquement dénoncée, en 1654, à la réprobation des hommes, tout particulièrement par ce bon abbé janséniste Deslions, chanoine de Senlis, qui n'a jamais pu comprendre cette coutume, et qui, certes, ne s'en portait pas mieux pour cela. Jadis, les escholiers et les gentes baschelettes se répandaient, ce soir de l'Épiphanie, après boire et le couvre-feu sonné depuis longtemps aux beffrois prochains, chantant, dans les carrefours sombres, au bruit des fifres et des tambours graves, avec les comédiens, les bateleurs, sur les tréteaux des Tabarins de rencontre, chez qui les « colombelles et arundelles d'amour poinct ne manquaient ». Et les beuveries illustres, et les refrains clairs des pintes et des brocs entre-choqués se prolongeaient et sonnaient longuement dans la nuit noire où ne brillait pas même l'étoile toute d'or qui jadis guida les pas incertains des rois d'Orient vers l'humble et triste berceau de Bethléem. Les réjouissances auxquelles étaient mêlés les élus de la royauté éphémère « de la febve » déterminaient souvent, par suite de leur longue durée, des accidents parfois bien singuliers, dans le genre de celui (une jolie bataille à coups de boules de neige) survenu à François Ier devant la demeure du noble et puissant seigneur de Saint-Pol, en 1521. Mais qu'importait? On riait à gorge dépenaillée, on s'esbaudissait, on se roulait de plaisir et de joie facile, et les échos voisins renvoyaient, durant toute la nuit d'orgie, ce cri de victoire, ce cri triomphant, qui s'en allait dans l'air vif, se perdant aux quatre coins de l'horizon embrumé, sous le givre et la froidure d'hiver : « Le roi boit! le roi boit! »

En France, en Allemagne, dans le plus petit village des Pays-Bas, partout ce cri particulier avait semblable signification. Et les mendiants, las de la route parcourue, arrêtaient un instant leur marche au seuil des maisons largement hospitalières, pour réclamer les miettes qui tombaient de la table, enveloppée de fumets très doux, des festoyeurs de l'Épiphanie, et leur part du souper :

> Salut à la compagnie
> De cette maison!
> Nous souhaitons année jolie
> Et biens en saison.
> Nous sommes d'un pays étrange
> Venus en ce lieu
> Pour demander à qui mange
> La part du bon Dieu.

Et la besace des besoigneux se remplissait, s'alourdissait, la nuit durant, car le pieux usage voulait qu'ils ne fussent ni les derniers ni les plus mal servis : Qui donne aux pauvres, prête à Dieu !

Aujourd'hui, tout cela a changé. Plus comme autrefois de mirifiques fêtes en l'honneur des roitelets du hasard ; plus de cérémonie solennelle à l'église, où on préparait, à Bordeaux comme ailleurs, un oratoire et un drap de pied pour la « reine de la febve » en l'honneur de laquelle les seigneurs, comtes et barons baillaient à l'offrande, avec l'écu, trois boules de cire, l'une couverte d'une feuille d'or, l'autre de feuilles d'argent, l'autre enfin d'encens ; plus de damoiselles d'honneur de cette reine d'un jour somptueusement parées de brocart, qui la conduisaient par les voies noires de populace, pleines de bruit, pendant que les sonnettes tintaient et que les tambours battaient.

Aujourd'hui, on tire les rois tout bonnement, en famille, avec quelques voisins, les intimes tout au plus ; après quoi, chacun s'en va se coucher, un peu maussade parfois, bougonnant contre le « chien de temps qu'il fait » et la pingrerie de ses hôtes. La foi disparaît, les rois sont morts, vous dis-je, et pour longtemps !

On ne croit plus à l'étoile, à l'astre dont les rayons de feu nimbaient le front du petit Jésus naissant, à l'étoile des bergers et des Mages. C'est tout au plus si, de loin en loin, un rêveur, un poète en retard sur notre modernisme échevelé, chante en ses rimes d'or cette étoile de notre siècle : la voix intérieure qui nous console aux heures d'angoisse, l'être aimé qui nous guide et nous conduit vers le but glorieux. Et l'on rit de sa naïveté.

Les chroniques du pays bordelais n'abondent pas précisément en légendes et en histoires fantastiques. En voici une qui, à mon avis, présente un petit intérêt ;

Comme on le sait, les « Fossés du Chapeau-Rouge », qui formaient le prolongement de ceux de l'Intendance et qui sont devenus le cours du Chapeau-Rouge, ont pris leur nom d'une hôtellerie fameuse dès le xvie siècle, qui portait pour enseigne un chapeau de cardinal — rouge par conséquent. Il est à remarquer ici, en passant, que la dénomination de pas mal de rues de Bordeaux tire son origine d'anciens cabarets plus ou moins bien famés, où gentilshommes et manants se réunissaient en galante compagnie.

A la fin du xvie siècle, le cabaret du Chapeau-Rouge était tenu par l'ancien matelot Jean Reyre, et non Peyre, comme on l'a dit souvent d'une façon erronée. C'est vers cette époque que se passèrent, dit-on, les faits que je me suis promis de vous raconter.

Il y avait autrefois, dans les hôtelleries renommées de France, un tronc destiné à recevoir les aumônes que ceux qui venaient y loger faisaient aux pauvres. Un pareil tronc était établi au Chapeau-Rouge. Ses habitués bordelais (du faubourg *Tropeyte* particulièrement), qui formaient là une Société appelée « l'Abbaye des Marchands », distribuaient l'argent qui en provenait aux voyageurs détroussés par les voleurs, aux marins naufragés, aux malades de l'hôpital de Bordeaux. Cette Société, une sorte de confrérie, avait à sa tête un président, connu sous le titre « d'Abbé des Marchands », puis des conseillers, un procureur fiscal, un greffier et des huissiers; elle était composée d'un peu moins de cent de nos arrière-grands-pères.

Or, un soir, le vent et la neige battaient en tourbillons les vitraux du cabaret du Chapeau-Rouge. C'était le 5 janvier. A l'entour, tout était désert; le Château-Trompette, déjà plus que centenaire, paraissait comme enseveli dans un linceul; la brume s'épaississait de plus en plus sur la rivière dont rien, pas un bruit, ne troublait le cours silencieux. Dans une petite salle de l'hôtellerie, très basse, d'où la vue pouvait s'étendre sur le port, deux hommes, deux voyageurs, étaient assis, devisant, le dos tourné à une table encore chargée de victuailles, devant une large cheminée où le feu s'éteignait en se couvrant de cendres. C'étaient des étrangers, des Flamands, qui, se rendant au collège de Toulouse, étaient logés au Chapeau-Rouge, où ils avaient dîné en compagnie de quelques membres de l'Abbaye des Marchands, à qui ils avaient manifesté le désir d'assister à une des séances de la confrérie.

Huit heures sonnaient à l'horloge du Château-Trompette. Le plus âgé des voyageurs se leva et envoya d'un brusque coup de pied son escabeau de chêne rouler sur les dalles de la salle.

— Holà! tavernier! cria-t-il en allant vers la porte qu'il entr'ouvrit à peine, un pichet de votre vieux vin, et du bon! C'est fête aujourd'hui!

Un valet parut bientôt et déposa sur la table un broc de vin du Bordelais, que maître Jean Reyre, l'hôtelier, réservait pour les grandes occasions et qu'il ne cédait que contre de beaux écus sonnant neufs. Le feu fut rallumé, et la flamme joyeuse éclaira mieux que le maigre lampion qui se consumait sur la cheminée de la salle étroite aux murs blancs. Les deux hommes, rapprochés maintenant de la table, dégustaient lentement le nectar qu'on venait de leur servir.

Soudain, des voix se mirent à chanter sous la fenêtre une ballade plaintive au rythme lent et doux :

> Le vent souffle, la nuit est sombre,
> Et nous n'avons pour nous guider dans l'ombre,
> Seigneur, que la lueur qui brille à vos vitraux!
> Pas un abri sur terre, au ciel pas une étoile!
> Nos pieds sont nus, et nos corps, sans manteaux,
> Contre le vent n'ont qu'un lambeau de toile...
> Mon bon seigneur, qui vous chauffez au coin du feu,
> Oh! donnez-nous la part à Dieu!

— Le diable soit des manants, s'écria, rouge de colère, le plus âgé des voyageurs, messire Gérard, un vieux savant du pays de Flandre. Belles litanies pour un jour de fête!... Buvons, Fritz, pour ne point ouïr pareille psalmodie lugubre!

Le second voyageur, un jeune homme d'une vingtaine d'années, écoutait curieusement la chanson qui montait à lui dans les rafales. Les voix continuaient :

> Nous sommes tout couverts de neige,
> Et nos genoux tremblants se dérobent sous nous!
> Nous prions le Seigneur afin qu'il vous protège;
> Nous chanterons Noël pour vos fils et pour vous.
> Si vous vous en alliez en guerre,
> Nos corps, pour vous défendre et du fer et du feu,
> Vous formeraient une barrière.
> Ah! donnez-nous la part à Dieu!

— Je ne connais point cette chanson! dit le vieux.

— Elle est sans doute de la contrée. Je ne l'ai jamais ouï chanter au pays flamand.

Le jeune homme, en disant ces mots, s'était approché de la fenêtre. Il revint vers son compagnon.

— Maître, dit-il, ce sont deux vieillards. Ne pourrions-nous leur faire l'aumône de quelques restes de notre repas? L'usage, du moins, le commande ainsi...

— M'est avis, à moi, que c'est un méchant usage de donner son bien aux vagabonds. Buvons sec, buvons!

Au dehors, les deux mendiants reprirent :

> Mais nous chantons en vain sous la fenêtre,
> Noble seigneur, tu n'ouvres pas.
> De la fête c'est le fracas
> Qui couvre notre voix, peut-être!
> Dans les chenils hurlent les chiens!
> Les chiens aussi vont faire chère lie;
> Mais nous, hélas! pauvres chrétiens,
> A ces chiens nous portons envie,
> Car nous n'avons ni pain, ni feu, ni lieu...
> Ah! donne-nous la part à Dieu!

— Je vous donne à tous les diables, race maudite! cria le vieux Flamand, avec un rire gras, en montrant le poing à la fenêtre. Lorsque je bois, ne m'incommodez pas!

Et, les yeux abêtis par les fumées de l'ivresse qui brûlait ses tempes, titubant, il alla, buvant à même le broc, vers le large foyer où pétillaient des gerbes d'étincelles.

Un silence s'était fait sous la fenêtre; puis la voix affaiblie des vieillards reprit pour la dernière fois :

> Hélas! hélas! nous n'avons plus d'haleine...
> Nous sommes vieux, et nous avons bien faim...
> En cette nuit, ô roi, ô douce reine,
> Jetez seulement un morceau de pain!
> Hélas! le givre pend à notre barbe inculte;
> Nos pleurs glacés se gèlent dans nos yeux...
> Seigneur! seigneur! c'est une insulte
> De refuser la part à Dieu!

— Oh! maître, ayez pitié! soupira le jeune homme en allant vers le buveur.

— Pardieu! ces coquins me menacent! Qu'on donne la chasse à ces loqueteux, et nous, ami, buvons, buvons!

Le roi... le roi boit! acheva-t-il dans un hoquet.

Les voix s'éloignaient lentement. On les entendait encore par intervalles, qui répétaient au loin, dans le silence de la nuit froide, leur refrain lugubre :

> Seigneur! seigneur! c'est une insulte
> De refuser la part à Dieu!

Tout à coup un bruit épouvantable se fit entendre dans l'hôtellerie. Du haut en bas, c'était un cliquetis de sabres, de chaînes remuées, secouées violemment, des appels, des cris, des jurements, des éclats de voix impérieuses. La porte de la petite salle où étaient les deux voyageurs s'ouvrit bientôt toute grande; le vent, s'engouffrant, éteignit la petite lampe qui jetait ses dernières clartés. En un clin d'œil, les deux Flamands furent saisis par des hommes — des hercules — masqués, solidement garrottés et conduits, portés pour mieux dire, jusque dans une vaste pièce où se trouvaient réunis les magistrats d'un tribunal prêt à fonctionner, silencieux, rigides.

Quelques-uns des membres de l'Abbaye des Marchands à qui, trois heures auparavant, les deux étrangers avaient manifesté le désir d'assister à une assemblée de l'Association, et qui venaient d'être témoins de leur manque de compassion, de charité et de pitié pour les mendiants, s'étaient rapidement entendus avec l'hôtelier Jean Reyre pour les mystifier et au moins à l'un d'eux donner une verte et profitable leçon.

Dès que les étrangers furent introduits dans le prétoire, leur procès commença. Le procureur fiscal leur donna lecture de divers manuscrits, parmi lesquels un où il était parlé des libéralités du duc de Bourbon à l'occasion justement des fêtes de l'Épiphanie.

« Venait le jour des Roys, où le duc de Bourbon faisait grande feste et lye-chière, et faisait son roy d'un enfant en l'âge de huict ans, le plus pauvre que l'on trouvât en toute la ville, et le faisait vestir royalement en lui baillant ses officiers pour le gouverner. Après ce, le maistre d'hostel faisait une queste pour le pauvre roy pour le tenir à l'eschole. Et cette belle coutume tint le vaillant duc tant comme il vesquit. »

Le procureur, après avoir énuméré les manquements aux usages et aux bons sentiments commis par les deux étrangers au cours de la nuit qui s'avançait, requit contre eux une condamnation à deux ducats, applicable à la boîte des pauvres secourus par le tribunal de l'Abbaye. Ce tribunal, d'ailleurs, rendit aussitôt une sentence conforme.

Le plus jeune des deux Flamands, apeuré, se croyant devant de véritables juges, s'exécuta sans retard et paya l'amende prononcée. Mais le vieux, que la majesté du tribunal n'avait pu faire revenir à un état décent, refusa de se prêter à la plaisanterie qu'il flairait dans son ivresse. Les huissiers, sur l'ordre de l'abbé, se permirent de garder son manteau et de rosser son cheval, qui n'en pouvait mais, certes !

L'affaire fit du bruit en ville, et surtout au faubourg Tropeyte. Un jurat, instruit du fait, se transporta à l'hôtellerie du Chapeau-Rouge. Les deux parties durent comparaître — cette fois pour de bon — à l'audience de l'Hôtel de Ville. La restitution du manteau appartenant au plaignant eut lieu : on accorda à ce dernier des dommages-intérêts. Les membres de l'Abbaye, auteurs de la fumisterie, et Jean Reyre, l'hôtelier, furent condamnés aux dépens, et le Parlement ordonna même que la boîte aux aumônes du cabaret du Chapeau-Rouge fût fermée à deux clefs, dont l'une déposée à la jurade et l'autre entre les mains de Jean Reyre.

A la suite de cette équipée, l'Abbaye des Marchands fut dissoute ; mais l'hôtellerie du Chapeau-Rouge n'en continua pas moins de subsister et de donner de gros bénéfices, jusqu'au 29 juin 1676, jour où on commença de la démolir pour faciliter la formation de l'esplanade du Château-Trompette.

A ce moment, au milieu du XVIIe siècle, Bordeaux prenait déjà une grande extension. La ville conservait sa forme gothique d'antan ; elle était décidément trop petite. On n'y pénétrait que par quatorze portes flanquées de vieilles tourelles dont quelques-unes, accompagnées d'ouvrages avancés et de ponts-levis, ressemblaient aux entrées d'une archaïque et farouche forteresse.

« En mémoire de l'ancienneté des limites de la vieille ville, dit la *Chronique bordeloise,* annuellement, en mars, il y a procession générale, où les maire et jurats assistent; laquelle étant sortie hors de ladite ville et après avoir rentré en icelle et ouï le sermon en la place de la Corderie (rue Condillac), ou, s'il fait mauvais temps, dans les Jacobins (terrain des Quinconces), dans l'ancien faubourg de ladite ville, on se présente à la Porte-Médoc (au coin des rues Sainte-Catherine et du Pont-de-la-Mousque), au-devant de laquelle on chante, avec le cérémonial accoutumé, l'*Attollite portas.* » On plaçait à cet effet une barrière volante au-devant de la Porte-Médoc, et là, le curé de Saint-Mexant répondait en dedans aux antiennes que chantait en dehors le chapitre de Saint-Seurin. On a cessé cette cérémonie le 28 mars 1790.

Revenant à la formation de l'esplanade du Château-Trompette, je dois dire que cette construction datait de 1454, sous Charles VII. Vauban vint, en 1655, tracer le plan du nouveau Château-Trompette, auquel on commença à travailler cinq ans plus tard. Après une des nombreuses séditions des Bordelais, à la fin de 1675, on s'empressa d'activer ces travaux. Des arrêts du mois de novembre 1675 et du mois de mars 1676 ordonnèrent que, pour former l'esplanade du château, il serait pris « cent toises » du terrain qui l'environnait; que les maisons, en grand nombre, une vieille porte de ville et deux couvents qui couvraient ce terrain, seraient démolis, et que leur valeur serait remboursée à leurs propriétaires par la Ville.

A l'extrémité méridionale de ce quartier détruit s'élevait le magnifique édifice romain, les Piliers de Tutelle, l'un des plus précieux antiques de France. Ce monument, que les Barbares mêmes avaient respecté, fut abattu impitoyablement.

Le Château-Trompette fut démoli en 1817, à la suite d'une ordonnance du 5 septembre 1816, par laquelle le roi Louis XVIII donnait le château et ses dépendances à la Ville, à titre peut-être de joyeux avènement.

M. Lainé était alors ministre secrétaire d'État à l'intérieur.

II

C'est sur l'emplacement occupé par les dépendances de l'Abbaye des Marchands que fut créé, des années après, l'hôtel de la Paix, qui devait devenir l'hôtel des Princes et de la Paix, aujourd'hui dirigé de si remarquable et habile manière par MM. Queuille et Daric.

Ces Messieurs viennent justement d'ouvrir en annexe de leur maison un restaurant, où le confort le dispute à l'élégance, qui est déjà le rendez-vous obligé des représentants les plus notoires du monde du commerce, de la finance, des lettres et de la politique, et qu'ils ont eu la bonne pensée de placer sous le vocable du grand Sansot, leur prédécesseur à la direction de l'hôtel des Princes et de la Paix.

Sansot?... Un des jours de la semaine dernière je dînais, en compagnie d'écrivains et de bibliophiles éminents, au restaurant Sansot. Le menu avait été trouvé exquis, comme toujours, préparé avec le goût affiné qui distingue la cuisine de l'hôtel des Princes; de l'avis unanime, les vins comme saveur ne le cédaient en rien aux mets. La conversation tomba bien vite sur Sansot qui, donnant l'exemple à MM. Queuille et Daric, ouvrit jadis chez lui un restaurant à des prix très abordables et où on était toujours certain de se trouver en élégante compagnie : double garantie de succès!

Un des nôtres, grand chercheur de documents, de livres rares, de parchemins curieux devant l'Éternel, un des nôtres, — pourquoi ne pas le nommer : Georges Bouchon, — sur une invitation qui lui fut faite, par moi peut-être, voulut bien consentir à nous faire connaître des détails généralement ignorés sur la vie de Sansot, qui s'est créé un nom glorieux dans les fastes culinaires. Il parla, d'après Albéric Second, qui, vers 1845, publia une très attachante histoire de maître Sansot (aujourd'hui introuvable); il parla à peu près en ces termes :

Joseph Sansot est né à Auch, chef-lieu du département du

Gers, l'an 1800. Il était, comme on le voit, contemporain de ce dix-neuvième siècle si oseur, si chercheur et si actif.

Ceci expliquerait jusqu'à un certain point l'esprit d'audace, d'activité et de persévérance qui distingua à un si haut degré le propriétaire de l'hôtel de la Paix. Semblable à son frère de lait le dix-neuvième siècle qui s'agitait dans la sphère politique, rêvant des destinées meilleures et une forme de gouvernement plus satisfaisante, on voyait Joseph Sansot s'agiter dans la sphère culinaire, cherchant la solution de problèmes réputés insolubles, et cependant parvenant à les résoudre.

Une observation en passant : Le département du Gers a fourni depuis 1830 trois ministres à la Couronne.

M. Persil, M. Lacave-Laplagne et M. de Salvandy sont les compatriotes de Sansot. Il est des terrains favorisés qui produisent des truffes et des artichauts.

Il est rare que l'enfance des hommes prédestinés à quelque chose de noble, de grand ou de beau ne soit pas féconde en faits caractéristiques que les biographes ramassent précieusement pour l'édification des races futures.

Ainsi nous avons su que Sixte-Quint, simple gardeur de pourceaux, consacrait tout son temps à l'étude du droit canon ; que le Giotto, n'ayant jamais eu de maître, dessinait avec sa houlette sur le sable des chemins, et mille autres anecdotes de cette nature, insérées dans tous les *ana* contemporains.

Ainsi ferai-je à l'égard de Sansot, et la postérité m'en aura quelque obligation, j'imagine.

Son père — digne père d'un tel fils — tenait à Toulouse un hôtel dont la mémoire vit encore parmi les gastronomes du midi de la France.

Là s'écoulèrent les premières années du jeune Sansot ; c'est là qu'il grandit dans une atmosphère succulente d'entremets, de rôts et de ragoûts. Qui oserait dire que ce spectacle constamment renouvelé n'a pas été d'une immense portée sur l'avenir de notre héros?

Autant vaudrait nier la bienfaisante influence d'un rayon de soleil sur une grappe de raisin encore vert. — Enfant, on ne le voyait point jouer bruyamment dans la rue, selon l'usage immémorial des polissons. Il passait son temps dans la cuisine paternelle, allant, d'un pas méthodique, des fourneaux à la broche et de la broche aux fourneaux; sondant, d'un œil avide, les mystérieuses profondeurs des casseroles, ou bien s'étudiant à reconnaître ces nuances fugitives, indice d'une cuisine arrivée à son point. D'autres fois, assis à côté du chef, il observait ses moindres mouvements avec un recueillement religieux.

Lorsqu'un voisin félicitait le père Sansot touchant les brillantes dispositions culinaires observées chez son fils, cet homme de sens répondait invariablement :

— Patience! patience! ne nous pressons pas d'entonner un *Te Deum!*... Ce que vous prenez pour une vocation artistique, c'est peut-être seulement de la gourmandise!

Le fait est que, sitôt qu'on avait les talons ou les yeux tournés d'un autre côté, l'enfant ne manquait pas de glisser une main furtive dans les compotiers, dans les saladiers et jusque dans les casseroles.

Était-ce gourmandise ou bien amour de l'art? Là était la question. Cette question ne tarda pas à recevoir une solution péremptoire.

Un jour, le père Sansot réunit son chef et ses aides de cuisine. Son œil était plus brillant et son teint plus coloré que de coutume. Il avait l'air grave et majestueux tout ensemble, et il était facile de voir qu'un grand événement se préparait.

— Mes enfants, dit-il à ceux qui l'entouraient en silence, Toulouse possède depuis deux heures dans ses murs un des plus illustres gastronomes de notre siècle. Il n'est pas un de vous qui ne connaisse le nom glorieux de Brillat-Savarin.

M. Brillat-Savarin m'a fait l'honneur insigne de descendre dans mon hôtel.

Aujourd'hui ce grand homme dîne à la préfecture, mais demain c'est chez moi qu'il prendra son repas.

Il s'agit de lui montrer ce qu'on peut faire en province. A l'œuvre donc, et que chacun travaille à se surpasser lui-même. Il y va de notre gloire à tous!

Puis avec un geste et un accent que n'eût pas désavoué le Béarnais, il ajouta ces paroles mémorables :

— Enfants, ne perdez pas de vue la mèche de mon bonnet de coton ; vous la trouverez toujours dans le chemin de l'honneur !

Et l'on se mit à l'œuvre vingt-quatre heures à l'avance. En un clin d'œil, les marchés de Toulouse furent dépouillés de tout ce qu'ils renfermaient de meilleur et de précieux. Cinq ou six marmitons battirent le pays dix lieues à la ronde et exécutèrent une razzia dans les formes, véritable fait d'armes dont le duc d'Isly se fût montré jaloux.

Tandis que chacun s'occupait de son côté, que faisait le père Sansot?

Il s'était enfermé dans son laboratoire, où il confectionnait, de ses propres mains, une crème glacée à la rose.

Il avait appris par le valet de chambre de Brillat-Savarin que c'était l'entremets sucré préféré par son maître, et, par un hasard providentiel, c'était aussi une des friandises qu'il préparait avec le plus d'art et où il brillait le plus.

J'ai dit que le père Sansot s'était enfermé.

Mais, on le sait, les murs ont des oreilles. En outre, ils ont des yeux quelquefois, témoin le mur dudit laboratoire, lequel était percé d'un œil-de-bœuf, chargé d'éclairer un couloir obscur qui tournait autour des cuisines.

Joseph n'avait pas été sans observer le mouvement inaccoutumé que se donnait son père ; puis, tout à coup, il l'avait vu disparaître. Il ne lui en fallut pas davantage pour soupçonner un mystère. Mais quel était ce mystère? comme cela se chante dans soixante et onze opéras-comiques de M. Scribe, de l'Académie française.

Grâce à un ingénieux échafaudage composé d'une table et de deux chaises, voilà Joseph qui colle sa tête à l'œil-de-bœuf.

Il ne quitta sa cachette que longtemps après, c'est-à-dire lorsque la crème glacée à la rose fut parfaite.

Son œuvre terminée, le père Sansot la contempla quelques instants avec une noble fierté ; puis, l'effleurant dextrement du bout de son petit doigt, il en déposa quelques parcelles sur l'extrémité de sa langue. Aussitôt son front s'illumina d'une auréole resplendissante, et tous ses traits reflétèrent une indicible expression de béate volupté. A cette vue, Joseph ne put retenir une exclamation qui dénotait une grande intelligence chez un enfant si jeune encore :

— Diable! dit-il, il paraît que c'est joliment bon!

La nuit vint, et Joseph monta se coucher. Mais ce fut en vain qu'il implora le dieu du sommeil; Morphée se montra on ne peut plus avare de ses pavots, et l'enfant se tourna et se retourna inutilement sur son lit. La crème glacée à la rose chatoyait sans cesse devant ses yeux fascinés. C'était une seconde édition du supplice de Tantale, mais une édition revue et augmentée.

A la fin, hors de lui, n'y tenant plus, il se dresse sur sa couchette :

Il faut que j'en goûte, se dit-il.

Il se lève à tâtons, descend à l'office, allume une chandelle, et se dirige à pas de loup vers le laboratoire.

La crème est là, devant lui, parée de tous ses atours, rose comme un bouquet d'églantines, appétissante comme une fille de seize ans. Joseph se précipite avec la ferme intention d'y goûter seulement.

Hélas! lorsqu'il se prit à songer à l'énormité de son crime, le saladier était vide... la crème n'existait plus!

Un autre, en mesurant l'étendue de la colère paternelle, se fût arraché une poignée de cheveux, un autre se fût livré à un désespoir stérile; Joseph chercha à se souvenir de ce qu'avait fait son père, et il passa la nuit, s'efforçant de réparer les torts causés par son funeste égarement.

L'angélus du matin sonnait aux paroisses de Toulouse lorsqu'il remonta dans sa chambre.

Je n'essaierai pas de vous peindre les angoisses de mon héros tant que dura cette fatale journée.

Préoccupé par les apprêts de son festin, le père Sansot ne s'aperçut heureusement de rien jusqu'au moment où l'on servit le dîner.

Mais, ce moment venu, il poussa un cri terrible, le cri de

l'artiste à qui on a dérobé son chef-d'œuvre, le rugissement de la hyène à laquelle on a volé ses petits.

— On a touché à ma crème! cria-t-il d'une voix stridente. Ce n'est plus là ma crème! Je ne reconnais pas ma crème! Brigands, scélérats, ajouta-t-il en s'adressant à ses marmitons consternés, quel est celui de vous qui s'est permis un tel sacrilège? Quelle somme d'argent mes ennemis politiques vous ont-ils comptée pour vous amener à une si lâche trahison?

Tu rougis, Augustin... je parie que c'est toi le coupable; que dis-je? j'en suis sûr : ne t'ai-je pas vu, l'autre soir, causant avec le propriétaire de l'*Aigle-Noir,* mon rival le plus acharné, mon ennemi le plus ardent? Allons, file, gredin; débarrasse le plancher! Je te chasse, entends-tu, je te chasse!

Le malheureux Augustin voulut protester de son innocence; le vieux cuisinier s'élança sur lui, le prit à la cravate et faillit l'étrangler.

C'est alors que Joseph Sansot déploya une présence d'esprit, une énergie et une loyauté au-dessus de son âge.

— Mon père, dit-il en s'interposant, il n'y a ici qu'un seul coupable... et ce coupable, c'est moi!

Puis il raconta les événements de la nuit passée, le suppliant de goûter la crème de sa façon.

— Malheureux! dit Sansot, tu veux donc empoisonner ton père?

Cependant il avale une cuillerée. O surprise! l'entremets est délicieusement réussi.

— Joseph! exclama Sansot, tu n'es pas l'auteur de ce chef-d'œuvre.

— Mon père! je vous le jure.

— Tu mens!

— « Le ciel n'est pas plus pur que le fond de mon cœur. »

— Mais la preuve?... la preuve?...

— La preuve, la voici.

Et d'un ton assuré, d'une voix ferme et inspirée, il s'écria :

— *Recette pour obtenir une crème glacée à la rose :*

« Faites bouillir une pinte de crème double; mettez-y infuser, deux heures, deux poignées de roses nouvellement épluchées; bouchez bien le vase qui contient votre infusion; au bout de ce temps, passez votre crème au tamis; délayez-la avec neuf jaunes d'œufs et trois quarterons de sucre pulvérisé; faites-la épaissir sur un feu doux sans la faire bouillir; remuez avec soin, passez au tamis de soie, et laissez refroidir; donnez-lui une belle couleur rose avec un peu de carmin délayé dans du sucre clarifié; mettez votre crème dans une salbotière, et faites glacer. »

Joseph se tut. Son père l'embrassa, et, le prenant par la main, il le présenta à Brillat-Savarin, qu'il instruisit de l'aventure.

Ce grand homme lui pinça le bout de l'oreille à la façon de l'Empereur, et lui donna un double napoléon.

Cette journée décida de l'avenir de notre héros.

— Tu seras cuisinier, lui dit son père; et, Dieu aidant, j'espère que tu illustreras mon nom!

Joseph Sansot avait alors treize ans.

**

Il suivit les indications de son père — et son propre goût. Il partit bientôt pour Agen pour s'y perfectionner et entra ensuite à Paris dans les cuisines du général Dessole, ministre des affaires étrangères, son presque compatriote de Lot-et-Garonne. Il y resta peu de temps, pour passer au service de Louis XVIII, en qualité d'aide de cuisine, sous les ordres de Dumont.

Peu après Sansot entra dans la maison Hopp, d'Amsterdam, où il ne demeura pas plus de onze mois.

D'Amsterdam, il se rendit à Dusseldorf, chez le prince de Haënsfeld, gastronome en grand renom.

Voici, par parenthèse, de quelle façon bizarre il fit sa première entrée chez ce riche seigneur prussien :

Le prince donnait ce jour-là une fête où il réunissait l'élite des landgraves et des margraves du pays. Déjà tout le monde était arrivé, l'on n'attendait plus qu'un haut et puissant personnage des environs, une de ces altesses des bords du Rhin, dont le nom s'éternue et ne se prononce pas, lorsqu'on aperçut, dans un nuage de poussière, une voiture de poste menée à fond de train, et lorsqu'on entendit claquer bruyamment le fouet des postillons en grande livrée. Tous les convives, précédés par l'amphitryon, s'empressèrent dans la cour d'honneur du château, jugeant, d'après le nombre de coups de fouet, que c'était l'altesse en retard, car en Prusse les seuls grands seigneurs ont le droit de faire claquer le fouet de leurs postillons.

Cependant Sansot, au fait des lois de l'étiquette, suppliait les postillons de modérer leur ardeur. Mais ceux-ci, qui ne comprenaient pas un mot de français, se bornaient à lui répondre : *Canif-fourchette*, et, pensant que le voyageur ne se trouvait pas suffisamment honoré comme cela, ils redoublaient l'énergie de leurs évolutions claquantes. C'était à croire que S. M. le Roi de Prusse venait, en personne, honorer la fête de son sujet.

On arriva ; les invités firent résonner les échos voisins de leurs bruyantes acclamations.

M. de Haënsfeld s'avança gracieusement.

O surprise ! on attendait une vieille momie embaumée dans un carrick à double collet et confite dans une vaste perruque à triple marteau, et c'est un jeune homme leste et fringant qui saute légèrement hors de la voiture.

Il met un genou en terre et remet au prince stupéfait sa lettre d'introduction.

— Nous nous sommes trompés, dit le prince à ses convives. Je vous présente mon nouveau cuisinier.

A ces mots, la foule s'éparpilla dans tous les sens, semblable à une volée de perdreaux à l'approche du chasseur.

M. de Haënsfeld resta seul avec Sansot, et lui faisant signe de le suivre :

— Venez, Monsieur l'artiste, dit-il, je vais vous conduire dans votre futur royaume... Nous attendions un prince ; si je crois la moitié du bien qu'on m'a dit de vous, nous ne nous serons pas trompés, car vous êtes, m'assure-t-on, l'un des princes de la cuisine française.

Malgré la grâce de cet accueil, Sansot ne tarda pas à quitter son nouveau maître.

Oh! les femmes! les femmes! elles ne cessent pas d'encombrer la carrière de Joseph, aussi nombreuses que les grains de sable sur le bord de la mer.

Allez! ce n'est pas lui qui, à l'instar de son homonyme, eût abandonné jamais son manteau aux mains d'une Putiphar!

Sortant de chez le prince de Haënsfeld, Sansot passa chez le prince de Chimay, qui le ramena à Bruxelles.

Peu après, il le quitta pour entrer chez le prince de Ligne, père de l'ancien ambassadeur de Belgique à Paris.

Puis il servit le général baron Duval de Beaulieu.

Puis, enfin, muni des certificats les plus glorieux et des attestations les plus honorables, il entra en 1824 dans — comme on disait alors — la bouche de Guillaume, roi de Hollande.

**

Vers cette époque, Joseph Sansot ressentit les premières atteintes du mal du pays.

Souvent, dans ses nuits, le souvenir de la patrie absente le poursuivait sous la forme d'une belle fille, pâle, éplorée et tendant vers lui des bras suppliants.

Nous l'avons dit. Notre héros fut toujours sensible à l'appel d'une jolie femme. C'est pourquoi il fit sa valise, prit congé de son royal maître, et arrêta sa place pour Paris.

Après y avoir follement vécu pendant quelques mois, comme un véritable artiste qu'il était, jetant à tous les vents sa bonne humeur, son ardeur et son argent, réalisant tous ses caprices, donnant un corps à ses plus impossibles fantaisies, se moquant de l'avenir, sans souci du lendemain, il finit par reconnaître, en sondant son escarcelle, qu'il était tout juste temps d'enrayer dans le chemin du plaisir.

Quarante-huit heures après, il entrait en qualité de premier *chef* chez le marquis de la Ligne, introducteur des ambassadeurs. Là, comme ailleurs, une voix mystérieuse lui cria : « Marche! marche! » et il ne tarda pas à se démettre de ses nouvelles fonctions.

Et d'ailleurs, il était poursuivi par une idée fixe : il voulait exploiter un établissement pour son compte. Sans un sou vaillant, aidé seulement par son intelligence et par le crédit, il fonda au Palais-Royal un de ces restaurants-modèles où, pour la bagatelle de quarante sous, le consommateur pouvait se faire servir un potage, un dessert, du vin, du pain à discrétion, et quatre plats au choix... au choix du restaurateur, c'est vrai, mais cela ne fait rien à l'affaire. « Ces restaurants, a dit Albéric Second, représentent la presse à bon marché, qui perd sur chaque abonné en particulier et qui se rattrape sur la quantité. »

Ce n'est pas tout que d'avoir fondé un restaurant, il faut encore pêcher une clientèle. Là était le difficile, et c'est là que le génie de notre homme resplendit du plus vif éclat.

On lut, un matin, l'annonce ci-dessous, étalée pompeusement sur la quatrième page des journaux :

« Il n'y a pas de bonne fête sans lendemain, dit la Sagesse des nations. Il n'y a pas de bon dîner sans cure-dents au dessert, dirons-nous à notre tour. Jusqu'à présent, l'usage du cure-dents semblait être circonscrit dans quelques établissements de luxe ; mais il n'est pas donné à tout le monde d'aller à Corinthe ou chez Véry. Dans un temps d'égalité, ceci n'est rien moins qu'une distinction blessante. Tous les hommes sont égaux devant le cure-dents, car tous ont des dents, plus ou moins. Le besoin se faisait sentir de créer un restaurant à la portée des petites bourses, où le consommateur fût assuré de trouver un, et même deux cure-dents, sans augmentation de prix. Honneur à M. Sansot, restaurateur, galerie Montpensier, au Palais-Royal, qui, le premier, a compris ce besoin. Une collection de cure-dents est tenue à la disposition des consommateurs.

« *Nota*. — Ces cure-dents n'ont jamais servi. »

**

Le baron d'Haussez venait d'être nommé préfet de la Gironde.

Cet administrateur, habile autant que spirituel, connaissait, par sa propre expérience, toute l'importance politique d'un bon dîner.

Aussi son premier soin fut-il de s'enquérir d'un bon cuisinier. Sansot lui ayant été recommandé chaudement, il l'emmena à Bordeaux. Bienfait immense! service inappréciable! « Si les Bordelais, a dit encore Albéric Second, comprenaient leurs devoirs, ils remplaceraient la statue de M. de Tourny par celle du baron d'Haussez.

» Qu'a donc fait le premier? Il a doté sa ville d'une promenade; l'autre l'a dotée d'un cuisinier illustre. Comparez et jugez! »

Sansot quitta le baron d'Haussez pour le lieutenant général baron d'Almayras, commandant la division militaire, qu'il abandonna bientôt pour entrer chez le marquis de Brias.

Là, comme dans cent autres lieux, une histoire de femme le contraignit à offrir sa démission, qui fut acceptée; mais M. de Brias se souvint longtemps des adieux que lui avait faits Sansot. Ce jour-là, on peut le dire, Lucullus dîna chez Lucullus. Quel festin!

L'archevêque et le lieutenant général en prirent leur part, et ils ne furent pas peu agréablement surpris lorsqu'ils virent poser devant eux, au dessert, une église et un casque, emblèmes de leurs dignités, deux chefs-d'œuvre de sucrerie improvisés par Sansot. Une lyre, également en sucre, fut placée devant la fille de la maison, jeune musicienne des plus distinguées.

Tourmenté par le désir de s'établir de nouveau à son compte, notre héros fonda, dans la rue du Pont-de-la-Mousque, un restaurant appelé le *Cadran-Bleu* : on était alors en 1827.

Sansot pressentait la révolution de Juillet; il devinait que le règne des grands seigneurs allait finir, et que Vatel serait piètrement remplacé par un cordon-bleu.

Il se mit donc franchement au service de la bourgeoisie, cette royauté de notre temps.

On n'est un homme supérieur qu'à la condition d'être doué ainsi du don de seconde vue.

O Sansot! le propriétaire de l'hôtel de la Paix se rappelait-il à quelque temps de là que le fondateur du *Cadran-Bleu* décrochait jadis chaque soir les rideaux de calicot de son unique salon pour s'en faire une paire de draps?

Ce fut en 1833, six ans après, qu'ayant acheté le fonds de M. Dupont, il devint propriétaire de l'hôtel de la Paix. Alors il commença à s'occuper sérieusement de sa gloire.

Gannal de la truffe et du champignon, il trouva une recette infaillible pour conserver à ces précieux cryptogames leur fraîcheur et leur délicatesse printanières. Puis enfin, grâce à une série de travaux consciencieux et de recherches assidues, il découvrit son fameux pâté, le Pâté qui longtemps a porté son nom, le dernier mot peut-être de l'art culinaire en France. On n'en fait plus aujourd'hui. Pourquoi ?

Sourtout, ne me demandez pas de quels célestes ingrédients son pâté se composait.

Demande-t-on à Dieu comment il s'y est pris pour faire le monde ?

* *
*

Et notre exquis causeur ajouta :

Longtemps Sansot tint dans la « rue » du Chapeau-Rouge, l'*Hôtel de la Paix*, le plus bel hôtel qu'il y eût en province, un établissement qui pouvait soutenir la comparaison avec l'*Hôtel des Princes* de Paris.

Les registres de cet hôtel ressemblaient au livre d'or de Venise ; interrogez-les, et vous y lirez les plus grands noms de France et d'Europe.

Que de gloires tu as abritées sous tes lambris dorés, ô Sansot! Gloires militaires, gloires financières, gloires littéraires et gloires nobiliaires, — depuis les Montmorency jusqu'à Jasmin, depuis M. Thiers jusqu'à Tom-Pouce.

Cela n'a point changé de nos jours avec MM. Queuille et Daric, et je suis certain que le restaurant qu'ils viennent de créer dans l'immeuble Sansot — et qui répond à un réel besoin — aura la réussite complète, brillante et flatteuse des créations de leur illustre devancier.

IX

— Oui, vous avez bien raison, me dit mon grand ami, le père Choclot — un bon vieillard de quatre-vingt-cinq ans, très droit encore, dont l'air vénérable vous a certainement frappés, il y a vingt ans de cela, au cours de vos promenades sur la place des Quinconces, ce jardin des invalides à la jambe leste encore et au regard souvent... assassin, derrière les grosses lunettes bleues. — Oui, vous avez raison, je vis de souvenirs, maintenant, de souvenirs très doux. Vous me parlez de mon cher vieux Bordeaux, du Bordeaux de mon enfance, de ma jeunesse, avec ses petites rues pavées de cailloux si pointus qu'ils ont blessé et meurtri bien des fois les pieds mignons de nos amoureuses toutes rayonnantes de jeunesse et de gaîté; avec ses lanternes qui éclairaient si mal, ses échoppes basses et lézardées, le fouillis inextricable de ses culs-de-sac, si déserts quand la nuit tombait pleine de silence; avec ses coutumes et ses mœurs si différentes des vôtres. Oh! j'aurais garde de médire, à mon âge, vous savez ; mais il me semble que celles-là valaient beaucoup mieux que celles-ci. Ne protestez pas : je retire le mot, s'il vous offusque, et je continue.

Je voudrais me reporter à cinquante ans en arrière — je dis cinquante ans par coquetterie et pour essayer de paraître plus jeune que je ne le suis — pour vous entraîner avec moi à travers le Bordeaux que j'ai connu, aimé, et que votre progrès m'a fait perdre pour toujours. Ma ville natale n'a plus de cachet, d'originalité, de poésie, de caractère. Vous avez tout changé, jusqu'au nom des rues, dernier souvenir du passé, de notre vie à nous, les octogénaires. Et puis, vous ne savez plus vous amuser...

Vous me parlez de vos cafés, de vos tavernes enfumées, — ces tabagies où vous vous intoxiquez lentement. Nous ne buvions pas d'alcool, mais du bon clairet de nos vignes, brillant dans les gros verres à pied ; mais de l'orangeade, mais de la limonade, et nous avions toujours l'esprit libre et le jugement droit. Vos cafés ! essayez donc de les comparer un peu à nos guinguettes, à nos cabarets, à nos auberges si hospitalières, si librement accessibles, si avenantes, dont la branche de pin — « brandon » enguirlandé, enrubanné, consacré par l'usage et arraché en grande cérémonie au fond de la lande de Pezéou, après le chemin de Saint-Médard — semblait toujours vous dire : « Mais entrez donc, et soyez le bienvenu : vous êtes chez vous ! »

Ah ! l'on s'amusait ferme chez Barboteau, chemin des Acacias, que vous appelez la rue de Marseille ; à Tivoli — établissement qui a conservé son nom, c'est vrai, mais dont la destination a bien changé, et où l'on dansait des rondeaux, guidé par l'archet d'un ménétrier ou par les *ra fla fla* d'un tambour de la garde nationale ; au joyeux Montferrant, rue Laroche ; chez Darnal, allées de Boutaut, et au Petit-Rabat, à Terre-Nègre, près du petit chemin d'Eysines et à deux pas de la brasserie Docteur, qui — malgré le voisinage du cimetière où, lors des fouilles de 1806 et 1818, on trouva de si curieuses pièces de collection de l'époque gallo-romaine — fournissait d'excellente bière — et bien française, celle-là !

Et Bardineau, rue Duplessis! Pourquoi Bardineau? Ce nom était celui d'un traiteur fameux qui s'était établi là vers 1725, et qui avait su réunir dans ses dîners de gala l'élite de la société bordelaise. Je me suis laissé dire que, vers 1777, le cardinal de Bernis, en sa qualité de grand-maître du noble Jeu de l'arc, avait autorisé un nommé Gilbert-Alexis Astier, franc-archer de Clermont, à fonder à Bardineau une « compagnie de l'arbalète » qui se livrait à des exercices physiques et figurait dans certaines fêtes publiques. La tentative ne réussit pas : cette société ne vécut que pendant un an à peine. Vous voyez que je suis érudit!

Et la vieille auberge de la *Galoche*, qui fut longtemps — aux siècles passés — le rendez-vous aimé, le cabaret préféré des illustres et « joyeulx beuveurs », soudards, truands et malandrins qui, de bien des façons, vous savez, mettaient notre paisible Bordeaux en coupes réglées et y jetaient l'épouvante et la terreur!...

Disparue, elle aussi, cette bonne *Galoche*.

Le soleil de juillet vous faisait-il des agaceries, ou les tièdes journées d'automne vous disposaient-elles à la promenade, à la flânerie, le dimanche après la messe, par les sentiers pleins de l'or bruni des feuilles tombantes, vous aviez la fameuse Bicoque, à Bègles; le Bois de Boulogne, à Pessac, dont les balançoires m'ont fait découvrir autrement qu'en rêve des mollets si fins et des jarretières si délicatement nouées; la salle Neuve, chemin du Bouscat, où allaient les artistes, chanteurs et comédiens, en « bombe », comme vous dites; l'Ermitage et la Grotte, ces nids perdus des amoureux — pour le bon motif, Monsieur... — à Caudéran; les auberges de la veuve Bert et de Lagneau, chemin du Fresquet, où l'on jouait furieusement aux quilles, et les bosquets enveloppés de roses toujours épanouies, de jasmin et de chèvrefeuille, de chez Bertrand, aux Orangers, près des Pins-Francs.

Et Bel-Orme, à la Croix-Blanche, « chez Massip, ce vieux bordelais, ce maître délicat, » notre Bel-Orme, dont on a fait, je ne sais pourquoi, un couvent de Visitandines..., bien disparu aussi, et sans espoir de retour! Il fallait voir les cohues bariolées, étranges, chamarrées de mille couleurs, auxquelles il donnait asile les soirs de fête. On y « faisait la cour » entre deux valses entraînantes — vous appelez ça « flirter », je crois ; — on y échangeait des promesses, sinon des baisers. Que de charmantes intrigues s'y sont nouées, dénouées et renouées ! Que d'esprit et de gaieté bien franche on y a dépensé !

Et combien elles étaient gentilles, et fraîches, et roses, et délurées, nos bourgeoises, nos grisettes et nos paysannes, surtout ces dernières, qu'on nommait aussi les artisanes (marchandes) ou regrattières, dont la tête expressive et brunie par le soleil était encadrée par la coiffe bien blanche à dentelles ou à tuyaux : coiffe à la Saint-Michel, à la Crosse, à la Grenière, à la Channonaise ! Les grisettes portaient des robes décolletées gentiment, avec un goût discret ; robes et corsages courts ; des tabliers à « corsage » ou à « brassière », un châle léger l'hiver ; des bonnets à « côte de melon » ou à « l'escargot » et des bas « à jour ». — Cristi, les jolies jambes, les mignonnes chevilles, les divins mollets serrés par les attaches des petits souliers de cuir souple de chez Candelon ou Montauzé et Pitard ! J'enrage de ne plus les contempler !

Les bijoux ?... Eh ! parbleu ! oui, elles les adoraient, et j'en ai vu plus d'une qui faisait passer l'amour de l'or, du doublé ou du chrysocale avant l'amour des friandises, qu'elle n'eût pas détestées, malgré tout, malgré le dicton antique : « Elle a honte bue : elle a passé par devant l'huis du pâtissier. »

A ce moment, vous le savez, Tourny était — ma foi ! je crois que la coutume n'est pas perdue, et ça m'étonne ! — le rendez-vous obligé des badauds, des curieux, des oisifs, des promeneurs dominicaux. Il y avait foule, les après-midi, surtout à l'époque du carnaval, car beaucoup de dames sortaient travesties et masquées au bras de leur mari, de leur frère, de leur père, ou..., suivant le cas, et faisaient « un tour » soit sous les arbres de la promenade, soit le long des magasins installés sur les allées.

Mais on ne pouvait pas toujours marcher, toujours baguenauder, toujours regarder les passants et les jolies passantes, parées, comme des madones, de broches, de bagues, de chaînes d'or « chemin de fer », ou « câble », ou encore « jaseron », un des articles les « plus cossus » que le bijoutier Pasquet vendît, et on se rendait dans les boutiques à la mode, que la vogue emplissait d'une société bruyante, joyeuse, toujours prête au plaisir, riant de tout et pour tout et toujours.

Il y avait aussi, au milieu de la rue de la Devise, un cabaret-auberge-restaurant-salon de rafraîchissement-pâtisserie ; rien de tout cela et tout cela à la fois. Une grande salle, blanchie à la chaux ; pas de double fond, d'arrière boutique, de cabinet particulier, pour dire le mot. La salle était éclairée par quatre ou cinq chandelles de résine, qui ne rendaient pas les services que l'on était en droit d'attendre d'elles. Ce n'était pas un public de passants, d'inconnus, de promeneurs, c'était une clientèle d'habitués que la sienne : toujours les mêmes types, les mêmes figures, les mêmes costumes. La réunion de cet établissement, qui
n'avait pas de nom, dans le bon sens du mot, se composait de vieux rentiers, de musiciens, de chanteurs, qui venaient là deviser devant l'âtre, en croquant quelque chose et en buvant du vin doux. Quelquefois il y avait féminine compagnie, c'était alors jour de fête chômée, et, de six heures à huit heures — du soir, bien entendu — la causerie était générale, animée, charmante, remplie d'éclats de rire qui couraient et se perdaient sous les longues solives du plafond. C'était un feu roulant et continu de plaisanteries.

Là, dominait une physionomie, une tête typique : la figure de Justin Deblar, un des hommes les plus étranges que j'aie connus. C'était un paresseux intelligent et beau hâbleur; moins que le bohême, un peu plus que le vagabond, un déclassé par sa faute. Il fallait le voir et l'entendre — il avait alors bien près de cinquante ans — la trogne rouge, car il buvait pas mal, l'œil brillant, la chevelure en désordre, le geste lourd, déraisonner sur tous les sujets : politique, religion, arts, sciences. Il avait des systèmes philosophiques à lui, des doctrines sociales surprenantes ; il émettait imperturbablement des paradoxes du dernier grotesque, en se rengorgeant et en jetant, après avoir fini sa période, un regard provocateur et qu'il croyait troublant sur les femmes de l'assistance : il aimait le sexe, le barbon ! Puis, en manière de passe-temps, d'intermède, après avoir beaucoup parlé, beaucoup bu, beaucoup ennuyé son public, il s'étendait nonchalamment sur deux chaises, et soupirait d'une voix aigre un couplet, toujours le même, sur un rythme de complainte :

> Il fallait, pour paraître galant,
> Un habit carré à grand parement,
> Un chapeau, qu'il soit noir ou blanc :
>   Voilà l'ancienne méthode.
> Mais à présent, c'est un petit chapeau,
> Des bottes cirées, un très grand jabot,
> Un habit très court à la « calicot » :
>   Voilà la nouvelle méthode.

Et puis il s'endormait — se berçant de sa chanson fausse — jusqu'au lendemain, pour recommencer sa vie triste et monotone. Je ne sais pas au juste ce qu'il est devenu...

— Mais je m'attarde, fit tout à coup le père Choclot en interrompant son récit. Pauvre de moi ! comme dit un de vos romanciers provençaux ; je viens d'avoir un moment de tendre illusion, et j'ai revécu, en vous entretenant, mes années d'enivrement juvénile et de foi sincère en l'avenir.

Bah ! acheva le vieillard en esquissant un sourire sur sa pauvre face ridée, mes jolies amoureuses d'antan sont bien cassées, si elles vivent encore. Pauvres grisettes qui livraient au galant pressant un baiser — toute leur fortune — sous la tonnelle enveloppée de roses toujours épanouies du père Bertrand ; elles qui m'adoraient et me trouvaient irrésistible : comme elles changeraient d'avis aujourd'hui !

X

Le Cimetière des Étrangers

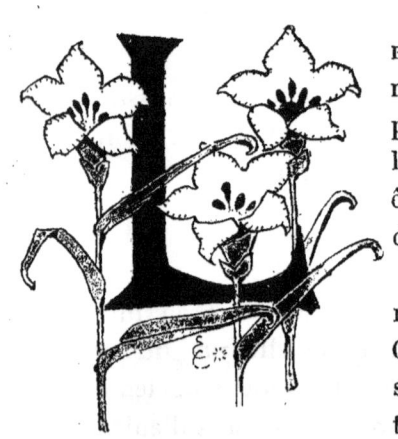E cimetière des Étrangers vient de disparaître. Beaucoup de Bordelais ignoraient probablement l'existence et, à coup sûr, l'histoire de ce coin de notre cité. Peut-être liront-ils avec intérêt quelques détails de cette histoire.

Le 14 mars 1769, M. Jean-Philippe Weltner, négociant, demeurant « au lieu dit des Chartrons », paroisse Saint-Remy, qui agissait au nom d'une Société dont les promoteurs étaient MM. Liéneau frères, Vanschellebeck et lui-même, acheta, par-devant Me Guy, conseiller du roi, notaire à Bordeaux, à Mlle Madeleine Denis et à sa sœur, Mme Judith Denis, épouse de M. Élisée Nairac, demeurant dans la rue de la Monnaie à Sainte-Croix:

Un terrain situé au delà de la rue Poyenne, contenant 19 toises 4 pieds de largeur en façade, au levant; pareille largeur au couchant, et 57 toises 3 pieds de longueur ou profondeur, ce qui produisait 1,720 toises carrées et 5/6es, la toise ayant 6 pieds, pied de roy. Cet emplacement, en jardin et vacants, était situé derrière les Chartrons, sur le grand chemin public conduisant de la porte Tourny ou de Saint-Germain à la Palu (chemin du Roy en 1820, cours Balguerie de nos jours).

Le terrain confrontait, au couchant, aux prairies du sieur Metzler et, d'autre côté, du nord, à une allée conduisant à la maison appelée la Grange-Rouge ; un grand estey, où passait la rivière, séparait ces deux propriétés.

Ce morceau de terre, qui relevait du fief de MM. les chanoines et chapitre de l'église collégiale de Saint-Seurin-lès-Bordeaux, fut adjugé moyennant le prix de 4,300 livres, payées comptant en écus de 6 livres, pièce et monnaie ayant cours.

M. Weltner et ses amis firent à la Jurade une déclaration de leur intention de créer là un cimetière. De leur côté, les vendeurs durent faire connaître qu'ils désiraient employer le prix de cette vente au paiement d'une partie de la construction qu'ils faisaient réédifier à la place d'une vieille maison leur appartenant, rue des Retaillons, faubourg des Chartrons, et qui tombait de vétusté. Et notez bien que si ces braves gens n'avaient pas fait en temps voulu cette déclaration, le roi ne les eût certes pas autorisés à traiter.

Ce même jour, 14 mars 1769, M. Weltner, accompagné de deux notaires, se transporta sur les lieux pour l'entrée en jouissance. Effectivement, nous dit l'histoire locale, il en prit possession réelle et personnelle par sa libre entrée dans le jardin, où il prit, arracha et « jeta en l'air » des poignées d'herbe et de terre et fit « plusieurs autres actes de possession » *(sic)* au vu et au su de tout le monde.

Mais il fallait une sanction officielle. Par un brevet, en date du 9 juin de la même année, le roi Louis XV, qui avait été très humblement supplié d'autoriser la vente et de la déclarer bonne, ayant eu égard à l'exposé des motifs, confirma le contrat. Cette pièce était signée de la main de Sa Gracieuse Majesté. Elle était faite et contresignée par le conseiller secrétaire d'État des commandements et des finances Bertin.

Dès la réception de cette pièce de haute importance, nécessaire, voire même indispensable, MM. Liéneau, Vanschellebeck et Weltner adressèrent une supplique à MM. les maire, lieutenant de maire et jurats, gouverneurs de Bordeaux, juges criminels et de police. Ces messieurs exposaient leur intention de créer un cimetière des protestants étrangers résidant à Bordeaux, et priaient la municipalité d'autoriser cette création, en considération des peines et de la fatigue qu'ils avaient éprouvées pour arriver à trouver un terrain propice à l'inhumation.

Il est bon de faire remarquer ici qu'au début, ainsi qu'on vient de le voir, le cimetière des étrangers fut présenté comme un lieu de sépulture réservé aux seuls protestants étrangers. Mais il était certainement dans la pensée des fondateurs de faciliter aussi l'inhumation des protestants français qui, depuis la révocation de l'Édit de Nantes, étaient surveillés d'une façon très étroite et soumis à toutes les vexations, à tous les contrôles, à toutes les grosses vilenies. Le biais était très intelligent et, qui plus est, absolument légal. Cette façon d'échapper aux exigeantes et sévères formalités prescrites par les ordonnances royales dirigées contre les calvinistes français et d'assurer une sépulture convenable et décente aux restes de leurs coreligionnaires, sans distinction de classe, de rang social, de situation ni de patrie, fait le plus grand honneur au cœur généreux et à l'esprit libéral des promoteurs de l'idée, MM. Liéneau frères, Vanschellebeck et Weltner.

Le 22 mai 1769, Étienne Feger-Latour, citoyen jurat de Bordeaux, député à cet effet par ordonnance municipale; le procureur syndic de la Ville; Confin, directeur des travaux publics, et J.-B. Dapatte, greffier commis, se transportèrent aux Chartrons et ouvrirent une enquête. Ils se prononcèrent en faveur de l'établissement du cimetière projeté, mais il fut décidé que l'étendue du terrain serait close par une enceinte de murs et que le cimetière serait bâti sur le fond de ce terrain, de façon que la partie donnant sur le chemin qui conduisait de la ville à Bacalan restât en emplacement de maisons à construire en façade.

A charge aussi aux déclarants d'établir sur le local un concierge ou portier obligé de prêter serment devant la magistrature et de tenir un registre paraphé, avec les date du décès, noms, âge et pays des protestants étrangers, qui, du reste, ne pouvaient être enterrés que sur la production de la permission et du procès-verbal d'inhumation délivrés par les magistrats, en conformité de l'article 13 de la déclaration du roi de l'an de grâce 1736.

L'autorisation de créer ce cimetière coûta, je crois, 32 sols 6 deniers.

Mais là ne devaient pas se borner les pas et démarches de M. Weltner et de ses amis : c'eût été trop beau et trop rapidement fait. Il y avait une autre formalité à remplir. En conséquence, le 22 septembre 1769, MM. Antoine Boyer et Henri de Barterot, prêtres-chanoines, receveur et syndic du chapitre de l'insigne église collégiale de Saint-Seurin-lès-Bordeaux, s'abouchèrent avec M. Weltner. Ces messieurs, comme je viens de le dire, agissaient au nom du chapitre, qui était tenu d'ordinaire à cette époque par MM. Leberthon, doyen ; Dezert, prévôt ; Lagardaire, sacriste ; Duma, Dezert, minor ; Delibenne, de Barterot, de la Montaigne, Rouselle, Boyer et Rambault.

La conférence des deux délégués et de M. Weltner eut lieu sous la tonnelle d'une petite auberge des Chartrons, semblable à celles que, sous le nom de « Rendez-vous du Quercy » et du « Château-Tremblant », on peut voir encore dans le quartier. Il fut convenu entre eux qu'on avait employé pour le cimetière proprement dit 321 toises 8 pieds 6 pouces de la superficie du terrain acheté.

Et comme ledit chapitre de Saint-Seurin, seigneur foncier et direct de l'emplacement, avait été instruit que cette terre serait hors de commerce et que par cela même il était, lui chapitre, privé des profits au fief qui seraient provenus des mutations si cette partie était restée dans le commerce, il demanda, par l'organe de ses délégués, un petit dédommagement, un « modique » droit d'indemnité... le pauvre chapitre !

La fixation de ce droit fut arrêtée à la somme de 161 livres 6 sols. Le fief ne devait être, par le nouvel acquéreur, ni baillé en mainmorte séculière, ni ne devait servir à la fondation d'église ou monastère.

En foi de quoi — *verba volant, scripta manent* — sur la demande des chanoines, un petit acte fut dressé séance tenante. Copie en fut remise au président présidial lieutenant général de la sénéchaussée de Guyenne (ouf!).

« ... Par ces mêmes présentes, le dit sieur Weltner a reconnu avoir et tenir en fief féodalement, suivant la coutume de Bordeaux, du dit chapitre, ce acceptant pour luy par mesdits sieurs Boyer et de Bartcrot, tout le susdit terrain cy-dessus contenancé, limité et confronté, desquels lieux appelés anciennement Fontariel, faisant partie d'un plus grand tènement, a été cy-devant reconnu dudit chapitre par Guilhem Ros fils et héritiers d'au delà, Ros par esporle¹ du pénultième mars mil quatre cens quatre-vingt-douze, devant Militis, notaire. »

Le premier enterré dans le cimetière des Étrangers fut le nommé Pieter Jacob, natif de Herenvien, âgé d'environ quarante ans, charpentier de navire. Puis nous relevons les noms de beaucoup de protestants, en regard desquels se trouvent les mentions : « Gratis — Mort dans la misère — Vivant de charité, » ou cette indication d'une cruelle concision : « S'est noyé. » C'était là toute l'oraison funèbre.

Onze cent trois personnes ont été inhumées dans ce cimetière en cent dix-huit ans.

Du 14 octobre 1769 au 7 décembre 1793. 325
Du 12 janvier 1794 (23 nivôse an III) au 25 décembre 1805
(4 nivôse an XIV). 155
Du 7 janvier 1806 au 4 juin 1847 528
Du 23 juin 1847 à 1886 95

Dès la création, des concessions à perpétuité furent faites à diverses familles notables de la cité; l'usage s'est continué par la suite : il y en a une centaine. Nous y relevons les noms des familles Johnston, Barton, Witham, Wustenberg, Provençal, Ch. Albrecht. Fitz-Gérald, Violett, Dunkin, Ferrière, de Luze, Stéhélin, Pohl, Faure, Brandenburg, d'Egmont, etc.

---

1. On donnait le nom d' « esporle » au don, au présent que l'on offrait au suzerain pour obtenir l'investiture de quelque fief.

Dans un coin de la nécropole se trouve le tombeau de « Jean-Guillaume-André Maendlen, savant dans l'art de guérir », mort en mai 1809; celui de « Georges-Gustave-Maximilien, comte de Münster, âgé de treize ans » (1820); celui de « Samuel Morton, âge de onze ans » (1833), avec l'inscription:

« *He wass but an opening blossom.* »
(Il n'était qu'une fleur naissante.)

Furent enterrés : en 1803, Maria-Sara Duret, veuve Fenwick ; en 1815, Jacob Stuttenberg et dame Grâce Purvis, épouse de M. David Milne, amiral de Sa Majesté Britannique; enfin les quelques années qui suivirent l'occupation de Bordeaux par les troupes anglaises, après le désastre impérial, Will Hawken et W.-H. Cowell, officiers anglais, et Georges Lamsdin, lieutenant-colonel de la garde royale britannique.

Je disais en commençant que le cimetière dit « des Étrangers » a servi aussi à l'inhumation des protestants français proscrits ou pourchassés par les édits royaux qui, les privant d'état civil, leur enlevaient la liberté d'être, de vivre et même de mourir. En effet, beaucoup de noms français se mêlent aux noms anglais, danois, russes, hollandais et allemands. Qu'on en juge :

Concessions à perpétuité : Bertrand-Pierre Pons, né à Damazan (Lot-et-Garonne) en 1747; Augustine Petit; Pierre Théodore von Hemert, né à Bordeaux le 15 septembre 1767; Pierre Couderc jeune; Marie-Rosalie Malecot.

Puis Hugues Lauton (1772), né à Bordeaux; Ch.-Louis Dubois (1772); B. David (1772), né à Bordeaux; J. Valeton-Boissière; Jean Cheteau; Pierre Allaret; Vidau; Simon de la Garde (natif de Prusse); Madelon Decourt; Joachim de Vire, matelot; Ch.-Ferd. Michel.

Et une infinité d'autres Français d'origine et de cœur, habitant, disent les documents, les rues Doidy, Minvielle, Tourat, de la Course, du Jardin-Public, Barreyre, Poyenne, cours du Champ-de-Mars, ruelle de la Verrerie et la Façade, ou encore les communes de Talence, Caudéran, Margaux et Léognan, qui sont venus dormir chez nous le sommeil de paix.

*_**

J'ai tenu à visiter, avant sa disparition, le point de Bordeaux-curieux dont je parle. Le cimetière était situé à l'angle des cours Balguerie et Journu-Auber. A travers les mausolées plantés çà et là sans soin, sans souci de l'alignement, et des pierres tombales rongées par la mousse noire, on avait tracé des allées dont le sable fin prenait des tons d'or au soleil de juillet. La végétation y était luxuriante : c'était un entremêlement de hautes herbes, de chèvrefeuilles, de glycines, de roses largement épanouies, d'œillets jaunes marbrés de veines rouges et de fuchsias dont la senteur devait être bonne aux pauvres trépassés sans famille.

A l'ombre des saules-pleureurs qui se penchaient, pleins de fraîcheur, sur les tombes désertes et nues, de petits poulets s'en allaient picorant et piaillant, sans respect pour la majesté solennelle du lieu; et le gazouillis des oiseaux chanteurs s'unissait — antithèse ! — à la brise qui murmurait doucement dans les branches : *Requiescant in pace!*

La Recluse de la Croix Blanche

I

EPUIS deux semaines environ, les marchandes de marrons bouillis ou rôtis ont fait leur apparition. Elles sont arrivées — hirondelles d'hiver — avec les premières fraîcheurs, avec les premières gelées, avec les matinées embrumées d'octobre et ont repris leur place au coin des rues animées, offrant à tout venant leur marchandise modeste, les marrons empilés, tassés au fond des terrines de grès, pleines d'une légère buée odorante : *Qui baou castagnes, bouillides toutes caoudes, bouillides qui baou castagnes!* Et les fillettes en font ample provision avant d'entrer à l'atelier, et les gamins en garnissent leurs petites poches en se rendant lentement, très lentement, à l'école prochaine, sous la bise inhumaine qui leur cingle les yeux. Et ils mordent à belles dents blanches, les « gosses », dans le fruit brûlant parfumé d'anis.

Il y aurait certes toute une étude à faire de ces industriels périodiques. Qui donc après Coppée, après Richepin, pourra écrire la légende des pauvres marchands de marrons?

Les vieilles gens de notre ville, les Bordelais sur le grand retour, connaissent, à ce sujet, une histoire que l'un d'eux m'a racontée et que je vous donne ici parce qu'elle est inédite, et, par suite de l'approche de l'hiver, parce qu'elle est un peu d'actualité.

A deux pas des sablières de la rue de Marseille, toute proche du vaste domaine de Streckeisen, qui entourait la maison des *quakers* dont j'ai déjà eu occasion de parler, à peu près sur l'emplacement où a été tracée longtemps, bien longtemps après, la rue Henry-Deffès, s'élevait, vers 1820, une petite maisonnette, une échoppe de sordide apparence, seule, perdue dans les sablières où les enfants venaient prendre leurs bruyants ébats. Mystérieusement close tout le jour, elle s'éclairait, l'hiver surtout, à partir du crépuscule et jusqu'à une heure assez avancée de la nuit. Un jardin étroit et long, inculte, planté d'arbres rabougris, tapissé de hautes herbes, entouré de palissades et de haies touffues, la gardait, la protégeait contre les regards indiscrets. Mais point n'était besoin de tant de précautions. Les passants, paysans, ouvriers et artisans, obligés de s'aventurer la nuit dans ces parages, n'étaient pas, certes, tentés de s'assurer *de visu* de la véracité des racontars qui couraient sur le compte de la propriétaire de cette bicoque. On disait que c'était une affreuse sorcière, et pas mal de gens, habitant aux portes de la ville — l'octroi, dirigé alors par M. Rousseau, était situé à la Croix-Blanche, tout contre le ruisseau de Benatte — affirmaient sérieusement l'avoir vue partir souvent pour le sabbat, le samedi soir, dans le brouillard, à cheval sur un balai fait de chevelures de femmes blondes.

Les bonnes gens appelés par leur travail dans le domaine de Streckeisen, dont la bicoque était une sorte de dépendance, ne passaient, la nuit venue, qu'en se signant plusieurs fois, pris d'une terreur subite, devant les murs lézardés et les contrevents disjoints, troués des vers, qui semblaient indiquer une origine au moins antédiluvienne. Ils croyaient toujours, dans leur trouble, entendre des bruits de ferraille que l'on aurait remuée violemment, des gémissements coupés par des éclats de rire sataniques qui sonnaient, sinistres, dans le silence solennel d'alentour.

Mme Dumas, la calendreuse de madras; M. Cadiche Audy, le cureur de puits; Mlle Anniche Philippon, la débitante de café au lait sur la route de Saint-Médard, et cent autres dont il serait regrettable de citer le nom, se faisaient volontiers, à tout moment du jour, l'écho du racontar qui prétendait que de jeunes enfants, qui s'étaient trop aventurés un matin d'août aux abords de la masure suspecte, avaient été, grâce à je ne sais plus quel sortilège, attirés dans l'antre de la sorcière et que oncques nul n'avait entendu parler d'eux. Pour sûr, ils avaient été brûlés vifs et mangés ensuite, peut-être!!

Je crois cependant pouvoir affirmer que pas un de ces bruits ne reposait sur une base sérieuse ni raisonnable. Toutes ces bonnes langues se trompaient étrangement en affirmant, avec des trémolos dramatiques, que la femme qui habitait la « maison maudite » se livrait à des pratiques de sorcellerie et s'amusait à dépecer les tendres Saint-Seurinais pour porter triomphalement leur cœur au sabbat, campée sur un manche de balai phosphorescent.

La vieille — une sorte de demi-sauvage — avait une profession beaucoup plus sortable et aussi plus lucrative, malgré la longue morte-saison: elle était marchande de marrons, et elle faisait bouillir sa marchandise la nuit, ce qui expliquait les lueurs qui pouvaient s'apercevoir à travers les fissures de sa porte déclinquée et de ses contrevents vermoulus.

La sorcière s'appelait de son nom Louise Denichet. Elle semblait se complaire dans l'isolement au milieu duquel elle vivait depuis de longues années, séparée, dans ce coin campagnard, du reste des mortels. Ne parlant à personne dans le voisinage, elle avait des allures et des attitudes très fières. On la voyait sortir de grand matin, tout l'hiver, vêtue d'une sévère robe de bure, chaussée de grands sabots, coiffée d'une coiffe de malines vieillie, et dissimulant sous un vaste tablier d'indienne un objet dont le volume intriguait fort les commères du quartier. C'était tout simplement le pot de terre dans lequel étaient les châtaignes « rifflaudées », bien blanches, qu'elle allait vendre soit sur la place du Marché-aux-Veaux, soit sur le port, le plus loin possible de chez elle, car elle savait l'aversion et la terreur qu'elle inspirait là-bas à tous ces braves gens, qui auraient préféré cent fois mourir de faim plutôt que de toucher à ses marrons parfumés, crainte « d'avoir du mal », vous comprenez ?

Au printemps et en été, elle restait chez elle, soignant ses plantes et ses fleurs, des roses, du réséda et des tulipes, qui s'épanouissaient sous ses fenêtres closes, ne sortant jamais, vivant, dans cette solitude lourde et douloureuse, une vie de recluse résignée. Quand les voix joyeuses des enfants qui dégringolaient la tête en bas sur les pentes raides des sablières prochaines arrivaient jusqu'à elle, la vieille avait des tressaillements brusques et elle se dissimulait, se faisait toute petite derrière les arbres touffus de son jardin plein de gazouillis d'oiseaux bavards, pour apercevoir un instant, dans la grande clarté du chaud soleil, les bébés bruns braillants, dépenaillés, les pieds enfoncés dans le sable. Et elle rentrait chez elle, les yeux remplis de cette vision de jeunesse, pendant qu'une larme mouillait ses yeux secs aux regards durs.

Le dimanche seulement, elle s'absentait un instant pour se rendre à la messe dans la vieille église Saint-Seurin, une messe de la première heure. Elle suivait la route de la Croix-Blanche bordée de masures étroites et basses ; et, avant d'entrer dans l'église, elle faisait une très courte promenade sous les ormeaux des allées Damour, s'asseyait sur les bancs de pierre, qui ont en partie disparu aujourd'hui, et là, la tête dans les mains, immobile, indifférente, sous les regards curieux des fidèles qui s'en allaient par groupes joyeux, causant bruyamment dans ce patois que l'on ne connaît plus, elle songeait.

M. de Lafeuillade, le bon curé de Saint-Seurin, n'était pas riche, le pauvre homme! Son église n'était pas luxueuse, au contraire. Par place, le sol y était nu; pas une dalle, pas une brique ne le recouvrait. De grands rideaux de damas vert couraient tout le long des ogives et dans les embrasures des portes, et lorsqu'on voulait les tirer pour le sermon, des bandes de chauves-souris, qui s'étaient logées en haut, dans les plis poussiéreux de l'étoffe usée, prenaient leur vol et tournoyaient sous les voûtes, troublant ainsi irréligieusement l'exorde du prédicateur qui moralisait ses ouailles.

Louise Denichet s'en allait tout au fond de l'église, au pied de l'autel de Notre-Dame de la Rose, perdue parmi les *ex-voto;* elle s'asseyait et restait une heure sans faire un mouvement, recueillie, lisant des prières en latin dans un grand missel d'autrefois.

II

Sa vie s'écoulait ainsi, uniformément triste et désolée. La vieille, la sorcière avait de lourdes fautes à expier; elle portait le poids de tout un passé d'ignominie, de honte, de crimes; elle souffrait, car elle se repentait, la pécheresse aux cheveux de neige et aux membres brisés maintenant par les années et le remords.

Son âge, nul ne l'a jamais connu. Fille d'un tailleur de la rue Lalande, qui, plus tard, était venu s'installer place Dauphine, elle avait été élevée chez les sœurs Fatin, dont le couvent était adossé, du côté de la rue de la Concorde, à l'église Saint-Seurin. A douze ans, déjà grande, déjà presque femme, ses parents l'avaient placée en apprentissage chez une repasseuse de coiffes des allées Damour, où elle apprit à plisser et à « lisser » les malines et les valenciennes. Mais le travail n'avait aucun charme pour elle. Coquette, prise d'un âpre désir de jouissance, d'un impérieux besoin de la vie facile, elle avait bientôt commis une première faute, suivie de beaucoup d'autres; elle détachait au plus offrant sa ceinture dorée, ouvrant tout le jour sa porte hospitalière. Elle s'enlisait dans la débauche, s'y plongeait avec délices, sans jamais un regret, sans jamais un regard en arrière sur son passé chaste de fillette.

7

La Terreur venait d'être organisée à Bordeaux. Après l'arrestation des Girondins, quatre membres de la Convention, Chaudron-Rousseau, Tallien, Ysabeau et Beaudot régnaient en maîtres absolus sur la ville et les faubourgs. L'échafaud, par leur ordre installé place Dauphine, dans un cordon de bornes, devait fonctionner d'une manière permanente durant huit mois, et les têtes des « ci-devant » roulaient sans relâche dans le fatal panier.

Un matin d'hiver, Louise Denichet passait avec des amis, sortant d'une fête nocturne, sur la place Dauphine, inaugurée le 16 mai 1770, et qui s'appelait alors place Nationale (et non place de la Justice, comme on l'a dit souvent par erreur). Une charrette, tout à coup, croisa la bande folle : c'étaient les condamnés qui arrivaient sur le lieu de l'exécution. En tête des soldats, des volontaires, marchait un homme de taille moyenne, aux traits durs, aux allures impérieuses, la poitrine ceinte d'une large écharpe tricolore à franges argent et or : c'était l'ex-maître d'école Lacombe[1], le monstre qui présidait depuis le mois d'octobre 1793 la Commission militaire instituée surtout en vue de pourvoir l'échafaud.

Louise Denichet s'arrêta brusquement devant Lacombe, qui la regardait avec fixité, et, inconsciente, comme fascinée, elle suivit le convoi jusqu'au pied de l'échafaud, qui se dressait sous le ciel gris et bas. La fille assista à la mort des douze victimes désignées pour ce matin-là, et, lorsque ce fut fini, elle alla vers Lacombe, qui ne l'avait pas perdue de vue, et lui parla. La tête en feu, encore pleine des dernières fumées de l'ivresse, Louise Denichet sentait en elle s'éveiller un sentiment profond, étrange, indéfinissable, inconnu jusqu'ici, qui la poussait vers cet homme horriblement beau, à ses yeux, de monstruosité et d'ignominie. La fille perdue était amoureuse du misérable.

Un mois plus tard, Louise Denichet devenait la maîtresse en titre de Lacombe.

Impossible de se soustraire à l'influence qu'il exerçait, farouche,

---

[1]. Des historiens locaux affirment que jamais le « hideux Lacombe » n'assista à l'exécution des victimes du tribunal révolutionnaire. Bien que leur version soit sur ce point, comme sur certains autres d'ailleurs, en contradiction avec la mienne, j'ai tout lieu de croire que ce que rapporte la légende est exact.

implacable, résolu, sur la pauvre intelligence de la malheureuse, affolée d'amour.

Lui, qui se rendait compte de cette influence, employait Louise Denichet à sa sinistre besogne. Il avait fait d'elle une sorte de pourvoyeuse de la machine dont les assises baignaient dans le sang. Inconsciente, elle espionnait, elle dénonçait avec une rage violente et haineuse, et marquait les maisons des « traîtres à la patrie », dont la tête devait être livrée au couperet...

III

Le temps avait passé. Un matin, le 1er août, les sbires du tribunal révolutionnaire étaient venus, sur l'ordre du représentant du peuple Garnier, installé rue du Palais-Gallien, arrêter Lacombe — suspect à son tour — dans la petite maison qu'il habitait avec sa maîtresse à l'entrée de la rue du Hâ, surnommée la rue *Immortelle* depuis qu'elle comptait parmi ses habitants le président de la Commission militaire! Le procès de l'ancien maître d'école fut rapidement terminé, et, quatorze jours après, il portait à son tour sa tête sur l'échafaud.

Louise Denichet se retira, surveillée de très près elle-même, dans une maison de la rue des Épiciers (Pas-Saint-Georges), toute proche du Marché-aux-Veaux (Vieux-Marché). Elle venait d'avoir de Lacombe un enfant, une fillette, qui était morte en voyant le jour. Ses parents étaient aussi morts de douleur et de honte depuis déjà quelques mois. Louise Denichet était désormais seule sur la terre. Elle avait eu par héritage une petite maison dans les sablières de Streckeisen; c'est là qu'elle alla habiter, dans une retraite absolue, quand l'orage terroriste fut tout à fait détourné de sa tête.

La malheureuse vécut, depuis, la vie que j'ai essayé d'indiquer, avec le souvenir de son amant sans cesse présent à sa pensée, la mémoire toute pleine du parfum des jours de plaisir et des nuits d'ivresse amoureuse disparus à jamais. Comme ses ressources diminuaient, diminuaient, elle prit la résolution, la vieillesse arrivant, de travailler. Et puis, le travail, c'était encore une distraction, un moyen d'échapper un instant chaque jour aux pensées douloureuses qui l'obsédaient. Louise Denichet se fit marchande de marrons au coin des rues.

Rentrée dans sa masure lézardée, elle s'abîmait dans ses réflexions, et le souvenir d'un épisode de la période sanglante, où elle avait été la maîtresse du tyran redouté, revenait constamment à son esprit, plein de terreur et de remords. Elle se rappelait qu'au cours d'une enquête qu'elle avait menée en partie, elle reçut la visite de la jeune femme d'un lieutenant à Toulouse des armées du roi, un aristocrate, qui s'était réfugié à Bordeaux avec son jeune fils, qu'elle avait découvert avec son flair de policier et qu'elle avait signalé à la vengeance de la Comission militaire.

La jeune femme, qui savait Louise Denichet toute-puissante et qui la croyait bonne et compatissante encore, venait, éplorée, au nom du bébé que la sentence du tribunal allait faire orphelin, la supplier d'arracher son infortuné mari à la mort. La misérable fut inflexible. Brutalement, elle repoussa la pauvre femme, et, saisie d'un subit accès de haine farouche, elle lui donna rendez-vous pour le lendemain matin « au pied de l'échafaud ».

Le lendemain, en effet, les deux femmes se trouvaient au pied de la machine : l'une affreusement pâle, convulsionnée; l'autre ricanant effrontément avec la soldatesque. Mais le moment de l'exécution arriva, et soudain l'expression qui contractait le visage de Louise Denichet changea. Le malheureux officier venait d'être amené entre des gardes, les mains et les pieds attachés, et le bourreau l'avait saisi brusquement par les épaules. Alors une scène empoignante se produisit. En dix secondes, le jeune homme tourna ses yeux chargés de tendresse ineffable vers sa femme, dont les sanglots brisaient le cœur des aides et des soldats, pendant qu'il jetait un regard de profond dégoût sur Lacombe et sa maîtresse, qui tressaillit et se retourna pour ne pas voir mourir cet homme que, la veille, elle aurait pu sauver d'un signe, d'un mot.

Et depuis lors le spectacle inoubliable de cette douleur qu'elle avait causée était demeuré gravé dans sa mémoire, sans que le temps ait pu en effacer ou en affaiblir la trace.

Or, un soir de l'hiver 1820-1821, vers huit heures, un jeune homme de tournure élégante, un chasseur, à en juger par son costume, traversait les sablières de Streckeisen. Étranger à la ville sans doute, il allait un peu à l'aventure, sous la pluie glacée qui lui fouettait le visage, sans orientation. Le vent mugissait dans les ormeaux et les grands peupliers voisins qui pliaient sous son effort, enveloppés de buée. Une nuit épaisse, insondable, alentour.

Le chasseur aperçut tout à coup, à sa droite, de la lumière dans la « maison maudite ». Il fit un crochet et alla frapper hardiment à la porte. A l'intérieur, une voix de vieille femme s'éleva demandant, questionnant, comme prise de terreur :

— Que voulez-vous? qui êtes-vous?

— Je suis un voyageur. Je me suis égaré par ces chemins maudits. Donnez-moi, je vous en prie, pour une heure, l'hospitalité!

Il y eut un grand temps de silence. Puis des verrous, des targettes grincèrent, et la porte vermoulue tourna sur ses gonds.

— Ah! chien de temps! exclama le jeune homme en riant. Je vous demande pardon, Madame, mais...

Il n'acheva pas. Sur le seuil de la porte, la sorcière, une chandelle fumeuse à la main, le regardait, tremblante, effarée, et l'œil gris, étrange et fixe de cette vieille lui fit peur.

Louise Denichet revoyait tout à coup la scène de la mort du lieutenant des armées du roi. Elle retrouvait, victime d'une obsédante et étrange ressemblance, à vingt-cinq ans de distance, dans l'homme qui était devant elle — grave et sérieux maintenant — tant son esprit était hanté toujours de visions, tous les traits de l'officier dont elle avait causé la perte. Elle se revoyait au pied de l'échafaud, pliant sous le regard de dégoût de sa victime et se détournant pour ne pas voir sa tête barbouillée de sang tomber dans le panier.

Elle eut un cri d'angoisse déchirante de tout son être. Et,

défaillante, les traits bouleversés, désignant du doigt une petite tache rouge sur la carnassière du jeune homme qui cherchait à comprendre, mais en vain, le drame mystérieux qui se déroulait devant lui, elle s'écria :

— Du sang! toujours du sang! allez-vous-en... partez!

Elle voulut continuer, mais sa gorge était contractée, le sang lui montait au cerveau, l'étouffait. Chancelante, elle poussa un nouveau cri rauque, étranglé, et, ses mains crispées fouettant l'air frais, elle s'abattit de tout son long, inerte, comme une masse, sur la terre détrempée, où son corps amaigri s'enfonça...

XII

L'autre jour, au cours d'une promenade à la foire, j'ai mis, en bouquinant, la main sur un petit recueil de vers perdu au fond d'une malle, parmi des journaux de mode et des feuilletons illustrés. J'ai ouvert le livre en songeant à autre chose, et j'ai lu d'un trait, sans m'arrêter, une petite pièce signée Eugène Vermesch — le fameux « Père Duchesne » de la Commune, ce tendre poète, ce pauvre fou — tout énamourée, et qui commençait par cette strophe, si je me souviens bien :

> Madame, victoire à vos yeux !
> Je suis le pitre glorieux
> De la quatrième baraque ;
> J'ai le calembour caressant,
> Et sur mes bras couleur de sang
> Plus d'une lorgnette se braque...

Cela a été écrit en 1869. Et je me suis dit qu'il y avait peut-être quelque chose à faire et une histoire curieuse sinon à reconstituer, tout au moins à esquisser dans ses grandes lignes. Les « baladins » honnis, méprisés, conspués, excommuniés durant de longs siècles, sont des hommes maintenant; ils ont rang de citoyen; ils s'habillent, dans la rue, comme tout le monde; ils sont patentés, assurés contre l'incendie — que sais-je encore? Ils ont tous les âpres désirs des autres hommes; ils connaissent, même plus que les autres parfois, toutes les joies de la famille et de la paternité. Ils ont abandonné en partie leur existence vagabonde, aventureuse et tourmentée de bohêmes sans feu ni lieu. Ils ne sont plus les originaux, les irréguliers de jadis. Le progrès social a gagné leur caste et a fait d'eux de vulgaires bourgeois. Est-ce tant pis ou tant mieux?

Parbleu! je n'ai pas plus la prétention de découvrir la foire actuelle que je n'ai la prétention d'être le résurrectionniste d'une époque disparue à jamais. Mais il n'est peut-être pas inutile de jeter un regard en arrière, non pas pour pleurer le passé, mais pour se souvenir de lui.

Les foires! Mais c'est la vie à Bordeaux : c'est la gaîté, c'est le prétexte à promenades — toujours les mêmes, mais si fertiles en incidents! — C'est le divertissement en permanence et longtemps désiré. On les déclare « très bêtes » quand on les quitte, et il vous tarde d'y revenir, d'en profiter et d'en jouir sans arrière-pensée. Vraiment, non, l'idée du bon roi Dagobert, mise à exécution en l'an de grâce 629, n'était déjà pas si ridicule! En créant les foires, il ne se doutait pas du service qu'il rendait aux futurs flâneurs de la terre, à tous les gens qui, depuis les seigneurs, vilains, bourgeois, paysans et manants, bacheliers et bachelettes, clercs, hardis compères et joyeux lurons du moyen âge, jusqu'à la fine fleur du « chic » de notre époque, se sont « esbaudis », ont baguenaudé et badaudé trois heures durant devant une parade, un spectacle en plein vent — Mystère de la Passion ou « Loge » de lutteurs!

Notre humanité a un penchant très marqué, très décidé pour tout ce qui est sauteur, c'est entendu; et c'est là qu'il faut rechercher l'explication de la vogue étonnante dont jouissent encore les « bonisseurs », les charlatans de profession. Bordeaux, il faut bien le reconnaître, a de tout temps fait dans ses foires périodiques une fort belle place aux montreurs de phénomènes, aux danseurs de corde, aux jongleurs, aux joueurs de gobelets qui l'ont honoré de leur visite. J'aurais mauvaise grâce à m'en plaindre, puisque je trouve par cela même l'occasion de vous donner des détails — intéressants peut-être et inédits — sur les foires d'antan.

**

On sait que de 1749 à 1853, les grandes foires de Bordeaux se sont tenues sur le port et sur la place de la Bourse. Notre ville conserva longtemps à ces réunions leur caractère commercial. Mais peu à peu elles furent détournées en partie de leur véritable but, et, par suite de l'affluence toujours croissante des « baladins » et des bateleurs de tous ordres, elles devinrent le prétexte à exhibitions, à spectacles, à amusettes multiples.

L'ouverture de ces grandes foires avait été fixée au huitième jour après l'Ascension et au lendemain de la Saint-Martin, par une charte d'Édouard III, en 1337; au premier lundi de Carême et au 15 août, par un édit de Charles VII, de 1455; au 15 février et au 15 octobre, par lettres-patentes de Henri II, en 1560; enfin, au 1er mars et au 15 octobre par Charles IX, en 1565.

Dès cette époque, les marchands qui se rendaient à nos foires étalaient leurs éventaires sur la place du Palais, où était auparavant l'hôtel de la Bourse. Tourny obtint un arrêt du Conseil, en 1753, par lequel il leur était défendu de s'installer ailleurs que dans le nouvel hôtel de la Bourse (celui que nous connaissons) ou sur la place Royale.

A côté des étalages des marchands, les théâtres s'édifièrent à l'instar de ceux qui faisaient l'orgueil des foires de Saint-Germain, de Saint-Denis et de Saint-Laurent. On n'y représenta pas les « vaux-de-vire », mais on y joua longtemps encore, — dans quelques baraques spéciales, et tout particulièrement chez un certain Lafont, qui se disait élève et disciple de Nicolet, en 1770, et s'était installé sur le Port, en face de l'église Saint-Pierre, —

les pantomimes burlesques, les pièces incohérentes du vieux répertoire, la plupart des arlequinades célèbres, avec Scaramouche, le Docteur, Gilles, le Matamore, et quelques pièces grivoises et poissardes, où, comme on l'a dit, la cocasserie de l'improvisation le disputait à la crudité des tableaux et des expressions. Plus tard on représenta là quelques-unes des œuvres du genre illustré par Piron, Vadé, Largillière, Sedaine, Panard et d'autres.

En 1750, un saltimbanque du nom de Bernard installa à la foire de Bordeaux, près de la porte de Cailhau, un théâtre minuscule de marionnettes dans le goût de celles créées par le fameux Brioché et présentées par lui, en 1655, dans l'*Opéra des Bamboches*, avec un si vif succès.

Puis cette exploitation cessa; on laissa le champ libre aux devins, tireurs de cartes, montreurs d'ours ou de singes savants, diseurs de bonne aventure, physiciens et saltimbanques, qui, tous les ans, revenaient ici pour y exercer leur amusante et fructueuse profession.

Enfin, vers 1846, une nouvelle tentative fut faite. Un certain Thomas Laure, qui, en tombant d'une corde sur laquelle il faisait des sauts périlleux, s'était cassé la jambe, fit représenter deux ou trois fois, dans une baraque installée à ses frais — tout contre une tente servant au déchargement des navires à voiles — et qui portait le nom de « Funambules français », une pièce de Scribe et Duveyrier, *le Polichinelle*, au cours de laquelle défilaient sur la scène les personnages favoris du théâtre de la foire. Le succès fut médiocre, et Thomas Laure devint plus tard directeur d'une petite ménagerie. On ne put pas dire de lui : « Encore un qui a mal tourné ! »

**

A cette époque, 1850 environ — c'est surtout de celle-là que j'ai l'intention de parler — la foire se tenait, je l'ai dit, sur le quai, depuis le palais de la Bourse jusqu'à la porte des Salinières, presque en avant du quai de Bourgogne. C'étaient d'abord les marchands de Bordeaux, commerçants et industriels, ferblantiers, pâtissiers, tailleurs d'habits, bottiers, chapeliers, quoi encore? Puis, à la suite, les maisons roulantes, les tentes, les « entre-sort », les légères baraques des saltimbanques de tous les pays connus ou inexplorés.

La place de la Bourse était occupée en partie par les marchands génois qui y vendaient, dans de petits magasins construits à la hâte, des pâtes, du riz, des sucreries. Et comme le rez-de-chaussée de l'hôtel de la Bourse se louait à des commerçants, l'édifice était ouvert jusqu'à dix ou onze heures du soir; des bancs étaient installés contre les piliers, sur lesquels les promeneurs fatigués de leur stationnement devant les disloqués, les magiciens et les chiens savants, venaient se reposer et causer en « regardant passer le monde ». C'était charmant, et c'était aussi ce qui faisait l'affaire de Calin, pour ne nommer que lui, le marchand de primeurs, dont la vogue alors était dans tout son éclat.

LE COMTE D'ARTICHAUT

Il n'y avait pas là ce que nous appelons, nous, les « cuisines », ces guinguettes pleines de chansons, ces réfectoires bruyants et branlants des « trains de plaisir »; pas de marchands de gaufres croustillantes, de beignets, de pommes de terre frites et de saucisses à l'ail. Les auberges ouvertes soit sur le quai Louis-XVIII, soit sur les quais de la Douane et de Bourgogne, suffisaient amplement. Celle de la mère Gignoux fit longtemps florès.

Mais, en revanche, tout à côté, sur la place, Polichinelle, l'immortel Polichinelle, était là, toujours, lui, dans sa gloire inattaquable. Celui d'alors était présenté par un nommé Bruet, ancien comparse au Grand-Théâtre. Oh! le gai Polichinelle de notre enfance, avec son gourdin terrible! Comme ce bon Charles Nodier avait raison de le trouver inimitable! Comme il réussit à amuser son public et à l'intéresser, mieux que bien des acteurs que je sais!

Alors comme aujourd'hui, pour nos pères, pour nous comme pour nos petits-neveux, Polichinelle est sans rival. Les Marionnettes, dont M. Magnin a écrit la longue et intéressante histoire; le Pierrot de Debureau, du grand Debureau, chanté si merveilleusement par Jules Janin, m'amusent moins que ce grotesque qui nous a tous charmés! Gloire à Polichinelle!

* * *

On a dit : « la Foire se perd; la Foire de jadis est morte! » On n'a pas eu, certes, tous les torts de le dire. Un à un, les types d'autrefois ont disparu. Les marchands de pistaches, de choses sucrées, étranges; les chanteurs, Albert, le baryton, Lardy, le burlesque, qui s'arrêtaient au milieu d'une place et qui, à la lueur de deux maigres bougies piquées en terre, soupiraient, en s'accompagnant d'une harpe ou d'une guitare sans « âme », les refrains démodés de leurs petits cahiers à deux sous; les tireurs de bonne aventure; les somnambules armées de longs tuyaux de fer-blanc, et Simon, le « détacheur modèle », dont le boniment était légendaire; les baladins maigres, étiques, poitrinaires, qui travaillaient au grand jour de la place, sans baraque, sans abri, et qui, pour faire tomber les gros sous sur leur tapis montrant la corde, se tordaient dans des contorsions inimaginables, affreuses à voir, se blottissaient dans de petites caisses, pendant que, derrière eux, l'orgue de Barbarie époumoné, râlant les notes, implorait la charité des passants. Ils faisaient pitié et peur quand ils se démembraient ainsi, pliant leur grand corps maigre, anguleux, quand leurs os semblaient craquer sourdement et percer la peau.

Que sont devenus encore les enfants perdus de la balle, saltimbanques inoubliables, dont l'énumération complète serait trop longue et vous lasserait; les avaleurs de sabres, dont les femmes, le cabas au bras, le tartan effiloqué sur les épaules, faisaient, pendant les exercices, « le tour de l'honorable société »; les Vénus à trois jambes; le nègre qui mangeait de l'étoupe enflammée et rendait des œufs durs; les bateleurs, les dentistes en plein air; les marchands de crayons, les empiriques, les géantes, les colosses, les femmes à barbe, les compagnies de sauvages, les artistes, femmes et hommes, des tableaux vivants du « Chemin de la Croix » de Buchenet; les traditionnels paillasses, les amuseurs publics, les blagueurs, les aimables drilles féconds en drôleries risquées? Où donc, plus près de nous, s'est retiré M. Jules Tourtebatte, de Reims?...

Celle que je regrette le plus encore, voyez-vous, c'est une pauvre danseuse de corde, au teint olivâtre, aux chairs grasses et serrées dans un maillot de coton rapiécé, reprisé sur toutes les coutures. Elle s'appelait Gyp. Qui sait? C'était aussi une ratée de la gloire, moins heureuse que ses devanciers dans la carrière acrobatique, le sauteur génois Pizzo, sous Charles VI; le funambule Georges Menustre, sous Louis XII; l'incomparable Émile Gravelet, dit « Blondin »; Valentin, le « Désossé », sur notre foire du Port, ou l'étonnante Mme Saqui, dont les adieux — elle avait soixante-seize ans — inspirèrent à Jules Janin une de ses pages les plus sincères, les plus tendrement émues.

J'étais alors tout enfant. La foule remuante, avide de plaisir facile; les couleurs joyeuses et crues, les paillons irisés, les costumes éclatants des parades ne me tentaient pas. Hors du tourbillonnement des lumières, des danses macabres; hors du brouhaha de la musique, du gémissement des clarinettes allemandes, des clameurs des ophicléides faux, dans un coin de la vaste place des Quinconces, je m'arrêtais longuement devant la danseuse de corde.

Un vieillard, son père sans doute, venait de dresser les tréteaux. Elle blanchissait de résine les semelles de ses chaussures et partait, un long balancier en main, après avoir tâté prudemment la corde tendue. Parfois la bise soufflait dur, et je me disais qu'elle devait bien souffrir ainsi, la bohémienne, là-haut, sous son corsage décolleté, sous ses deux ou trois jupons de calicot roux sale!...

Ceux des élus de la gloire du pavé qui nous restent paraissent fiers. Peut-être aussi ne savons-nous plus les comprendre et nous amuser comme jadis et rire d'eux comme autrefois. C'est égal! Pitres, Jocrisses, Bobèches, Galimafrés, Bilboquets à perruques filasse, héros de la parade et du boniment, tous nous ont suivis dans la voie où nous nous sommes engagés. Ils posent. Ils n'ont plus de voitures, mais des « caravanes »; ils ne s'intitulent plus les saltimbanques, mais immodestement les « voyageurs! » Ce sont des bourgeois, vous dis-je, de vulgaires bourgeois! Décidément, tant pis pour eux!

LA FOIRE St FORT

XIII

La foire Saint-Fort s'est ouverte officiellement mercredi dernier, 16 mai. Comme tous les ans, les marchands de bric-à-brac, de meubles, de ferrailles, se sont installés sur le cours d'Aquitaine et le cours d'Albret; comme tous les ans, on a débité aux gourmets, sous les petites baraques de toile installées sur la place Magenta — entre le palais de justice et l'hôpital — des milliers de kilogrammes de saucissons et de jambons aux chairs rosées veinées de lard; comme tous les ans, les vieilles allées Damour — pourquoi pas d'*Amour*, après tout?— ont été transformées en un parterre embaumé de senteurs douces, où derrière les touffes, les bouquets d'azalées veloutées, de pétunias, de chrysanthèmes, de dahlias diaprés, de bégonias, de palmettes élégantes, de plantes grasses perlées, filles de la flore orientale, de souples fougères, de lataniers, d'orchidées ou d'iridées, aux lignes ondulées, au modelé d'un vert gras, parmi les éventaires de fleurs multiples, harmonisées, aux reflets irisés et métalliques de rubis, d'émeraude, de topaze ou de saphir, bien des rendez-vous ont été donnés, chaque soir, par nos mondaines et nos tiers de mondaines à des « flirteurs » toujours galants, toujours empressés, toujours... fidèles.

J'ai pensé qu'il ne serait peut-être pas sans intérêt de retracer dans ses grandes lignes, car la place est mesurée ici, la genèse de cette coutume, et d'indiquer à quelle espèce de culte nous la devons. Je ne sais pas si vous êtes de Bordeaux — du Midi et demi comme moi — mais ce que je sais, par exemple, c'est que bien peu de gens ignorent le « caveau de saint Fort ». Tout jeune, j'y suis descendu, comme beaucoup d'autres, et j'y suis revenu aujourd'hui, avant de commencer cet article, pour voir, pour penser et pour me souvenir — et, pardieu! j'étais en *belle* compagnie!...

**

Avant d'aller plus loin, vous me permettrez de vous dire quelques mots de la crypte elle-même : quelques lignes d'histoire et une rapide photographie.

J'ai pu, ce matin, vérifier l'exactitude stricte, au point de vue archéologique, des renseignements fournis à ce sujet par l'auteur d'un petit opuscule paru il y a quatorze ou quinze ans, qui donne de curieux détails sur la basilique de Saint-Seurin, fondée, on le sait — ou on ne le sait pas — par saint Martial, l'un des disciples de Jésus de Nazareth — il y a quelques jours de cela.

La partie la plus ancienne et la plus curieuse du monument, dit-il, est la crypte de saint Fort. C'est une véritable petite église composée de trois absides et de trois nefs séparées par des colonnes avec leurs chapiteaux pris d'un édifice romain. Au fond de l'abside principale et plus bas que le sol même de la crypte, se dessine un hémicycle en briques et en forme de galerie, reste d'une basilique romaine. Quand, ai-je appris, vers la fin du IXe siècle, la crypte prit sa forme actuelle, on plaça dans l'espace décrit par l'hémicycle cinq sarcophages. Celui de saint Fort occupe le centre; il fut, au XVIIe siècle, surmonté du mausolée à six colonnes qu'on remarque aujourd'hui. Les quatre qui lui tiennent compagnie doivent aussi appartenir à des saints. Près de ces tombeaux ont été trouvés deux vases rouges renfermant des cendres d'enfants et placés maintenant au pied de la crypte.

Dans le mur, une scie est scellée. Qu'elle y ait servi ou non, elle est considérée comme symbole de martyre.

Le tombeau romain à toit prismatique et à stries de la troisième abside a renfermé, dit on, le corps de sainte Véronique depuis sa translation de l'abbaye de Soulac, au VIIIe siècle. Devant lui se trouve un autel avec piscine creusée dans le mur.

Voici maintenant quelques détails qui ne manquent pas d'intérêt. Des sarcophages qui rayonnent dans le bas de la crypte, deux des plus riches proviennent de la basilique primitive; les autres, du sol environnant où on les cacha pour les dérober aux outrages des Sarrasins. Un seul contient deux personnages. On y a trouvé une petite croix d'argent marquée de lignes semblables à des sceaux de Clovis. Ces sarcophages de marbre blanc ou bleu des Pyrénées, où dormirent les « béatifiés », sont d'une richesse et d'une harmonie parfaites. C'était là, dit un historien local du siècle dernier, que reposaient plusieurs corps de saints, aux tombeaux desquels le peuple veillait par dévotion.

Les bonnes gens prétendent très sérieusement que la « clef de la mer » se trouve à côté du « caveau Saint-Fort » et qu'un jour — un soir plutôt — par un temps épouvantable, on entendit distinctement, depuis les abords de l'église, les cris d'un équipage surpris en mer par la tourmente et qui périssait sans secours.

De la basilique primitive de Saint-Étienne, qui faisait certainement partie de ces substructions encore très étendues, on ne découvre là plus rien. Mais il faut se souvenir qu'une église du même nom lui succéda, qui donna son nom à une rue voisine, et dont le presbytère romain subsistait encore sous le premier empire. Un cimetière occupait l'emplacement où sont aujourd'hui exposées les fleurs aux parfums exquis; il s'étendait jusque vers la rue Ségalier.

L'auteur du travail dont je parlais tout à l'heure, et qui est M. Cirot de La Ville, dit qu'il n'y a plus de doute possible sur la personnalité de saint Fort. Il est le Sigebert, comte de Bordeaux, que saint Martial déclare, dans son *Épître aux Bordelais*, avoir été le premier évêque de la Cité, et dont un manuscrit du x⁰ siècle a été retrouvé à la Bibliothèque nationale. Ce Sigebert fut plus tard décapité.

Le corps de saint Fort se trouve dans la chapelle qui porte son nom, tout entier, sauf le bras droit, sur lequel autrefois se faisaient les serments et qui a disparu pendant la Révolution. A ce sujet, un vitrail de la vieille basilique porte un panneau représentant un des maires de Bordeaux qui prête serment sur ce *bras*, dans une attitude pleine de recueillement.

Telle est la version orthodoxe, qui n'est certes pas admise par tous. D'aucuns, des parpaillots, ont longtemps prétendu que saint Fort n'a jamais existé; d'autres ont penché à croire, en outre, que les serments se prêtaient jadis sur le bras — ou *fort* de saint Seurin, exposé à la vénération des fidèles : c'est ce qui aurait donné naissance à un culte spécial et au pèlerinage annuel qui se continue. Entre nous, vous savez, je préfère n'avoir pas d'opinion sur cette grave question.

Cependant, je tiens à vous donner encore les renseignements que voici :

Le 17 mai 1716, raconte d'autre part Bernadau, sur la demande de certains habitants de Bordeaux, on renouvela, après onze ans d'interruption, une procession générale qui se pratiquait anciennement lorsqu'on désirait la pluie. Les corps civils et religieux se rendaient en cérémonie à la fontaine de Figueyreau (rue Laroche), où un reliquaire appelé *Verge de saint Martial* était porté solennellement par le chapitre de Saint-Seurin, qui en conservait le dépôt. Ce reliquaire fut plongé dans le réservoir de cette fontaine avec des formalités particulières à cette cérémonie. « Il pleut un peu les jours suivants, » est-il écrit dans les registres de l'Hôtel de Ville, où cette solennité, prescrite d'ailleurs par l'autorité, se trouve consignée.

Voici ce que la tradition nous apprend à ce sujet :

Du temps des premiers ducs d'Aquitaine, un dragon monstrueux s'était cantonné dans une tour connue sous le nom de *tour du Dragon*, et qui se trouvait rue du Canon, dont j'ai parlé précédemment. Du haut de cette tour, le dragon menaçait de souffler la peste sur Bordeaux, si les habitants ne lui envoyaient pas le dimanche une jeune fille — vous entendez bien : une *jeune fille* — qu'il dévorait incontinent. Une de ces intéressantes victimes parvint cependant à apprivoiser ce monstre, et apprit de lui qu'on pouvait le forcer de quitter son réduit en lui présentant un fragment de la crosse pastorale de saint Martial, qu'on vénérait à Limoges sous le nom de *Verge de saint Martial*.

Les Bordelais, profitant de l'avis, s'empressèrent d'emprunter à la ville de Limoges son reliquaire qu'ils vinrent porter processionnellement devant la tour. A cette vue, le dragon se précipita tout bonnement dans la Garonne. Les habitants ayant appris par la suite que la verge de saint Martial avait aussi la vertu de faire pleuvoir au besoin, refusèrent de la remettre aux Limousins, qui massacrèrent les otages (des portefaix) que les Bordelais avaient donnés pour cautionner la remise du reliquaire, « ce qui n'était ni juste ni humain, tant de la part des emprunteurs que de celle des prêteurs! »

Mais je laisse là toute cette archéologie sacrée et cette incursion dans le domaine du passé inconnu pour parler un peu de l'époque dont nos pères se souviennent, de la foire profane, avec ses fleurs, sa ferraille et... ses jambons.

Il fut un temps où la fête de saint Fort servait de prétexte aux transactions, aux ventes et achats, aux réunions commerciales. Je viens, à propos de nos grandes foires bi-mensuelles, de faire un petit historique local de leur création et de leur maintien à travers les siècles. La première charte qui fut délivrée en France au sujet de la foire de Saint-Denis fut donnée, en 629, par le roi Dagobert, qui depuis... tourna mal.

A Bordeaux, la foire Saint-Fort est très ancienne. Pendant longtemps — et il y a quarante ans encore — on n'y vendit que des objets usuels et indispensables. Les industriels étaient installés sur deux lignes. La première partait de l'angle des rues Saint-Martin (Saint-Sernin) et Judaïque, et allait jusqu'à la place Saint-Julien par les cours d'Albret et d'Aquitaine. Il y avait là des ferrailleurs, les marchands d'aulx, d'étoffes, de vieux habits, de meubles, de vimes, d'échelles, de bouteilles. La deuxième ligne s'étendait de la rue Dauphine (angle de la rue Saint-Martin) à la place de Tourny, en passant par la place Dauphine, qui devenait, pour la circonstance, une place Mériadeck avec le pittoresque en moins, et le cours de Tourny (coin de la rue Huguerie). Là, c'étaient les bottiers, les brocanteurs, les bouquinistes, les ferblantiers, les bimbelotiers, les quincailliers, qui y faisaient d'excellentes affaires.

La rue Judaïque et les allées Damour étaient semées de femmes portant des paniers remplis de cierges de trois, de cinq et de dix sous, que les bébés, très fiers, allaient planter dans le caveau, plein de l'odeur étrange des boîtes sépulcrales humides, sur le tombeau froid de «Monsieur Saint-Fort» — comme nous disions dans notre naïve irrévérence — caveau qui était ouvert un jour seulement, au lieu de trois, comme à notre époque. Il y avait, on le pense, grande affluence de citadins et de « campagnards », de paysans qui, en remontant, achetaient, en souvenir de leur passage, des objets de piété, des bibelots religieux, de saintes images, aux marchands qui avaient adossé leurs petites baraques légères, en plein vent, aux murs de l'église.

Et dans l'après-midi la cohue se portait à la place d'Armes (Magenta), où se trouvaient quelques voitures de saltimbanques, de photographes, de fabricants de nougat, de pythonisses extralucides, parmi les étaux de marchands de saucissons et de jambons appétissants.

A notre foire, cependant, pas de produits de Reims, roses et frais; de Mayence (que l'on mange au champagne); de Westphalie, d'York ou des Ardennes. C'était partout du joli jambon de Bayonne, de Marmande ou des environs, ce jambon ferme, dur et substantiel, chanté si poétiquement... par Offenbach dans *Tromb-al-Cazar*.

Et puis du saucisson d'Arles, de Lyon... ou de Langon, remplaçant les délicats pâtés de volaille ou la mortadelle de Bologne dont nos pères n'avaient pas besoin pour vivre et pour devenir forts.

***

La vogue de la foire Saint-Fort étant bien constatée, les jardiniers, les pépiniéristes, les horticulteurs de notre ville se demandèrent s'il n'y pouvait avoir là pour eux une petite place. La mode, il y a quelque quarante ans, n'était pas encore aux fleurs, comme aujourd'hui, et cependant on les aimait, et cependant bien des Bernerettes et des Mimi Pinson se privaient de quelque douceur pour acheter une botte de myosotis, de bluets ou de jasmins.

A cette époque, si vous tenez à le savoir, Bordeaux comptait pas mal de fleuristes en renom dont les palmiers nains valaient les rhododendrons toujours verts qui ont joui, il n'y a pas longtemps, d'une si belle vogue. Il y avait, pour ne citer que les noms qui me reviennent à la mémoire : Gueyraud, Bigrel, Bibonne et Lagrange, rue Mondenard, dont la renommée a toujours été si grande.

Les jardiniers vinrent, après entente, s'installer aux allées Damour; leur succès fut relativement flatteur. Ils vendirent aux grisettes, aux bourgeoises, aux « cocottes », des œillets d'Inde (fleur de Tunis), de l'iris, des lauriers-roses, du myrthe, du réséda, de l'héliotrope, des roses, des marguerites, des scabieuses, de l'hélianthème, cette fleur toujours avide des chauds rayons du soleil sans lesquels elle s'étiole, se fane et meurt! Rien de plus.

Plus tard, comme l'art de l'horticulture faisait des progrès, comme il fallait du nouveau et du nouveau encore — fleurs et noms de fleurs — les spécialistes s'ingénièrent, greffèrent, combinèrent, marièrent des plantes exotiques et obtinrent ces produits merveilleusement jolis qui regagnent en éclat ce qu'ils ont bien souvent perdu en parfum — et c'est dommage.

Mais où sont les anémones d'autrefois? les « fleurs d'amour », la renoncule pâle, le ketmie changeant, la fleur de lis, l'amarantine, et tant d'autres, et tant!

***

Je me suis levé de très bon matin aujourd'hui; et, en faisant ma promenade à travers les allées Damour encore désertes, où se dressent les cabanes rustiques des paysagistes, si légères qu'il faut à peine un quart d'heure pour les démonter, je pensais à cette pauvre Chloris que Zéphire, qui l'aimait bien, fit mère du gai et joyeux Printemps et à qui il donna l'empire des fleurs, « cette grâce des vierges, cet amour des poètes », cette récompense des vainqueurs et des glorieux.

La fable charmante de la naissance des jeunes lilas et des fraîches cerises, qui, sous la forme de petits bouquets, font, chaque année, leur apparition à la foire Saint-Fort, de l'épanouissement des premières roses, me revenait très nette, dans la brise matinale, et ma pensée allait vers l'amoureux — ce fou mystique — qui paierait bien cher, s'il avait de l'argent, Madame, pour recueillir les fleurs vermeilles que la bouquetière a tressées avec tant d'art et que, décolorées, froissées, vous jetez, sans un regard d'adieu, en sortant du bal.

Ces fleurs, point perfides, point prétentieuses, point coquettes — car il en est — pourtant, c'est Lui qui vous les a envoyées, en se cachant, pour vos cheveux ou votre corsage — comme Mürger à sa petite et fière cousine Adèle. Et l'hommage ne vous a pas plu…

Mais, bah! c'est aujourd'hui la fête florale, c'est la foire aux roses; le printemps radieux sourit dans l'enchantement des soirs de mai — et, comme vous ne manquerez pas de faire votre longue visite aux allées Damour, si l'amoureux penché — que saint Fort soutient — sait s'y prendre, il vous trouvera moins cruelle… et, qui sait? rattrapera peut-être le temps perdu…

XIV

La place du Trône et ses alentours ont résonné du bruit des caisses roulantes, des appels de trombones vert-de-grisés, des orgues de Barbarie sans souffle. Marchands forains, « bonnisseurs » et saltimbanques font rage à qui mieux mieux pour attirer les badauds, qui ne sont pas toujours des imbéciles, et vanter leurs trucs démodés.

La foire au pain d'épices est le rendez-vous des désœuvrés, des rapins énigmatiques cherchant le sujet, des chroniqueurs en quête de copie. Willette y rencontre son Pierrot, son cher Pierrot ressuscité; Lunel y croque ses Parisiennes à l'élégance raffinée; Forain y puise ses meilleures inspirations des *Pages modernes;* Guillaume y coudoie ses bohêmes en bonne fortune, ses types multiples enveloppés du tourbillon de la grande vie enfiévrée; Adrien Marie y a contemplé ses chers bébés blonds comme le soleil d'avril qui dore leurs boucles soyeuses.

Et chacun y trouve son compte, moins les chroniqueurs peut-être, qui cette fois n'ont rien donné de nouveau et se sont contentés de raconter en vingt lignes leur promenade annuelle.

Mes confrères parisiens ont cependant — et c'est une justice à leur rendre — signalé une des grosses attractions : la réapparition, à la fête, des Montagnes russes, qui semblaient totalement abandonnées. Mais quelle sobriété de détails! J'ai cherché vainement et je n'ai trouvé nulle part dans aucun des grands journaux de Paris une indication précise, un renseignement, un « document »; ils mentionnent le fait simplement. Pas un mot sur l'historique, la *genèse*, les origines de ce divertissement qui a mis en liesse bien des générations qui nous ont précédés dans l'oubli — et que d'ailleurs peu de Bordelais connaissent.

Ce que mes confrères n'ont pas fait, je vais essayer de le faire, et la tâche m'est très agréable. Vous avez remarqué, sans nul doute, d'ailleurs, combien les choses du passé sont aujourd'hui à la mode. On les revoit — on les voit pour mieux dire — avec une satisfaction des plus vives : on les étudie, on les analyse; il semble que l'on vit en leur compagnie les années de grande tristesse ou de gloire inoubliable de notre pays. C'est dans la résurrection exacte et précise des costumes, des types, des monuments du temps que nous ne connaissons que par la tradition, que nous trouvons la distraction vraie et le vrai plaisir, que nous pouvons satisfaire notre curiosité, notre besoin de savoir, toujours en éveil, et nous instruire — en dehors des livres.

Les Montagnes russes ne sont pas de création très ancienne, et mes renseignements me permettent de croire que, en France, Bordeaux est la première ville où ce divertissement ait été exploité.

Il est évident que, dans les récits que l'on fait de ces sortes de distractions, la fantaisie occupe une place à côté de l'exactitude stricte, de la vérité. Je me suis laissé dire, cependant, par des

« anciens », pour conserver la locution locale, que les inventeurs des Montagnes russes avaient eu simplement en vue, au lendemain de la proclamation du premier Empire, et surtout au moment de la Restauration, de flatter le goût populaire en ridiculisant les habitudes des hommes de la Révolution, et de faire une sorte de parodie drôlatique des fameuses « montagnes symboliques » de cette époque.

Jusqu'au 9 thermidor de l'an II, c'est-à-dire jusqu'à la fin du règne de la Montagne, on symbolisa le triomphe de la nation sur la royauté et de la vérité sur l'erreur, en élevant un peu partout des monticules recouverts de gazon, sortes d'autels de la patrie.

Ces montagnes symboliques étaient en grand nombre dans notre ville. On en avait fait élever une au carrefour de l'Égalité (angle de la place des Piques et de la rue de la Chartreuse); une au carrefour Plus-de-Rois, angle de la rue du Grand-Pont-Long (d'Arès) et de la rue Saint-Martin (depuis, rue Saint-Sernin); une sur la place de la Concorde, dont la garde était confiée à un débitant de vin voisin, le sieur Rosier ou Rozier; une à la place Saint-Julien (qui portait alors différents noms); une à la place Dauphine. C'était sur cette dernière que se célébraient quelques-uns des sacrifices officiels, à deux pas de l'emplacement qu'a occupé la guillotine en permanence. Des hymnes y étaient chantés, des orateurs y haranguaient la foule des sans-culottes, avant que des fillettes, vêtues aux couleurs nationales, ne récitassent, dans le grand recueillement des masses ivres de liberté et de jouissance, des précis de la vie de Guillaume Tell, avec accompagnement de coups de fusil. Mais la première montagne installée à Bordeaux l'avait été dans l'église des Dominicains, appelée le temple de la déesse Raison. Après des cérémonies inutilement grotesques, les jours de fête le peuple s'inclinait devant l'autel de la Raison, et les discours commençaient. Au fond de l'église s'élevait un vaste amphithéâtre en forme de montagne, où siégeaient des ouvriers portant des outils de leurs métiers, groupés autour des bustes d'hommes illustres, anciens et modernes, et soutenant des bannières dont les inscriptions rappelaient les diverses époques de la Révolution.

Après la chute du régime révolutionnaire, des industriels se dirent qu'après tout il y avait là une bonne idée à creuser, et le souvenir des montagnes symboliques disparues leur trottant dans la tête, ils fondèrent — ou continuèrent — les montagnes russes qui, pendant des années, furent l'engouement des grisettes et des « calicots », des filles de plaisir et des honnêtes mères de famille : vertige et cabrioles mêlées.

Les premières montagnes furent installées à Bordeaux, à deux pas de Bel-Orme, dans l'établissement des *Folies-Bojolay,* route de Saint-Médard, par un certain Aveline, maître charpentier, qui demeurait au ruisseau de Benatte. L'étonnant directeur des *Folies*, Bojolay, qui fut tour à tour écuyer, gérant de cirque, directeur du Grand-Théâtre, chanteur, aéronaute et le reste, gagna à ce nouveau jeu une somme très rondelette. Son établissement, très à la mode, — il a été ensuite transformé en hôpital militaire, puis en tattersall, puis en... « propriété à vendre », — ne désemplissait pas. C'était à qui se paierait les émotions fortes que procuraient les montagnes russes, causes de force culbutes, dégringolades, affolements imprévus et d'une cocasserie achevée, nous disent les « vieux beaux ».

Voici comment était réglé ce jeu : On construisait une charpente de 10 à 12 mètres de hauteur, en plan incliné sur lequel était pratiqué un chemin droit ou tournant formé par des rails sur lesquels glissaient avec une rapidité vertigineuse de petits chariots d'une ou deux places. Les chariots, après avoir quitté le monticule, lancés ainsi à toute vitesse, continuaient leur course folle sur le sol, et, après avoir décrit, 15 mètres plus loin, une courbe très raide, allaient butter contre le pied du monticule d'où ils étaient descendus. Deux hommes avaient toutes les peines du monde à les arrêter à l'arrivée. Ils étaient ensuite hissés à l'aide d'un engrenage ; les intrépides remontaient au faîte du monticule à l'aide d'un petit escalier... et le voyage recommençait.

Il arrivait, on le comprendra aisément, très souvent des accidents. Des gens téméraires, des femmes surtout, prenaient un plaisir extrême à descendre la montagne la tête en bas, au risque de se la casser mille fois — la tête ! Il serait très curieux, mais fort long, d'établir une statistique des membres luxés ou foulés et des équilibres rompus avec fracas, pendant que le vent, soufflant sournoisement, soulevait à demi les jupes de calicot... Passons, passons !

Mais la concurrence aux montagnes russes de Bel-Orme ne tarda pas à faire des siennes. A ce moment, j'ai déjà eu maintes fois l'occasion de le dire, de nombreux établissements champêtres se disputaient la faveur publique. Les élégantes — à jupes plates, à bandelettes à la grecque, aux étoffes aux couleurs criardes, aux corsages décolletés, ronds et plissés, aux larges chapeaux Beauharnais ou Récamier — qui ne connaissaient pas les concours hippiques ou les aimables *five o'clock* pleins de banalité, allaient volontiers aux Champs-Élysées, ancienne propriété des Chartreux, qui s'étendaient depuis l'ancien cimetière et la rue Coupe-Gorge jusqu'à la propriété Johnston; à Vincennes, situé en face des Champs-Élysées, sur la droite du chemin d'Arès; enfin, à Plaisance, dont on a fait l'École de dressage. C'était la campagne, car à ce moment l'octroi se trouvait à la Croix-Blanche d'un côté et, de l'autre, à la grande porte du cimetière.

Des jeux, des divertissements de toutes sortes étaient installés dans ces établissements, près du restaurant de la salle de bal, maisonnette couverte mi-partie de chaume, mi-partie de tuiles, derrière laquelle était un quinconce de peupliers pleins de frémissements et de murmures, avec des sonneries de cigales et des chansons mellifues de merles dans les hautes branches.

De nombreuses ascensions aérostatiques, sans parler de celle de Bojolay et de sa maîtresse, « la Nancy, » y étaient également organisées.

Aussi, y avait-il foule, gaie, jeune, à l'imagination aussi fertile que le cœur, les dimanches et les jours de réunion des corporations : les tailleurs de pierres, le jour de l'Ascension; les jardiniers, pour la Saint-Fiacre(?); les cochers pour la Sainte-Rose(!); les perruquiers, pour la Saint-Louis — et tant d'autres.

C'est même aux Champs-Élysées que fut donnée avec un grand éclat — quelques années plus tard, cependant — la première fête de la Société Franklin, dont Olivier Métra, « l'homme aux *Roses,* » fut jusqu'à sa mort si soudaine président d'honneur.

Il y a quelque cinquante ans, le propriétaire de Plaisance était M. Colombier; la propriétaire des Champs-Élysées et de Vincennes, Mme Saussaie. Plaisance avait des amusements très originaux, par exemple les labyrinthes et les cinq parties du monde, ce dernier semblable à ce jeu, à ce manège anglais — la Terre et l'Eau — qu'on a donné comme nouveau, il y a dix ans, à la foire des Quinconces.

L'orchestre de Plaisance faisait danser aussi les couples joyeux. Parmi les musiciens qui étaient le plus applaudis s'est trouvé, à un certain moment, comme piston solo, un jeune artiste, un vrai, qui depuis a fait son brillant chemin, M. Loustalot, ancien chef d'orchestre d'opéra, ancien chef de musique militaire, qui habita Bordeaux.

Puisque je parle des musiciens, je m'en voudrais de ne pas citer quelques noms dont je me souviens.

Comme je l'ai dit plus haut, les établissements en renom créèrent une concurrence aux montagnes russes de Bel-Orme. De ce nombre étaient les Champs-Élysées et Vincennes, dont les montagnes brûlèrent quelques années plus tard et furent reconstruites. Les orchestres (17 ou 18 musiciens) de ces deux maisons rivales — qui, détail à noter, jouaient sans pupitres et sans partition — ont été, au beau temps de leur splendeur, dirigés : aux Champs-Élysées, par M. Sailly, un très agréable violoniste, mort à l'âge de quatre-vingts ans; à Vincennes, par un mulâtre, musicien d'un réel talent, Julien Clarcher, qui avait précédé M. Sailly aux Champs-Élysées.

Julien Clarcher, qui le premier à Bordeaux organisa, régla et fit danser le quadrille croisé que nous connaissons autrement que de réputation, fit exécuter certain jour un *galop infernal* de sa composition, dont le succès fut immense.

Il eut pour successeur M. Linon; de même que M. Sailly, se retirant un peu après 1850, céda le bâton à M. Pradal.

Presque en même temps que Bordeaux, Paris (à Tivoli), Lyon, Mâcon, Versailles, Bayonne, Montpellier, Avignon et Marseille, eurent leurs montagnes russes. Les dernières dans notre ville furent construites au Bois de Boulogne — dont j'ai déjà parlé — chemin de Pessac. Le Bois était tenu par M. Ernest Ouvier, directeur-propriétaire-chef d'orchestre, qui entre autres s'était assuré le concours de M. Sailly, fils du précédent, et l'excellent ancien trombone de notre Grand-Théâtre, où M. Ouvier a tenu lui-même un pupitre de violon.

Là aussi il y eut un commencement d'incendie des montagnes russes, et peu après, vers 1866, l'exploitation fut abandonnée par M. Ouvier. Ce jeu, vous vous en souvenez, a obtenu récemment, à nos foires de mars et d'octobre, un petit succès de renouveau. Mais il ne *rapporte* plus — comme on dit au théâtre — dans les établissements hors barrière. Que voulez-vous, le temps n'est plus aux plaisirs champêtres. *Sic transit...!*

XV

En écrivant les premières lignes de ce chapitre, je tiens à présenter une légère observation. Mon intention, en parlant des bains de mer il y a cinquante ans, n'est certainement pas de retracer l'histoire détaillée du rapide développement des stations balnéaires avoisinant Bordeaux, ou des villes d'eau de la région. Je n'ai pour cela ni le temps ni les renseignements désirables. Mon but est de remonter de cinquante ou soixante années en arrière, tout au plus, et de placer brièvement sous les yeux des lecteurs de ce livre modeste quelques détails en grande partie inédits, et peut-être intéressants sur la marche toujours ascendante des jolies plages de notre littoral.

***

Au siècle dernier, de rares élégantes se payaient le luxe, fort dispendieux alors, d'aller pendant plusieurs semaines, chaque année, « tremper leur corps d'albâtre dans l'onde pleine d'amertume ». Le temps passa, et l'usage, loin de se généraliser, se perdit à peu près complètement. Ce n'est que vers 1820 qu'il fut repris, mais bien timidement d'abord, et avec une sorte de réserve un peu craintive. D'ailleurs, le mouvement des populations des villes vers les stations n'a commencé de se manifester que dans les environs de 1830, au moment où la bourgeoisie, reléguée à un plan bien inférieur par la noblesse de Louis XVIII et de Charles X qui prenait sa revanche de 93, a réclamé une place importante dans la gestion des affaires du pays.

A Bordeaux, avant l'avènement de Louis-Philipe — nous avons bien changé depuis! — on connaissait très peu la villégiature (je parle des classes moyennes de la société). Les villes d'eau n'existaient que pour les grandes familles, et encore n'y allaient-elles qu'à de rares moments et au plus fort de la période caniculaire. L'ouvrier aisé, le petit bourgeois avaient la campagne environnante, aux portes de la ville, et trouvaient plus commode, et surtout plus économique, de s'aller reposer pendant quinze jours sous les frais ombrages de Caudéran, du Bouscat, de Talence, de Pessac ou de Bègles, qui, malgré leur rapprochement, n'étaient pas encore quelque chose comme un faubourg de notre ville.

Cent personnes tout au plus par an — les statistiques me l'ont prouvé — se déplaçaient pour visiter les stations peu fréquentées des Pyrénées ou de la Normandie. C'est tout juste si les plus intrépides touristes poussaient jusqu'à Trouville, ce coin riant et fleuri de la côte normande, ou à Dieppe, ou encore allaient assister, dans les *arenas* aux décors mauresques de Saint-Sébastien, à quelque combat de taureaux sauvages. Les autres se contentaient de Saint-Jean-de-Luz et des sites pittoresques du pays de Labourd, ou de Biarritz, qui s'étend parmi les déchirures du golfe de Gascogne. J'ai connu un vieux Bordelais qui, chaque année, en juillet, faisait, en souvenir de je ne sais plus quelle période douloureuse de son existence, un pèlerinage à la *Chambre d'amour*, cette grotte en saillie, entre Biarritz et le refuge d'Anglet, et où périrent, au temps de la reine Berthe, de François Villon, engloutis par les vagues, deux jeunes amants, deux pâtres passionnément amoureux, et qui se nommaient, si j'en crois la légende qu'on a mise en vers, Laorens et Saubade. Et mon vieil ami restait là chaque fois, seul, plusieurs heures en tête-à-tête avec son passé, devant le grand spectacle de la mer sans bornes, jusqu'au moment où les vagues aux tons d'argent roulaient leurs embruns à ses pieds, l'obligeant à la retraite.

<center> * *</center>*

A cette époque, une Compagnie de bateaux faisait le transport des voyageurs pour le Médoc, Blaye et le bas de la Charente-Inférieure. Son ponton était situé en face des Quinconces, à peu près à la place qu'occupe le ponton si élégant de la Compagnie Gironde-et-Garonne : voilà pour Royan, qu'allaient visiter à de rares intervalles quelques curieux explorateurs — tout un voyage au long cours ! — Du côté du bassin d'Arcachon, c'était bien autre chose. Aucun moyen régulier de communication, de locomotion, n'existait : ni voitures publiques, ni omnibus, ni diligences, et les gens qui avaient à se rendre — non pas pour leur plaisir, grands dieux ! — à Lège, Arès, Andernos, Taussat, Lanton, Audenge, Gujan ou La Teste, en étaient réduits à grimper sur une charrette de bouvier ou à effectuer le trajet à pied, comme feu Thalès, Platon et Pythagore.

Dans ce dernier cas, on partait le matin, à l'aube, et on marchait tout le jour dans la lande inculte et déserte. Parfois, cependant, tous les quatre kilomètres, derrière une bicoque de misérable aspect, un petit groupe de bûcherons taillant les sapins, ou de résiniers parcourant les semis, animait le paysage qui bientôt reprenait son aspect de morne tristesse. Mais Audenge était loin encore, et, le soir, il fallait s'arrêter à la Croix-d'Hinx, dans la seule auberge ouverte alors et y passer la nuit. A deux kilomètres au delà de la Croix-d'Hinx, perdue dans la lande, une seule maison lézardée, branlante, mais hospitalière aux voyageurs fatigués de leur course dans la lande : c'était la « Maison de la Grêle », bien connue dans le pays. Et au delà encore, immédiatement après, un grand bois sous lequel, disaient les peureux, il ne faisait pas bon s'aventurer seul, au crépuscule. Puis, plus rien sur la route jusqu'à Audenge, rien que la lande uniformément grise et désolée.

***

Quinze ou vingt années plus tard, on parlait déjà des saisons aux bains de mer, et depuis la convention du 27 septembre 1852, la Compagnie de chemin de fer qui desservait par Pessac les localités situées entre Bordeaux et La Teste, organisait chaque dimanche des trains de plaisir et transportait un nombre très respectable de voyageurs touristes. La gare de cette Compagnie (la gare Ségur) s'élevait rue de Pessac, à l'endroit qu'occupe, en face de la rue François-de-Sourdis, la caserne Boudet. L'entrée de la gare était ménagée dans la rotonde où a été construite la salle du conseil de guerre, et les bureaux se trouvaient un peu plus loin.

Donc, le dimanche, les chasseurs en quête de la pièce à tirer, gibier d'eau et lièvres, lapins, sangliers et chevreuils, et les Bordelais qui commençaient à comprendre qu'ils avaient à proximité de la ville des ressources hygiéniques et des combinaisons climatériques excellentes, prenaient le train, qui allait bien lentement, je vous assure, et partaient pour La Teste. La ville, bâtie sur l'emplacement de la vieille cité gauloise que les envahissements de l'Océan ont fait disparaître, était loin d'avoir l'importance qu'elle possède aujourd'hui. Mais elle était cependant plus peuplée qu'au XVe siècle, époque où, les chroniques nous l'apprennent, La Teste comptait pour les hoirs et les questaux du captal « quarante houstaus que bons que maubats ».

La Compagnie du chemin de fer prenait — moins généreuse

que la Compagnie du Midi qui ne réclame que trente sous, et pour aller à Arcachon encore! — près de trois francs par place de Bordeaux à La Teste, et les voyageurs ne manquaient pas. La belle saison revenue, chacun voulait prendre un vrai bain — et non plus dans une de ces étroites baignoires mises à la mode par Vilette, qui, le premier, en 1819, fit porter les bains à domicile — mais bien à l'aise, en liberté, en plein air, sous le soleil aux chaudes caresses, parmi les varechs et les algues grasses.

On arrivait à La Teste et on déjeunait rapidement. Puis les plus intrépides — ceux qui aimaient les plages arides, désertes, ceux que les longues trottes n'effrayaient pas — prenaient leurs jambes à leur cou et leur courage à deux mains, et s'en allaient, poussant le long de la route nationale qui borde le bassin, jusqu'à Arcachon — qui n'existait pas, ou si peu...

Tout le long du chemin se dressaient de-ci de-là des cabanes de pêcheurs, avec les filets qui séchaient au soleil, et les barques prêtes à prendre la mer. On regardait les pêcheurs lavant leurs leyrots (filets courants), leurs jagudes (filets dormant paresseusement); les loups, pour le mule, si difficiles à poser et à lever; les sennes, les aumayades et les interminables palets ou courtines, maniés par des dizaines d'hommes robustes et forts.

On s'arrêtait un instant dans la petite chapelle qui se trouvait alors à l'extrémité de la future ville, au bas des dunes : une grande pièce carrée avec, au fond, un autel en bois à appliques de cuivre, surmonté de la noire statue de la Vierge miraculeuse, aux pieds de laquelle de rares chandelles achevaient de mourir. Tout autour, des béquilles, des bérets, des tableaux, de petits navires, des *ex-voto* de toutes les formes et de toutes les origines. C'était l'église paroissiale.

Au retour, on faisait une visite à l'hôtel Legallais, le premier restaurant ouvert à Arcachon, et on se faisait servir une soupe aux poissons, particulièrement des *rousseaux* exquis, arrosée d'un clairet naturel, qui mettait l'alerte chanson aux lèvres pour tout le reste du jour.

Arcachon, cependant, allait être lancé comme station. A la fin de l'année 1857, la gare — une gare bien primitive et bien modeste — était ouverte aux voyageurs. Pas de luxe encore, pas d'affaires, pas d'animation, sauf le dimanche. Ce jour-là, par exemple, affluaient avec les trains de plaisir des troupes de chanteurs ambulants, d'hercules, de bohémiens, de nomades, qui ne perdaient pas leur journée et réalisaient à la quête des recettes qui les étonnaient grandement.

Déjà Émile Pereire, le fondateur véritable d'Arcachon, avait choisi l'emplacement où il comptait faire édifier sa villa, tout au haut de la cité nouvelle. Le regretté M. Deganne, à l'intelligente initiative de qui les Arcachonnais doivent aussi leur prospérité, allait donner son temps et son argent à la ville naissante. La population le secondait, construisant des chalets, créant la ville d'hiver. Des commerçants de Bordeaux, jusque-là en très petit nombre, s'y transportaient en été, de même que les industriels « font » encore de nos jours Nice l'hiver et Vichy l'été. Les grands hôtels, les restaurants, le Casino, le buffet chinois, aujourd'hui démoli, allaient être inaugurés. Arcachon mondain était officiellement reconnu, consacré par l'Empire, comme Biarritz et comme plus tard Royan. Et on sait depuis quelle brillante, bruyante et incessante vogue a été la sienne. La si jolie cité, la si avenante station est aujourd'hui visitée et constamment habitée par les plus riches familles du monde entier. Toutes les célébrités du haut commerce, des arts, des lettres, des sciences, de l'industrie, de la politique la connaissent, l'aiment, ne l'oublient jamais — et s'efforcent, ce qui vaut mieux, de la revoir le plus souvent possible. C'est l'amie fidèle et sûre vers laquelle toujours on revient.

**

Royan, la terre qu'aimaient le doux poète Ausone et le gai seigneur de Brantôme, s'est surtout développé et a pris de l'importance depuis 1832. Un charmant poète, Victor Billaud, qui vient de publier sur Royan un volume fort intéressant, me donne sur sa ville des détails qui sont pour corroborer les renseignements que j'ai pu moi-même recueillir. Sous Louis XIII, Royan couvrait l'espace compris entre la rue Foncillon, le square et la place du Port, ni plus ni moins. Puis, la ville prenant de l'extension, on construisit pour abriter le port, une jetée de 110 mètres, terminée par Napoléon en 1810. Les navires de petit jaugeage pouvaient y trouver accès, mais le commerce, les affaires n'y prenaient pas une grande extension. En 1830, Royan comptait à peine 7,000 âmes, et il y avait loin de cette petite ville à l'élégante station qui aujourd'hui se déroule autour de la Grande-Conche, du port, de Foncillon et de Pontaillac, en un merveilleux panorama.

Avec ses forêts de pins et de chênes verdoyants, ses sites pittoresques, ses paysages aux riantes tonalités sous la clarté estivale, Royan devait attirer et retenir les touristes et les baigneurs. C'est ce que comprirent les municipalités qui se succédèrent à la tête de la ville, et l'ingénieur Louis Botton qui construisit le vieux Casino. Sous l'impulsion de cet homme de talent, a dit Eugène Pelletan, une métamorphose s'accomplit en moins de dix ans — et cela fit la fortune de la jolie ville. Les baigneurs, les excursionnistes, peu nombreux d'abord, étaient en 1874 de 16,000, et l'an dernier de 130,000.

Mais Royan est loin de Bordeaux. Je viens de dire tout à l'heure qu'une Compagnie de bateaux — en plus de la batellerie particulière — le desservait, le reliait à Bordeaux par des départs quotidiens. C'était une Société composée de membres du haut commerce de notre ville, parmi lesquels figuraient, il y a trente-cinq ans, MM. Johnston, Guestier et Fourcade. A ce moment-là, un homme bien connu à Bordeaux, un hardi, un réformateur, M. Dumeau [1], le futur directeur de la Compagnie Gironde-et-Garonne, établit une concurrence qui devait amener la chute de la Compagnie existante. M. Dumeau avait loué, pour y effectuer un départ chaque jour, le ponton des Quinconces, appartenant à la Compagnie qu'il voulait concurrencer, qu'il jurait — en vrai marin — de « couler », et cette dernière s'était livrée de fort bonne grâce à la combinaison, ne se doutant pas que ce petit homme, qui n'avait l'air de rien, mais qui avait pour lui la suite dans

---

[1]. M. Dumeau — le père Cadiche — est décédé il y a quelques années à peine.

l'idée et la ténacité dans la volonté et la conviction, pût lui porter un coup fatal.

Il arriva cependant ceci : c'est que M. Dumeau, avec une flottille de bateaux qui était peut-être inférieure en nombre à celle de la Compagnie, organisa le dimanche des « trains de plaisir » pour Royan, qui tous les jours prenait une plus grande importance. M. Dumeau faisait payer cinq francs et trois francs pour le voyage aller et retour. L'affluence des baigneurs était très grande sur ses bateaux, si grande que la Compagnie, qui jusque-là avait manifesté à l'égard du nouveau venu la plus sereine indifférence, fut piquée au jeu et résolut de le tuer — commercialement — d'un coup. Elle organisa à son tour des services de plaisir et mit les places à dix sous. Eh bien! le croirait-on? Personne n'en voulut, et on continua de prendre les bateaux de M. Dumeau, qui bientôt asseyait sa gloire naissante et désormais inattaquable sur les débris de la Compagnie disparue!

Cependant, la foule joyeuse s'abattait tous les ans sur la plage charentaise. Quand l'été semblait avoir devancé le calendrier, on avait préparé des robes charmantes en mousseline, en batiste, en crêpon, en foulards de teintes claires. On ne portait pas encore les grands chapeaux de paille, les ombrelles transparentes faites d'un nuage de mousseline, de soie, de tulle point d'esprit tuyauté ou gaufré, ou de crêpe lisse. Mais on arborait de charmantes petites toilettes de plage ou de casino, coquettes dans la simplicité des combinaisons dues au goût de la confectionneuse, des costumes marins en toile ou en flanelle, et des ombrelles en surah glacé, des en-cas en satinette, des parasols en taffetas. O Mimi! ô Musette!... Combien vous les avez changées, comtesse, et à leur désavantage!

Et ce que l'on était heureux d'aller passer quinze jours à Royan, de danser le soir, après le bain, dans les sauteries intimes, sous les marquises et les vérandas pleines du parfum des vagues et des pins que la brise agitait; de courir par les avenues toutes droites dans leurs bordures de peupliers, par les bois, les ravins, les vallées, les salines et les claires. On visitait tous les environs pendant qu'on y était. On partait pour deux, trois jours en excursion sur l'une ou l'autre rive : Vallières, Petite-Grange, Belmont, Maison-Fort, la Potence, Chaban, Châtelard, Suzac, Saint-Georges, Talmont, Meschers, Médic, Rigaudières, Sablonceaux, la tour de Cordouan, trois fois centenaire, avec ses cent vingt-six marches, dont le phare domine l'étendue, semblable au gardien vigilant, que rien ne lasse, que le sommeil ne surprend pas; La Coubre, Verdon et Soulac, avec la vieille abbaye de Sainte-Véronique et de Saint-Martial, l'apôtre de l'Aquitaine — Soulac qui n'était pas encore la belle et sauvage station que nous connaissons, baignée par l'Océan, dont la fureur ne connaît pas de digue.

XVI

C'est encore un coin du Bordeaux pittoresque, du Bordeaux étrange et curieux de jadis, qui s'en est allé « où va toute chose », comme dit le poète, qui a disparu sans retour, avec ses usages, ses mœurs, ses coutumes, son langage et ses types, si originaux, si disparates.

Les « hôtels des mirables » du temps de nos grands-pères, ces réunions de loqueteux, de va-nu-pieds, de tristes hères faméliques, de meurt-de-faim, n'étaient qu'une reproduction minuscule de cette épouvantable et tumultueuse Cour des Miracles dont nous avons tous parcouru les dédales avec l'historien de Notre-Dame de Paris.

Ici, ce n'était pas la cour du roi électif de Thune portant haut sa bannière et ses armes parlantes : un chien mort perché au bout d'un bâton ; ce repaire enfumé des truands joyeux drilles au pourpoint en loques, la terreur des soldats du guet ; cet antre mystérieux, insondable ; ce fouillis inexprimable de toutes les hontes, de tous les vices, de toutes les promiscuités malsaines et louches, où, après les pantagruéliques ripailles et les lourdes beuveries qui noient la raison, les capons, francs-mitous ou rifodés, que nous appelons, nous, dans notre langue si peu expressive, si vulgaire : voleurs, mendiants et vagabonds, roulaient par terre, pêle-mêle, dans l'abêtissement de l'ivresse, avec les filles de joie, les truandes, les impudiques haulmières dont « la ceinture était détachée à tout venant », qui, les narines dilatées, les tempes chaudes de fièvre, lorgnaient d'un œil terne les gobelets d'étain où venaient se refléter et mourir les lueurs vacillantes des chandelles fumeuses.

Ici, non plus, oncques on ne vit les maigres figures des Villon et des Pierre Gringoire, ces rimeurs sans souci et sans dignité, qui payaient d'un rondel le repas du soir ; oncques on n'entendit les accents plaintifs de la muse éplorée de la misère et du besoin, les doigts bleuis par l'onglée, la voix tremblante sous la froidure des nuits noires, chantant au coin d'une borne déserte la ballade des désespérés :

Mais où sont les neiges d'antan ?

Ici, enfin, pas de lois spéciales, pas de privilèges semblables à ceux accordés à la corporation de l'Argot : le droit commun tout au plus. Et il semble que tout Bordeaux, au contraire, avait voulu se séparer de Paris dans la création de ces hospices menteurs des débauchés, des déclassés, des vagabonds vivant avec ostentation en marge de la société, qui les redoutait, il faut le dire, et les repoussait impitoyablement.

A Paris, bien que, d'après l'historien Dulaure, un certain nombre de ces étranges asiles aient été créés aux siècles passés, un seul a survécu pour nous, un seul a une histoire — faite de légendes, mais qu'importe ? — un seul nous a laissé le souvenir, immortalisé aujourd'hui, de ses familiers, de ses habitués hâves, sales, déguenillés : c'est la cour des Miracles de Thune, d'Argot et de Galilée.

Bordeaux ne voulut même pas donner ce nom de cour à ses établissements « philanthropiques », et il les appela les « hôtels des Miracles ». Vous voyez d'ici la nuance. Au début, les hôtels des miracles servirent d'asile, de refuge à de braves gens que le dénûment obligeait à tendre la main et qui vivaient de la charité des passants. Puis vinrent les paresseux qui trouvaient la profession de mendiant fort lucrative, et qui, pour l'embrasser, furent tour à tour borgnes, aveugles, boiteux, perclus, paralytiques, sourds-muets, que sais-je? quelquefois tout cela à la fois.

Ils gâtèrent le métier et nuirent à leurs devanciers, qui durent céder le pas en présence de l'envahissement incessant des rôdeurs, fainéants sans feu ni lieu, qui les absorbèrent. Dès lors, les hôtels des miracles avaient vécu. Ils disparurent un à un et firent place, dans certains quartiers de notre ville — à Saint-Michel; à Saint-Ferdinand, rue Maleret ; à Saint-Seurin, rues Paulin et Mondenard, par exemple — à de petites et vaillantes cités ouvrières, très calmes, très tranquilles, et dont je n'ai pas l'intention de parler ici.

La suppression des hôtels des miracles ne fit pas grand bruit à Bordeaux. Je suis le premier qui la raconte. Plus heureuse, la cour des Miracles vit sa disparition marquée par une manifestation artistique. En effet, le poète Benserade fit danser devant Louis XIV un ballet de sa composition, intitulé *La Nuit*, où il essaya de mettre en scène les mœurs et les bizarreries de la cour des Truands.

*_**

Le conteur Sauval, parlant quelque part de la cour des Miracles, dit que de son temps elle consistait en une place d'une grandeur considérable et un très grand cul-de-sac — ce mot qui sonnait si mal aux oreilles de Voltaire — puant, boueux, irrégulier, qui n'était point pavé. Pour y venir, « il se fallait souvent égarer dans des petites rues vilaines, détournées. Pour y entrer, il fallait descendre une assez longue pente tortueuse, raboteuse, inégale. »

Cette esquisse est assez ressemblante. Dans les grandes lignes, et toutes proportions gardées, la cour des Miracles était disposée de la même façon que les « hôtels » bordelais.

Il y avait, dans le premier quart du siècle, un hôtel des miracles rue du Manège; un autre, rue Saint-Martin, qui avait été la rue Générale et qui est devenue la rue Saint-Sernin; un autre, rue Saint-Jean (Duranteau). La cour de Renard, la plus importante de toutes peut-être, était située rue Tronqueyre (Rodrigues-Pereire), et allait presque jusqu'aux maisons de la grande rue du Palais-Gallien; la cour d'Archer était rue de Lerme; la cour de Mme Brodes, rue Paulin; la cour de Mauriac, rue Lacroix; la cour de Mayan-Bourdache, rue Paulin, près la rue Belair (Naujac). Un autre de ces « hôtels » si fréquentés avait été ouvert rue Saint-Fort; un autre enfin, celui de Thévenet, rue Fondaudège, à côté de la rue Maleret.

Un pré, très vaste, qui entourait ce dernier, servit souvent de lieu de rendez-vous aux jeunes Chartronnais et aux Saint-Seurinais, qui se jalousaient affreusement — on n'a jamais su pourquoi — et qui, armés de sabres de bois et de frondes, venaient vider là leurs différends.

Très curieux aussi le refuge pour les guenillons, qui s'élevait sur l'emplacement qu'occupent les maisons portant actuellement les numéros 14 et 16 de la rue Voltaire, où a été édifié, à la fin du second Empire, le café-concert du Delta, dirigé par M. Paneau, puis par M. Ed. Dédé, le noir chef d'orchestre si connu à Bordeaux.

**

La clientèle des hôtels des miracles, ces établissements de première nécessité, se recrutait alors beaucoup parmi les chevaliers de la hotte et du crochet; parmi aussi les gentilshommes de la besace, mendiants, vieillards et infirmes, qui y avaient le gîte moyennant une faible rétribution de quatre sous par nuit, tout compris — moins le lavabo probablement!

Dans chacune des petites échoppes à demi enfouies dans la boue, chancelantes d'âge et de malpropreté, on avait installé un ou plusieurs lits : c'étaient tantôt des bergères, sorte de canapés primitifs; tantôt des lits à « quatre quenouilles » ou « à l'ange », qui, garnis de paille, faisaient les délices des locataires toujours nouveaux — toujours les mêmes — de ces logis enfoncés, sordides et obscurs. Le lit! c'était là tout le mobilier, tout l'ameublement, et encore étaient-ils quelquefois trois ou quatre gueux à l'occuper!

Aussi, on se couchait le plus tard possible dans ces bouges empestés. Le vin n'était pas cher, et dam! on en profitait; on noçait, on *lichait*, on *pintochait*, on festoyait à tire-larigo, c'était un charme! La police, alors, savait de quel côté se diriger pour opérer!

Le soir, à la tombée du jour, des hommes, une bouteille de vin dans une main et un verre dans l'autre, passaient dans les rues, criant à tue-tête dans les carrefours et offrant leur marchandise que les clients pouvaient goûter. Rien de curieux comme cette coutume, oubliée aujourd'hui. J'ai trouvé une vieille gravure du temps représentant un de ces primitifs courtiers en liquides. Au bas du dessin est la reproduction exacte du cri du bonhomme. Je cite ce cri — c'est une façon de parler — textuellement :

« Voici la véritable trompette des ivrognes. Je suis généreux
» parce qu'il ne me coûte rien. Écoutez bien, ceux qui peuvent :
» Excellent bon vin de propriétaire à trois sous le demi-litre,
» autrement dit douze sous le pot. C'est chez Mme Bourdeleau (rue
» Paulin); allez-y vitement, on vous y attend, portez-y votre
» argent : pas d'argent, pas de Suisse! »

Et c'était du vin naturel! Je vous laisse à penser ce qu'on en dégustait!

Ils étaient nombreux les types des hôtels des miracles les plus connus de Bordeaux : Miquéou (le bêta), qui gagna à son métier d'idiot une assez jolie aisance; Rosette et M{}^{lle} Clauzure, deux déclassées sans domicile fixe; Gineste Maouligade (balai mal attaché), un commerçant ambulant; Malborough, un marchand de chiens, qui portait ses animaux sous ses bras, sur sa tête, jusque dans les poches de son vaste mathusalem, profond comme un abîme insondable — et dix autres encore.

Mais le cadre de ce livre ne me permet pas de vous les présenter individuellement. Il y en a qui sont gais, d'autres tristes, d'autres enfin — et c'est le plus grand nombre — résignés : une philosophie douce qui ramène sagement les faits à leur vraie cause initiale, qui ne discute pas, qui accepte, se soumet à la fatalité et prépare le cœur à l'oubli des heures tourmentées.

XVII

Un petit article, un méchant fait-divers perdu à la quatrième page d'un journal d'Auvergne, je crois, et lu il y a huit jours, quinze jours peut-être, a suffi pour me remettre en mémoire tout un monde de chers souvenirs; et grâce à ce chiffon de papier froissé, souillé par la poussière du chemin, j'ai revécu, dans un instant de trouble indéfinissable, les meilleures années de mon enfance.

Alors — il y a vingt-sept ans de cela — les soirs, à la veillée, j'écoutais bouche bée les récits des bonnes vieilles gens qui venaient s'asseoir au foyer maternel. J'avais hâte de savoir, d'apprendre. Je questionnais, cherchant le pourquoi des choses et des faits. Et c'étaient des demandes sans rime ni raison ; et c'était un babillage, un bavardage sans fin d'enfant qui devine plus qu'il ne comprend et dont le petit esprit cherche déjà à connaître la vie.

* * *

Donc, à cette époque charmante — si mes souvenirs me servent bien, en mars ou avril 1872 — on parlait de nouveau et plus que jamais du fameux « trésor de Saint-Bruno ». Cette question passionnait. C'était à qui donnerait les nouvelles les plus fraîches. Les fins limiers de la chronique des quartiers populaires s'étaient mis en route : ils battaient la ville à tous les vents, fouillant, questionnant, ouvrant enquête sur enquête, et rentraient, le soir, harassés, mais fiers d'avoir un détail nouveau à ajouter à leur narration ultra-fantaisiste, mais toujours intéressante. Les reporters — le mot n'était pas encore inventé, mais la profession était bien connue déjà — étaient sur les dents : la copie manquait !

Et j'ai songé à cette époque, l'autre jour, en lisant ce fait-divers, où il est raconté que des gens dont le nom m'échappe, une famille de paysans de la Limagne, se sont imaginé, en se réveillant un beau matin, qu'un trésor était enfoui dans leur champ. Une vieille pièce de monnaie d'or trouvée en défrichant un coin de terre, et c'est tout. Une fortune dort chez eux, ils en sont persuadés, enterrée, improductive, depuis des siècles : le cas n'est pas niable. Ils vont être riches, et les voilà piochant, sondant, remuant dans tous les sens, grelottant sous la bise, ruisselant de sueur sous le soleil, car cela dure depuis bien des mois.... et toujours inutilement, en pure perte, ces bonnes gens,

> Bouleversant leur champ, ne laissant nulle place
> Où la main ne passe et ne repasse !

Il y a une légende chez eux, comme il y en avait une chez nous, ancrée au cœur du peuple. A l'époque dont je parle, les journaux, ces miroirs de l'opinion publique, racontaient, à propos du « trésor de Saint-Bruno », que, à en croire cette légende indestructible, l'argent et les objets précieux ayant appartenu aux Chartreux gisaient depuis cent ans environ ; qu'ils avaient été enterrés là un jour de péril, sous la Terreur, dans un caveau souterrain, à côté d'un autre caveau où les religieux, obligés de se cacher, étaient morts de faim. L'entrée ou pour mieux dire la sortie de ce souterrain avait été découverte, disait-on, près de l'église Saint-Dominique (Notre-Dame) lors des travaux effectués pour la construction du marché des Grands-Hommes. Mais les autorités n'en avaient rien dit pour ne pas effrayer la population. Voilà qui est commode.

Pour réaliser plus sûrement leur projet, les enfouisseurs avaient détourné le cours de la Devèze ; une excavation avait été pratiquée dans le lit du ruisseau, le trou maçonné et le ruisseau ramené dans son lit. Il y avait, disait-on, affirmait-on même sans rire, environ vingt-huit millions de valeurs, un chiffre respectable, comme on voit, et tentant au possible !

Une fois excitée, la crédulité populaire n'a plus de bornes. L'histoire du trésor fit tant et si bien son chemin qu'un Parisien, M. Souberville, vint offrir à la municipalité bordelaise de faire les fouilles à ses risques et périls. Il était armé de plans, de notes indicatives, de manuscrits tombant de vétusté, et paraissait tellement sûr du succès de son entreprise qu'il s'engagea à partager avec la Ville, qui l'autorisa obligeamment.

A grand renfort de manœuvres et de terrassiers, on commença les travaux, on attaqua bien des points, particulièrement la place du Cimetière, aujourd'hui place du Repos, et... vous devinez le reste : on ne trouva rien.

Qu'y avait-il donc de vrai dans cette légende ?

**

Les Chartreux de Vauclaire, en Périgord, forcés, vers la fin du xive siècle, de quitter leur couvent par suite des troubles qui désolaient la Guyenne et plus spécialement leur contrée, se réfugièrent à Bordeaux, où les accueillit la générosité du notaire-tabellion Pierre de Madéran.

Ils fondèrent bientôt un hospice qui, plus tard, donna son nom, par corruption, au faubourg des « Chartrons ». Lorsque les religieux, une fois le calme rétabli, rentrèrent à Vauclaire, en 1451, ils laissèrent quelques Frères dans la maison qui leur avait servi d'asile. Ces Frères n'étaient pas précisément dans la misère.

Par un acte du 5 septembre 1413, leur bienfaiteur de Madéran avait donné à la communauté deux maisons et leurs jardins situés dans un endroit appelé *Andeyola*. Cette donation avait été acceptée au nom des Chartreux par dom Pierre de Fougeras, prieur, et dom Pierre de Bosco, procureur. A ces libéralités étaient venues s'en joindre d'autres. Le 25 août 1425, Pierre Audra, chanoine de Saint-Seurin, fit un legs dans la forme suivante en faveur des Chartreux :

« *Et plus a dat et leyssat lodit testayre a la capera de Nostra-Dona deus Chartroux vingt souds una vetz pagaduyra, per tant que los prior et frayres de la deyta capera sian tengutz de preguar Diü per l'arma deüdit testayre.* »

Mais les bons Chartreux, dont la maison prenait chaque année une plus grande importance et qui se trouvaient à l'étroit dans le faubourg, firent, des années après, une demande pour aller s'établir « au delà des murs qui clôturaient au sud-ouest la cathédrale Saint-André ». Ils obtinrent gain de cause, et le cardinal François d'Escoubleau de Sourdis, qui les tenait en haute estime, favorisa dans une large mesure leur nouvel établissement.

Cependant, il convient de remarquer, en passant, que c'est seulement à la fin du xviie siècle que le faubourg des Chartrons a commencé de prendre sa grande extension. La Chronique de nos pères dit à ce sujet : « Le 14 décembre 1694, le fauxbourg des Chartrons estant d'une longue étendue, il fut trouvé à propos par MM. les jurats d'establir un boulanger audit lieu, et en conséquence est permis au nommé Pichon de tenir boutique et ouvroir public dans lesdits Chartrons, pour y vendre et débiter du pain. »

Déjà, le 3 novembre 1685, il avait été fait, par la jurade, « un établissement de six chirurgiens pour exercer l'art de la chirurgie et barberie aux Chartrons, tout ainsi que les maîtres chirurgiens jurez de la ville ont accoustumé, à la charge de n'entreprendre rien sur les statuts desdits maîtres, et d'appeler, dans les maladies aiguës et dangereuses, les médecins et chirurgiens de ladite ville. »

Le nommé Pichon, dont je viens de citer le nom, établit sa boulangerie près de la rue de la Prairie, qui existait depuis 1411, dans le voisinage aussi de la rue *Cante-Rana* (Chante-Grenouille), ainsi appelée à cause des grenouilles qu'on entendait là coasser. Sur quelques points marécageux de la ville les fossés étaient, il y a peu de temps encore, remplis de ces animaux, tout particulièrement dans une autre rue Cante-Rane, à Sainte-Eulalie, et dans la rue Nauville, à l'angle de la rue Durand (de La Chassaigne), où se trouvait une maison appelée le « Concert des Grenouilles ».

* *

A propos du déplacement des Chartreux, on a cru longtemps que le couvent de la Chartreuse avait été fondé par le prédécesseur du bon cardinal Donnet, et encore Mathieu Tillet a écrit à ce sujet : « En 1605, le 5 décembre, noble Blaise de Gasc, sieur de Saint-Sulpice, fonda la Chartreuse de Bordeaux. »

Ce qui avait fait croire que François de Sourdis était le fondateur du couvent, c'est qu'il avait donné le terrain sur lequel il était établi et qui dépendait de l'archevêché de la ville, dont il était pourvu, comme on sait, et que, pour son entretien, le cardinal avait uni à la Chartreuse le prieuré de Cayac (à Gradignan), où se trouvait un hospice fondé par les pèlerins au XIIIe siècle.

Plus tard, François de Sourdis, qui avait pris les religieux en affection toute particulière, fit créer par eux un hospice pour treize vieillards pauvres, et ceci à l'aide de ses libéralités, auxquelles furent jointes bientôt, en 1628, celles de Jean Brun, avocat au Parlement de Bordeaux.

Le 8 juillet 1611, Henri II, prince de Condé, gouverneur de la province, posa la première pierre du couvent des « Chartreux-en-Graves ». L'église, placée sous le vocable de saint Bruno, fut consacrée le 29 mars 1620. L'enclos de la Chartreuse était très vaste. Le vignoble, situé à l'ouest de la communauté, entre le ruisseau de la Devèze, la route de Mérignac et la rue Coupe-Gorge, donnait d'excellentes récoltes. Plus de vingt hectares de marais avaient été desséchés, depuis le Peugue jusqu'à la Devèze, et c'est sur une partie de cet emplacement si étendu que fut établi d'abord, en 1791, le cimetière général; puis, en 1802, sur une autre partie, le Jardin des Plantes, devenu la Pépinière départementale.

**

La Révolution éclata. Une mesure générale chassa du monastère ses solitaires habitants. Les cloîtres, si fortement empreints du style de la Renaissance, disparurent sous le flot grondant du peuple longtemps opprimé. Ces cloîtres étaient immenses, avec cellules au pourtour, logement distinct et jardin pour chaque religieux. Sur l'emplacement du magnifique réfectoire avait été construite l'ancienne école communale aujourd'hui démolie.

Le peuple, déchaîné, ne respecta rien. Déjà, on parlait vaguement, mais ouvertement, de trésor enfoui. Il fallait le trouver et se le partager. Des vandales brisèrent sur les murs, parmi les sculptures, les blasons, les initiales, les chiffres, les emblèmes, les armoiries. Le buste du cardinal de Sourdis fut jeté dans un puits. Mais les démolisseurs s'arrêtèrent, on ne sait pourquoi, devant le tombeau de Marie-Charlotte Béziade d'Avaray, épouse de Charles d'Escoubleau, marquis de Sourdis, parent du cardinal et lieutenant général en la province de Guyenne.

Il est de fait que cette croyance à l'existence de richesses ensevelies par les Chartreux en fuite n'avait rien que de très admissible. Les religieux possédaient beaucoup, les documents de nos archives municipales en font foi. La Chartreuse s'était enrichie de deux terres titrées avec redevances seigneuriales, de legs en espèces, de sept grands domaines ruraux, de deux pièces de terrain, de deux moulins, soit dans le diocèse de Bordeaux, soit à Bazas. Elle possédait en outre, c'était un fait certain, et en quantité considérable, des statues, des tableaux, de riches meubles, des objets d'art merveilleusement travaillés, des vases, des aiguières, des tentures rehaussées de pierreries : tout cela avait disparu en un jour!

* * *

Au commencement de la Terreur, les moines durent quitter le pays. Pour détourner les soupçons et s'assurer une fuite rapide, ils prirent des déguisements divers. Mais avant de partir — pour toujours, peut-être — quelques-uns d'entre eux se rendirent chez un habitant du quartier, M. V..., dont la famille est très connue à Bordeaux, et le prièrent de garder chez lui deux grands coffres très lourds et renfermant, m'a-t-on assuré, des vases, des statues, des valeurs, toute une fortune.

Quelques mois plus tard, un soir d'hiver, vers dix heures, le dépositaire de ces objets entendit frapper à sa porte. Il faisait un temps horrible. La pluie, poussée par le vent du nord, tombait abondante, glacée.

L'honorable M. V... se présenta à la porte. Il se trouva en présence de cinq ou six forts gaillards qu'il reconnut, après mûr examen, pour des Chartreux. Il les fit entrer chez lui, et, une demi-heure plus tard, les religieux enlevaient les deux coffres et les transportaient, avec mille précautions, en lieu sûr.

Trois jours ne s'étaient pas écoulés qu'ils partaient tous pour l'Espagne.

Ce qui précède est absolument authentique; et, aussi peu naïvement crédule soit-on, il est permis de se demander ce qu'est devenue cette partie des richesses monacales, quel a été son emploi. Il est incontestable que, dans le temps troublé qu'ils traversaient, traqués, chassés de toutes parts, les Chartreux étaient trop avisés pour embarrasser ainsi leur fuite et enlever, en emportant à l'étranger ces coffres bondés d'or, à leur tentative toute chance de réussite : c'est inadmissible. Aussi, n'en déplaise aux railleurs et aux sceptiques, je me demande un peu si, tout enfant, alors qu'on parlait devant moi du trésor de la Chartreuse, je n'avais pas raison de croire à sa découverte prochaine, dans le miroitement des fines pierreries, dans un éblouissement de rayons d'or!...

**

Un caveau construit sous la grande nef de l'église était réservé aux Chartreux. Il ne fut pas profané pendant la Révolution. On le visita en 1850. Les Chartreux, m'apprend mon très regretté maître Charles Marionneau, furent trouvés rangés en chœur, dans l'attitude du recueillement. « Au contact de l'air, ces blancs fantômes semblèrent s'affaisser, et de cette vision il ne resta plus qu'une fine poussière blanche que le vent emporta, » suivant la version de M. l'abbé Hosteing.

A cette époque, grand émoi. Le hasard fit découvrir dans le mur du cimetière, vis-à-vis de l'église, un magnifique calice et plusieurs pièces d'or. Une Société — la première — fut autorisée à faire des fouilles. Les caveaux furent ouverts, les murs percés, les voûtes visitées. Guidés par les indications des somnambules, les explorateurs déterrèrent d'anciennes murailles de clôture, découvrirent des ruines, mirent même au jour un curieux lavoir séculaire, mais pas autre chose. Et, en fait de trésor, je n'ai vu au Musée de la ville qu'un ostensoir italien monté en or émaillé et qui fut, paraît-il, offert à ces bons Chartreux par la reine-mère Catherine de Médicis.

Quoi qu'il en soit, ces richesses, obstinément cachées, ont fait perdre la tête à bien des gens, depuis le dernier des roturiers jusqu'au comte de Bouville, préfet de la Gironde, fonctionnaire bon enfant, gai vivant, viveur endurci, un tantinet bohême, qui « croyait sincèrement au magot ». Elles ont occasionné bien des mésaventures fâcheuses, sans compter celle survenue à cet abbé, vicaire à Saint-Bruno, qui, en compagnie du sacristain de la paroisse, fouillait, la nuit, en tous sens, les sous-sols depuis de longs mois, et qui, une belle nuit, fit sauter d'un coup fébrile de pioche une large dalle... et se retrouva au presbytère, dans la chambre d'un autre vicaire — qui faillit mourir de frayeur.

* * *

J'en passe — et vous m'en saurez gré. Mais je ne puis terminer ce chapitre sans vous faire part de la découverte que je viens de faire. Il s'agit d'une poésie adressée par un écrivain bordelais du nom de L.-D. Massip, demeurant à Saint-Michel, au cardinal de Sourdis, en 1625. L'auteur, le poète, y chante, « soubs le nom de l'*Ausonie* », la Chartreuse de Bordeaux. Oyez plutôt, c'est le couvent qui parle :

> Mon sein distille telles eaux
> Qu'à la quantité des ruysseaux
> Qui se font de leur abondance,
> Celuy qui croira voir le mieux,
> Y noyera plus tost ses yeux
> Qu'en trouver le compte qu'il pense.
>
> Mon parterre a tant de destours
> Qu'à la saison des plus longs jours,
> Il y a du péril extrême
> D'y perdre sa peine et ses pas,
> Et peut-estre ne sçay-je pas
> De s'y perdre encore soy-mesme.
>
> Mon temple est si religieux
> Que ceux qui ietteront les yeux
> Dessus les immortelles flames
> Qu'on y voit par tout voleter,
> Pourront à peine s'exempter
> D'y brusler leurs cœurs et leurs ames.

Pauvre poète! tendre rêveur! c'est moi qui veux recueillir tes charmants vers et donner à ton gracieux souvenir une pensée bien émue, mon vieux brasseur de rimes. Va! tu as bien fait de partir avant de nous connaître, gardant précieusement toute ta sensibilité de cœur, toute ta délicatesse : décadents et sceptiques, nous serions capables, vois-tu, de nous moquer de tes cheveux blancs!... Tes vers ne sont pas inintelligibles, tes rimes ne sont pas riches!...

Non, nous ne pourrions te comprendre : tu n'es pas de notre *fin de siècle!*

XVIII

Les Grands Hivers.

Hier, en voyant une hirondelle
Qui nous ramenait le printemps,
Je me suis rappelé la belle
Qui m'aima quand elle eut le temps...

Et moi, comme Mürger, le tendre Mürger, je me suis souvenu cette nuit, Madame, en entendant chanter, dans la cheminée où les salamandres menaient leur bal endiablé, l'aigre chanson de la bise, je me suis souvenu des charmantes lectrices de ces courtes notices. Et pendant qu'au dehors la pluie faisait rage, j'ai repris la plume un instant abandonnée, et, devant le grand feu qui pétillait, joyeux et clair, emplissant la chambre de lueurs fauves, j'ai écrit à leur intention.

De quoi leur parlerai-je, sinon de l'hiver, de la saison qui ramène les réunions élégantes, les bals, les réceptions, les concerts qu'elles aiment tant et dont elles sont les reines incontestées? L'hiver est pour beaucoup d'entre elles l'époque bénie trop courte, trop rapidement envolée — et qui laisse loin, bien loin derrière elle, comme une traînée de souvenirs très doux qui calment les angoisses des vieilles années.

C'est donc de l'hiver que je veux les entretenir, ou plutôt des hivers qu'elles n'ont pu connaître — ni moi non plus, d'ailleurs, ce dont je nous félicite sincèrement — et qui par les froids excessifs qui les ont marqués, par leur intensité et leur durée, méritent une mention toute particulière. Nous n'avions sur ces hivers mémorables que des données traditionnelles très confuses, lorsque Bernadau, dans son *Histoire de Bordeaux,* entreprit de les fixer par une notice fort intéressante. J'ai complété ses indications très exactes par mes renseignements particuliers sur ce sujet, en ce moment d'une haute et pressante actualité.

°°*

L'année 1709 fut remarquable dans toute l'Europe par la longueur et l'âpreté du froid qu'on y ressentit. A Bordeaux, on l'appela longtemps, jusqu'en 1829, l'*année du grand hiver.* Le 29 décembre 1708, la rivière commença à charrier d'une façon alarmante, et elle fut prise aux quatre cinquièmes de sa largeur dans la nuit du 5 au 6 janvier suivant. Le thermomètre marquait — 15°, et il se maintint à ce chiffre pendant trois semaines consécutives. Le 9 janvier, il tomba, dit Bernadau, une si grande quantité de neige qu'il en resta plus de deux pieds d'épaisseur sur la terre, ce qui ajouta, on le conçoit, à la rigueur de la saison.

Les voitures, pendant plus d'un mois, roulèrent impunément sur la Garonne, l'Isle et la Dordogne, tout particulièrement devant Cadillac et devant Libourne. Le pain était tellement durci par le froid qu'il fallait le tenir sous le foyer ou le mettre au four pour le couper. Le vin était glacé dans les barriques, qui ne fournissaient chacune qu'un cinquième de liquide, et un commerçant de la rue du Piffre, qui se trouvait à l'extrémité orientale de la rue des Trois-Conils, et qui est devenue la rue Dudon, se pendit, m'a-t-on raconté, de désespoir de voir ses marchandises subir une telle diminution.

La disette des vivres de toute espèce était extrême. Les autorités de la ville, très perplexes, se réunirent pour prendre de rapides déterminations et enrayer les progrès du mal. Le duc de Chevreuse, gouverneur de la province de Guyenne ; le marquis de Noailles, commandant en chef à Bordeaux ; de La Bourdonnaye, intendant de la généralité ; le baron de Landiras, sénéchal de Guyenne ; le marquis L. d'Estrades, maire, et Armand Bazin de Bezons, archevêque de Bordeaux, tinrent plusieurs conseils sur la demande expresse du roi. En fin de compte, l'administration municipale ordonna la confection d'un pain de méteil composé d'abord de froment et de seigle ou d'orge ; puis, comme les grains manquaient, de pois, de fèves et autres farines légumineuses ; on alla même, tant la disette était grande, jusqu'au gland, à l'avoine, à l'asphodèle et à la graine de moutarde. Les boulangers ne pouvant plus travailler en sûreté chez eux et des troubles assez graves ayant éclaté chez Robined, rue Saint-Joseph-Saint-Seurin (Darnal) ; chez Bertrand, rue Cachecoucuts (Sainte-Eugénie), et chez le Suisse Moltzer, chaussée de Tourny, la jurade fit construire des fours à l'usage du public dans un cul-de-sac percé depuis et qui porte aujourd'hui le nom de rue des Fours. Le prix de ce pain fut fixé, par ordonnance spéciale, à deux sous six deniers la livre, tandis qu'auparavant celle du pain bis ne se vendait que onze deniers.

Les ouvriers, manquant de travail, étaient dans la plus affreuse misère ; les chantiers chômaient ; les boutiques de tous les corps d'état étaient fermées. La jurade, pour entretenir des feux sur la place publique, avait fait un appel à la charité publique, et les propriétaires du fief de Puy-Paulin avaient généreusement abandonné aux pauvres le droit de huitain qui était perçu à leur profit sur le gros poisson de mer au grand marché de Bordeaux (place du Vieux-Marché). Les couvents distribuaient journellement des aliments aux indigents, et des pancartes portant l'adresse de ces maisons de secours avaient été placées dans les principaux carrefours. Elles indiquaient :

Le couvent des Augustins, fondé en 1287 dans la rue de ce nom, près du lieu appelé au Mirailh ; les couvents des Bénédictins, des Grands-Carmes et des Petits-Carmes, ces derniers près du Château-Trompette ; le couvent des Chartreux ; celui des Cordeliers, sur la place du même nom ; ceux des Dominicains et des Récollets, sur une partie de l'emplacement desquels a été construit le marché des Grands-Hommes ; les couvents des Feuillants, de la Merci et des Minimes, et les quatre établissements monastiques des Jésuites : le collège de la Madeleine, l'hospice de Saint-Jacques, rue du Mirail, le noviciat de Sainte-Croix, et enfin la Maison-Professe donnant sur les rues de Gourgue et des Ayres, dont le local fut occupé en partie par la Cour royale.

De leur côté, les couvents de femmes recueillaient les enfants, orphelins ou abandonnés. On pouvait relever dans la liste de ces refuges provisoires :

Le couvent de l'Annonciade, établi en 1521 dans la rue Mingin, et qui est devenu la maison de la Miséricorde ; les couvents du Bon-Pasteur, des Carmélites (fossés de l'Intendance) ; de la Madeleine et des Minimettes ; celui des Ursulines, rue Sainte-Eulalie.

Le séminaire des Irlandais, établi rue du Hâ par lettres-patentes du 10 février 1654, et qui avait pour église, sur la place de Saint-André (Pey-Berland), la vieille chapelle de Saint-Eutrope, démolie il y a environ vingt ans, se distingua à cette occasion par ses libéralités.

A côté de l'élément religieux, l'élément profane faisait bonne figure, et je me souviens d'avoir lu, peut-être dans le *Chevalier bordelois*, qu'une Société, dont le siège était rue Sainte-Catherine et qui était composée d'habitants notables de Bordeaux, amis des sciences et des beaux-arts, donna pendant cet hiver mémorable une fête de charité qui eut un plein succès. Laissez-moi vous dire en passant que cette réunion, que les plaisants appelaient l'*Académie de l'aucat rouslit* (oie rôtie), en prétendant qu'elle s'était formée à la suite d'un déjeuner fait à la campagne d'un plat d'oie cuite au four (c'était un mets très recherché dans les pique-nique de nos aïeux), a bien pu donner naissance à l'Académie des sciences, belles-lettres et arts de Bordeaux, fondée en 1713.

Somme toute, les mémoires du temps constatent que, quoique la désolation et la misère fussent extrêmes durant ce rude hiver de 1708-1709, il ne se commit pas de graves désordres dans la ville, et que les habitants montrèrent autant de résignation que leurs magistrats déployèrent de zèle pour en adoucir la rigueur.

**

Les hivers mémorables qui suivirent celui-ci furent bien moins désastreux. Celui de 1766 commença le 3 janvier et il dura jusqu'au 13 février. Le thermomètre descendit jusqu'à douze degrés et demi.

Du 16 au 31 décembre 1788 — un hiver plus dur que le précédent — la rivière resta glacée à la moitié de sa largeur devant Bordeaux. Le peuple se porta dans l'enclos du couvent de la Chartreuse et en dévasta la grande oseraie pour se procurer du bois de chauffage. Le dégel n'eut lieu que le 10 janvier suivant. Un mois plus tard, une messe d'actions de grâces fut célébrée à la Chartreuse, à l'issue de laquelle une procession parcourut les principales rues de notre ville : le chemin de la Croix-Blanche, rue des Lauriers-Saint-Seurin (Mériadeck), rue Paulin, chemin du Médoc, place Dauphine, rue du Grand-Pont-Long (d'Arès). Les membres du corps municipal, qui suivaient cette procession, avaient revêtu le costume traditionnel : les maire, lieutenant de maire, jurats, procureur-syndic, clerc-secrétaire et trésorier de la Ville, portaient une longue robe de damas dont un côté était blanc et l'autre de couleur rouge; les officiers subalternes de police avaient sur leur habit un manteau moitié noir et moitié rouge. Ils étaient précédés du chevaucheur de la Ville, vêtu d'une dalmatique en velours cramoisi, chamarrée d'or, et sur le dos de laquelle étaient brodées les armoiries de Bordeaux. Le chevaucheur avait à ses côtés deux estafiers habillés d'une casaque de livrée galonnée sur toutes les coutures, portant chacun une longue trompette d'argent garnie d'un ample étendard avec ses bandereaux et cravates aux couleurs de la Ville : un joli motif de travestissement pour les prochains bals !

Le 25 décembre 1794, la rivière commença à charrier devant Bordeaux. Le froid augmenta de jour en jour, si bien que, le 18 janvier, la Garonne fut prise par les glaces à la moitié environ de sa largeur, et qu'elle resta dans cet état jusqu'au 25, moment où le dégel commença subitement. Cet hiver fut extrêmement pénible à supporter, parce qu'on manquait de comestibles et de combustible à Bordeaux, et que les paysans ne voulaient pas faire de transports en ville, où on ne les aurait payés qu'en papier-monnaie discrédité. Dans les campagnes, on trouvait toujours un expédient afin de ne pas vendre les denrées — malgré le cours forcé des assignats — pour un papier qui perdait tous les jours de sa valeur.

Au mois de février 1795, un certain Pierre Mauret, dit le Landais, organisa au profit « des victimes de l'hiver » une fête sur l'emplacement occupé par le jeu de *pall mall,* sur le côté nord du Château-Trompette : elle n'eut qu'un succès relatif. Le *mail* que cet endroit renfermait était un jeu d'adresse autrefois très couru à Bordeaux. Il consistait à pousser violemment avec un maillet une boule de buis à travers un lieu planté d'arbres, tout en éloignant celle de son adversaire, et à lui faire enfin traverser un petit arc de fer qu'on appelait la *passe.* Autres temps, autres jeux, ou plutôt autres noms !

* *

Un autre hiver rigoureux qu'on a éprouvé à Bordeaux — celui que se rappellent nos grand'mères, qui le nomment avec effroi « le grand, le grand hiver » — a été précoce, de longue durée et très varié dans ses phases. Dès les premiers jours de décembre 1829, la rivière commença de charrier. Le 23, la police ordonna que les navires qui se trouvaient en rade seraient rangés le long des Queyries, amarrés à terre et fixés sur deux ancres de bord. — Le 10 janvier 1830, un dégel se fit sentir et dura quatre jours; du 10 au 20, le froid reprit avec plus d'intensité; le 26, nouveau dégel, puis reprise nouvelle du froid du 28 janvier au 7 février. La Garonne était glacée aux trois quarts de sa largeur, et les voitures pouvaient rouler sur la rivière depuis Cadillac. On ne signala d'autre accident que la dérive d'un petit navire qui eut ses mâts rompus contre une arche du pont, sous lequel la violence des courants l'avait entraîné.

Cette année-là aussi, la charité publique dut se manifester presque sans répit. Des ateliers de charité furent organisés, où tous les hommes furent employés; on distribua des secours à domicile et plusieurs nouveaux bureaux de bienfaisance furent ouverts aux pauvres hères qui avaient obtenu l'autorisation d'abattre, pour se chauffer, les arbres appartenant à l'État. Parmi les secours d'argent distribués, un fut obtenu au moyen d'une souscription qui produisit 68,000 francs. Trois cent soixante indigents en bénéficièrent. Une représentation de charité, donnée par des amateurs dans l'ancienne salle du théâtre Molière, ouvert le 29 avril 1792 et établi rue du Mirail, dans un local qui avait appartenu aux Jésuites et qui est aujourd'hui devenu le siège de Sociétés musicales, produisit la somme de 2,000 francs — ce qui était pour l'époque un joli denier!

Enfin, l'hiver de 1870 — un rude hiver encore, celui-là! — est trop rapproché de nous, et le souvenir des faits douloureux qui se sont produits au cours de cette *année terrible* est trop présent à notre mémoire pour qu'il soit utile que j'y insiste ici.

*_**

Et si, cette nuit, j'ai repris pour vous ma plume, Madame, pendant que la bise soufflait dans les rues embrumées, et si je vous dédie cette chronique sur mon vieux Bordeaux oublié, et si je vous ai parlé des *grands hivers* de nos aïeux, c'est pour avoir le droit de vous rappeler qu'à votre porte, demain, sous la pluie ou la neige, des enfants débiles, des vieillards abandonnés de tous, frapperont peut-être et demanderont du pain ! Avant de partir, belle et désirable, pour le bal où vous serez fêtée et adulée comme vous méritez de l'être, ouvrez votre fenêtre et laissez tomber dans la sébile du mendiant honteux, avec un bon et doux sourire, l'aumône qu'il attend de vous.

Souvenez-vous : une fête est toujours complète qui commence par une charitable action !

Les Vieux de la Garde

XIX

Qui ne se rappelle avoir vu, il y a un peu plus de vingt ans, se promener par les grandes voies de la ville, les jours de fête, vêtu d'un uniforme de capitaine des soldats de Napoléon Ier, de la garde, un vieillard à l'allure fière, au pas ferme et assuré, maigre, bien cambré, portant haut la tête, une tête très expressive, très mâle, un peu pâle pourtant, et encadrée d'une chevelure et d'une légère barbiche d'un blond roux?

Il excitait sur son passage une sympathique curiosité, et tous, les enfants surtout, le regardaient aller, toujours intrépide, sans souci des années qui pesaient sur lui, très droit, malgré ses quatre-vingts printemps bien sonnés, dans son costume qui lui dessinait les formes, avec son hausse-col raide, ses plumets multicolores au chapeau, sa tunique élégamment coupée et ses hautes guêtres à boutons de nacre qui lui enserraient le mollet, souple et nerveux encore.

Bernard Redeuil — car c'est de lui que je parle — « M. le Capitaine, » comme nous l'appelions respectueusement, nous, les gamins d'alors, était une figure éminemment bordelaise; il appartient à l'histoire locale, cette mine précieuse, et je n'aurais garde d'oublier, en commençant ce chapitre consacré à ses frères d'armes, de donner à la mémoire vénérée de cet homme de cœur un juste tribut de regrets.

Bernard Redeuil est mort au mois de mai de l'année 1885, à l'âge de quatre-vingt-quatorze ans. Il était de ceux qui vivent un siècle et dont la robuste organisation résiste à tous les assauts du temps. Né en 1791, à Bordeaux, il appartenait à une famille habitant la Guyenne depuis l'an 1300 — il fit de longues recherches pour fixer sa généalogie — et qui s'était définitivement fixée dans notre ville vers 1700. Ancien officier de l'Empire, sorti des rangs, il s'était fait lui-même et tout seul à cette rude école des batailles; il avait été parmi ces inutilement héroïques de la campagne de Russie et avait conservé une grande affection, un vrai culte pour tout ce qui se rattachait à l'état militaire, car il gardait précieusement au cœur le souvenir ineffaçable de nos grandes gloires.

D'un esprit cultivé, très vif, très juste, très pondéré, foncièrement libéral — il avait été, du reste, en 1820, affilié au *carbonarisme*, dont j'ai eu l'occasion de parler ici; — il avait adoré dans le César vaincu d'Elbe et de Sainte-Hélène, non pas le despote, le dominateur, le maître du monde, mais le général dont le génie galvanisait ses armées démembrées; le vainqueur grandi par l'apothéose de Marengo et d'Austerlitz; l'incarnation du génie implacable et farouche de la guerre : l'*Empereur, son Empereur*, enfin! Pouvait-il en être autrement?

On aimait à voir, à contempler de fort près, les jours de cérémonies extérieures, alors que Redeuil endossait son uniforme des époques inoubliables, cette tête de vieux brave homme austère et de vieux guerrier; cette physionomie qui avait quelque chose d'étrange, d'indéfinissable, qui attirait le regard et le retenait longuement; cette figure bien bordelaise, résolue, sincère, ouverte et loyale, qu'un rayon de vivace énergie venait parfois encore illuminer.

Et nous avions un sourire respectueusement ému aux lèvres et des larmes presque dans les yeux quand, aux heures des solennités, nous le voyions défiler à la tête de ses vieux compagnons de luttes, de fatigues et de privations, voûtés, mais solides et bien campés sur leurs archaïques bases, avec le large chapeau à cocarde tricolore planté sur l'oreille, et portant, droite encore sur l'épaule, avec des allures crânes de soudards tapageurs, la longue pique à guidon.

Oh! cette petite troupe! Mais c'était toute la sinistre et sublime épopée napoléonienne dont elle évoquait le souvenir; c'étaient les horreurs et les épouvantes de la guerre européenne; c'était le sang français fumant, vermeil, sur le pavé des villes mises au pillage; c'était l'image de l'« Ogre de Corse », mourant d'orgueil inassouvi; c'étaient, enfin, les triomphes de Mondovi, d'Eylau et d'Essling, et la défaite de Waterloo!

Et les jours de revue générale — car ils passaient la revue aussi, les « vieux de la garde », comme leurs petits-fils — quand des applaudissements et des vivats saluaient le passage de la petite compagnie, il fallait voir chefs et hommes se redresser de toute la hauteur de leur taille cassée par l'âge. Pour un peu, ils auraient, comme à Wagram, crié de leur voix délirante : « Vive l'Empereur! » au moment où, sur les Quinconces, le général Daumas parcourait à cheval le front des troupes, et pendant que les fanfares — unissant leurs claires et joyeuses sonorités au cliquetis des sabres, au hennissement des chevaux, au bruit des commandements qui s'entre-croisaient dans l'air, des clairons qui cuivraient, des tambours qui battaient aux champs — troublaient leurs pauvres vieux cerveaux et les faisaient divaguer de bonheur.

Puis — les fêtes ont de moroses lendemains — le calme revenait, et le vieux capitaine Redeuil, habillé maintenant « comme tout le monde », en bourgeois, en pékin, n'avait plus qu'une seule préoccupation, qu'un but unique au monde : travailler à la réussite de son institution — une idée qui lui avait trotté longtemps dans la tête et qu'il avait mise à exécution — une maison de secours pour ses frères d'armes, créée par ses soins, et qui avait reçu le nom obligé d'« Asile de Sainte-Hélène ».

***

En 1860, Bordeaux n'avait pas encore son refuge des *Invalides de la guerre*. Quelques tentatives avaient été faites pour la création, l'installation d'un hospice local, mais toujours vainement : « Paris suffit, » disait-on. En l'espèce, c'était une grosse erreur.

Notre pays, qui, à un si haut degré, a le culte des morts, oublie peut-être un peu, une fois la paix revenue, ceux-là qui, au moment du danger, ont défendu, au péril de leurs jours, l'intégrité du sol français, ceux-là qui ont combattu pour lui.

Rome donnait parfois à ses vétérans valides une part des territoires conquis. En France, Charlemagne, le premier, imposa à quelques abbayes royales et même, après avoir soumis l'Aquitaine révoltée, à certains monastères de notre ville : Sainte-Croix, Saint-Seurin et la chapelle Saint-Clair (Sainte-Eulalie), l'obligation de recevoir et de nourrir des soldats mutilés, à charge par eux de remplir, sous le nom d'« Oblats ou Frères lais », des fonctions dans ces couvents.

En effet, on retrouve dans les annales de l'époque des traces de cette institution. Les *Grandes Chroniques* s'expriment ainsi, à propos du séjour de Charlemagne à l'abbaye de Saint-Seurin :

« A Bourdeaux, au cimetière Saint-Séverin, furent enterrés ces
» nobles barons : Gaiffier, duc de Bourdeaux et d'Aquitaine, Gélin
» et Gélier, Regnault d'Aubépine, Gaultier de Termes, et Guélin
» et Bègue, et bien d'autres personnes. Quand tous ces nobles
» barons furent ainsi ensépulturés, Charlemagne fit donner aux
» pauvres robes et à mangier et départit pour l'amour de Notre-
» Seigneur douze mille onces d'argent et autant de besans d'or,
» à l'exemple de Judas Machabée. »

Cette scène est représentée dans un vitrail, œuvre de M. Villiet, à l'extrémité du bas-côté méridional de l'église Saint-Seurin. Charlemagne, en superbe costume royal, suit le cortège ; ses fils Louis et Lothaire, agenouillés, le regardent passer. Des guerriers sonnent de l'olifant, et des moines, aidés des Frères lais, distribuent des vêtements et de l'or aux pauvres.

Au mois d'août 1254, saint Louis fonda les Quinze-Vingts, et, en 1597, Henri IV, les Invalides. A l'exemple de générosité et de justice de la France, de grandes nations de l'Europe installèrent des établissements pour leurs serviteurs vieux ou infirmes.

Plus tard survinrent les cruelles guerres de la République et de l'Empire. On fut obligé d'adjoindre à l'hôtel des Invalides, que Louis XIV avait fait édifier, trois succursales établies à Versailles, à Gand et à Avignon.

Puis les régimes se succédèrent chez nous; les plaies de la France se cicatrisèrent peu à peu. On cessa de s'intéresser autant aux infortunés soldats de l'exilé du rocher nu de Sainte-Hélène, et il fallut la *Belle-Poule*, en 1840, pour faire songer au *Bellérophon* et à la date du 17 octobre 1815.

**

Mais nous voilà un peu loin de l'œuvre louable de Bernard Redeuil.

Parfois, souvent même, il apprenait que d'anciens soldats, ses compagnons, étaient morts, de-ci de-là, dans un coin — dispersés qu'ils étaient aux quatre vents de l'existence — faute de soins intelligents, presque sans ressources, sans une voix amie pour recueillir leur dernière volonté et calmer leur dernière douleur. Et son cœur de « grognard » généreux saignait.

Bernard Redeuil voulut leur éviter cette dernière tristesse. Il se mit résolument en campagne, frappant aux portes des puissants, leur demandant, exigeant d'eux un appui moral et pécuniaire, et plaidant, avec des accents vibrants de patriotisme, la cause des soldats pauvres et besogneux des Pyramides et de Moscou.

On était alors en 1860, et Redeuil avait près de soixante-dix ans, notez bien. On y mit peut-être un peu d'amour-propre politique, et l'appel fut entendu. Avant la fin de cette même année, Redeuil, qui ne marchandait ni son temps ni son argent — la fatigue était chose inconnue pour lui — était parvenu, au prix des plus grands efforts, à loger dans une propriété de Saint-Augustin, près de « la Remonte », une cinquantaine de médaillés de Sainte-Hélène qu'il avait réunis, des Bordelais principalement.

Ces vieillards furent logés, nourris, équipés et... armés, et cela grâce à de petites subventions du Conseil municipal, du Conseil général et à des dons particuliers et annuels des bienfaiteurs de l'Œuvre, au premier rang desquels nous avons vu figurer le préfet de la Gironde, les maires de Bordeaux et le cardinal Donnet, qui avait pris les « vieux de la garde », dont il était le contemporain, en affection toute particulière.

Puis, l'Asile, prenant de l'importance — il y avait alors soixante invalides — fut transféré et installé plus commodément dans une propriété que la communauté loua, pour une somme relativement minime, sur le boulevard de Caudéran, où l'on commençait à bâtir, à deux pas du Petit-Fresquet, derrière les sablières de la rue de Marseille.

Là, la règle — l'apparence de règle plutôt — imposée par le capitaine à ses hommes, qui étaient quasiment enrégimentés, était de fer — relativement — et la consigne sévère ; et ces vieux étaient tout heureux de se retrouver avant leur mort, après cinquante années d'interruption, soumis et disciplinés comme au plus beau temps de leur jeunesse aventureuse de conscrits glorieux.

Ils étaient bel et bien encasernés. Dubois et Durand avaient repris les armes rouillées dans l'inaction. Dubois, le tailleur, était devenu le numéro matricule 54, et Durand, le menuisier, était ressuscité tapin ; et c'était plaisir de l'entendre battre le rassemblement, la soupe, la retraite ou le rapport, car il y avait rapport tous les matins, et le « capitaine Redcuil », comme on disait à la chambrée, tenait les livres de comptabilité de la compagnie comme un jeune homme, et recevait à huit heures ses sous-officiers avec lesquels il s'entretenait des besoins du service, des grandes et petites corvées, de la propreté et de la nourriture de ses subordonnés.

L'ordinaire de ses hommes était sa seule nourriture : il ne voulait rien de plus — comme dans les neiges de Moscou ! Il les aimait, non comme des fils — leur âge s'y opposait — mais comme des frères ; et lorsque l'un d'eux s'endormait doucement du dernier sommeil, son vieux capitaine, en pleurant, lui donnait, avant de faire procéder, avec toute la pompe militaire, à son ensevelissement, la suprême accolade et fermait sa paupière du « baiser d'adieu ».

Ici, comme on le voit, pas d'invalides « à la tête de bois », pas d'agréables farceurs et de sereins fumistes à nez d'argent ou à jambe de sapin, s'amusant à mystifier les crédules visiteurs. Mais nos invalides bordelais, comme leurs « collègues » de Paris, dessinés et racontés avec tant d'humour par Henri Monnier, prisaient beaucoup de tabac, prenaient encore quelques canons... chez les marchands de vin ; quelques-uns aussi avaient conservé pour le *sesque* un irrésistible penchant, tout fiers de se retrouver sous l'uniforme et d'être regardés par les dames !...

**

Nous sommes en 1880. Sur la route de Toulouse, à deux pas de la place Nansouty, une petite maison, une échoppe, s'élève en façade, entourée de vignes et de jardins minuscules, ratissés, soignés, coquets, pleins de petites fleurettes embaumées qui courent le long des allées et des plates-bandes.

La maisonnette est toute blanche ; on vient d'en faire badigeonner et crépir les murs qui se fendaient et s'effondraient. C'est le dernier des asiles des « vieux de la garde ». Il sont restés encore quatre ou cinq de ce monde, y compris le capitaine, que sa famille garde et soigne chez elle, car sa santé s'affaiblit un peu, mais qui cependant s'échappe quand il fait soleil et vient serrer la main de ses vieux soldats.

Ces quatre « glorieux débris », ces quatre vieux serviteurs de la France vivent un peu des libéralités de leur vieux capitaine, un peu de la générosité des habitants du quartier. Ils font des quêtes, le dimanche, dans leur petite chapelle, qui leur permettent de se donner quelques douceurs, ces pauvres grands-pères oubliés !

Oh ! leur petite chapelle ! grande comme la main ! Qui donc l'a vue un jour de fête? Qui donc s'en souvient? Elle a disparu aujourd'hui avec le dernier invalide. Le propriétaire de la maisonnette où elle était installée a fait construire à sa place un entrepôt de chiffons. Mais comme elle était curieuse, calme et recueillie, et pleine d'odeurs du passé!

C'était d'abord, en arrivant du dehors, un petit vestibule qui servait de sacristie, avec une commode branlante, tombant de vétusté, où l'on serrait les objets du culte. Puis venait la chapelle proprement dite. Au fond, un petit autel de bois peint, dont les colonnes étaient enveloppées de papier bleu et rouge avec de grosses étoiles d'or ternies. Le long des murs, des tuniques, des drapeaux, des étendards criblés de balles, des fusils, des éperons, des sabres, des cuirasses, des piques rouillées, des clairons vert-de-grisés, des tambours défoncés; sur les murs, des images d'Épinal encadrées : la Vie de Napoléon Ier et le Chemin de la Croix, mêlés; près de l'autel, éclairé d'une maigre bougie, juchés sur des socles boiteux et reposant sur des coussinets de velours râpé et recouverts de globes de verre, des médailles, des croix d'honneur, des épaulettes fripées, un bouquet de roses cueillies à Sainte-Hélène, que sais-je? tout un fouillis de souvenirs fanés et de chères reliques.

Sur le sol, couvert à moitié d'un plancher disjoint, des chaises de tous les âges et de tous les rangs, des fauteuils, des bancs, des sièges dépareillés, des tabourets, quoi encore? Et puis, enfin, au plafond, piquées parmi les solives de la toiture, s'entre-croisant, confondant leurs mille couleurs blanchies, des guirlandes de papier semblables à celles qui couraient d'arbre en arbre dans la « cour » en fête, les jours de distribution de prix, quand nous étions enfants!

* * *

Les « vieux de la garde » s'en sont allés, un à un, rejoindre leur vieux capitaine. Tout est bien fini, et l'Empire a perdu ses derniers soutiens.

Quand je dis l'Empire, je me trompe. C'est le pays qui a vu disparaître et qui doit regretter en eux de vieux patriotes et de bons Français. Et c'est par un tribut de respect que je veux terminer ce chapitre.

En 1870, après le 4 Septembre, pendant que le capitaine Redeuil essayait, sans pouvoir y parvenir, d'organiser une compagnie pour aller à la frontière, un des soldats de l'Asile Sainte-Hélène sollicita, malgré ses soixante-quatorze ans, le périlleux honneur de défendre une dernière fois, non pas l'Empire, mais la France menacée. Il s'engagea et partit pour Paris. Il resta, en qualité de tambour, plusieurs mois dans un des forts de ceinture et rentra ensuite à Bordeaux, après avoir éprouvé toutes les dures et multiples privations du siège et la douleur de voir son pays mutilé et livré aux Prussiens!

La famille de ce brave homme habite Bordeaux, et c'est bien à regret, pour éviter de froisser sa modestie, que je ne cite pas le nom de ce vieux héros inconnu.

La Rosière de la Brède

XX

On se gaudit, on se moque de tout en France, c'est entendu. On rit des traditions les plus respectables, parce qu'elles sont d'un autre âge et que nous n'aimons pas le rococo. Le café-concert, une institution pleine de modernisme, celle-là, a sapé dans leurs bases les croyances vieillies qu'il a enveloppées du tourbillon de ses flons-flons tapageurs, — et ces pauvres croyances populaires s'en sont allées pour toujours, poursuivies par les quolibets des rapins ratés et les railleries ineptes des boudinés et des « v'lanpipettes » qui ne se souviennent même plus de leur origine campagnarde — les ingrates ! C'est la mort par le ridicule, par la blague à outrance.

Vive la gaudriole! il n'y a que ça de vrai, voyez-vous! Et voilà qui vous détend les nerfs! Il est si doux d'entendre la petite Chose, en maillot couleur de chair, la poitrine débordant des buscs qui lui brisent les côtes, le nez au vent, frétillante comme une couleuvre, chanter avec son fort accent de Lézignan ou de Carcassonne les plus exquises compositions des maîtres du genre et des fournisseurs ordinaires et patentés de Mmes J. Bloch et Dufay :

> Elle est grass' comme un cent d' clous,
> Hou!
> La rosière de cheux nous,
> Hou!

Ou bien :

> Ainsi que la pervenche,
> J'ai l'âme pure et blanche,
> Messieurs, faut pas m'toucher,
> Ça vous ferait loucher!

Ou bien encore :

> Ah! elle a son plumet,
> La rosière du Vésinet!

Pourquoi diable s'attaquer toujours à ces pauvres rosières qui n'en peuvent mais, après tout? Soyez persuadés qu'il y a des jeunes filles qui sont vertueuses parce qu'elles n'ont pas pu faire autrement — et plaignez leur triste sort, les pauvrettes! Ça aurait pu vous arriver tout aussi bien.

Moi, j'adore les rosières, sans distinction, et je m'en serais voulu de ne pas assister lundi au couronnement de celle de La Brède : affaire de goût, pas vrai, ce dont personne ne pourrait me tenir rigueur!

Lundi matin, à six heures, j'étais sur pied, et, une demi-heure après, je roulais, ou plutôt le mylord qui nous emportait, un camarade et moi, vers La Brède, roulait sur la grand'route d'icelle, qui s'étend presque droite à perte de vue, sur une distance de vingt kilomètres dans sa double bordure de peupliers chevelus.

Autrefois, il y a trente-cinq à quarante ans de cela, tout Bordeaux allait à La Brède : les bourgeois, les ouvriers, les employés de magasin, les recardeyres, les regrattières, qui, pour ce jour-là, abandonnaient leurs bancs dans les marchés. C'était une poussée générale; beaucoup de boutiques se fermaient, les affaires subissaient un temps d'arrêt, et personne ne s'en fâchait, puisque l'usage voulait que le joyeux pèlerinage annuel eût lieu coûte que coûte.

Depuis la place Saint-Julien jusqu'au Béquet, la route de Toulouse était pleine de curieux, ceux que leurs occupations retenaient en ville et qui, cependant, ne voulaient pas laisser passer l'occasion d'augmenter leurs regrets en allant assister, le soir ou le matin, au départ ou au retour des pataches de toutes provenances, depuis le char-à-bancs tombé en désuétude, jusqu'à l'élégante calèche aux chevaux fringants et tout enrubannés.

Sur la route de Toulouse, à droite et à gauche, parmi les jardins et les potagers qui la bordaient, de petites échoppes basses, tapissées de volubilis et de chèvrefeuille, ou de vieilles maisons à perrons, tout encapuchonnées de treilles, s'étaient transformées en auberges, en cabarets, et avaient arboré le brandon enguirlandé de blanc et de rouge : à bon vin, point d'enseigne. Un peu avant le « Pont-de-Langon », des fossés bordaient la route, en contre-bas de laquelle plusieurs maisons de réfection, très propres, sous leur aspect gris et triste, étaient fort achalandées, et, tout le jour, les rouliers, les conducteurs de diligence et d'omnibus, les courriers s'y arrêtaient pour casser la croûte et vider un broc à leur bon voyage. Ce coin de Bordeaux n'était pas encore la ville et n'était cependant plus la campagne : un pied-à-terre, une sorte de halte entre l'une et l'autre, où l'on pouvait se griser de bon soleil et d'effluves, et s'étendre non loin du verger et des vignes qui donnaient du vrai vin, sous les ormeaux et les chênes séculaires.

Parmi ces cabarets, il y avait autrefois, bien autrefois, les Francs-Lurons, la Petite-Courtille, le Rendez-vous des Voyageurs, le Petit-Olivier, Halte-là ! et quelques autres dont le nom m'échappe parce que je ne les ai pas connus. Quelques salles de danse s'étaient installées aussi depuis Saint-Nicolas jusqu'un peu après la Pyramide. L'une d'elles se trouvait juste à l'emplacement qu'occupait le Lever-de-l'Aurore, un bal fort plaisant, disparue depuis peu, et dont je pourrais bien vous parler un jour.

Mais, pour l'instant, je suis tout à la joie d'aller voir couronner la rosière, dont on m'a dit tant de bien. Mon compagnon de voyage regarde en curieux, en poète, le paysage enveloppé d'une lumière claire, et qui étend au loin ses larges taches de vert sombre et de gris, coupées par les sinuosités des chemins qui s'enfoncent dans la lande. Dans les grands blés, où courent des ondulations de brise, les coquelicots légers mettent des larmes de sang, et toutes proches, dans les prés tondus déjà, les vaches lèvent leur grand œil étonné et semblent reprocher à tous ces gens qui passent sur la route, « gais et contents, le cœur à l'aise », de troubler par le bruit des grelots de leurs haridelles de louage, qui laissent des empreintes sur le sol un peu détrempé, et par le bruit de leurs chansons la solitude et le bon calme d'alentour.

Le chemin est sillonné de véhicules de tous les âges et de tous les rangs sociaux, les uns simplement appropriés, comme le nôtre, les autres empanachés, enguirlandés, parés de drapeaux tricolores qui claquent au vent du matin. Ils sont chargés de voyageurs endimanchés qui n'ont qu'une préoccupation : faire le plus possible de tapage, et que nous dépassons au Bouscaut, où ils ont fait halte sous le fallacieux prétexte de manger une soupe à l'oignon arrosée du *chabrot* bordelais de vin clairet.

Cinq ou six kilomètres au plus nous séparent de La Brède.

Nous avons deviné au loin, bien au loin, Arbanats, Saint-Médard, Martillac. Nous dépassons les petits bois de pins et de chênes. Mon compagnon rêve aux coquelicots qui parsèment les champs; il fait des vers. Moi, je reconstitue, tout en roulant une cigarette, l'histoire des rosières, à l'aide de l'*Année littéraire* de ce bon Fréron, qui vivait au siècle dernier. Je me plonge dans le

passé, et je revois ces idylles pleines de caractère et de sentiment, ces pastorales intimes, toutes fraîches, toutes parfumées de naïveté.

Je songeais!... et notre voiture venait de faire son entrée dans le bourg de La Brède, et nous étions déjà, mon compagnon et moi, désignés à la bienveillante attention des autorités. Les hôteliers se précipitaient vers nous pour nous offrir l'hospitalité. Mais nous avions bien un autre spectacle à regarder. Sur la place de l'Église, « qui est d'un bien vieux style! » comme disait un Bordelais à côté de moi, les naturels du pays étaient assemblés. Les femmes, coquettement attifées, avec cette élégance que sait avoir même la plus petite paysanne quand elle veut s'en donner la peine, caquetaient à qui mieux mieux pendant que les hommes causaient gravement des affaires publiques. Le courrier venait d'arriver. Les porteurs de journaux écoulaient notre prose modeste dans les groupes, et les malins nous regardaient en disant : « Ils sont bien jeunes pour faire de la politique! »

Tout à coup, les cloches se mettent en branle : dreling! dreling!! drelinggg!!! La place devient bruyante, animée, tapageuse et bien vivante, comme une rue de grande ville. Les fanfares éclatent, les cuivres chantent une marche triomphale, accompagnés par les « oh! » et les « ah! » de la foule, les appels, les cris, les réflexions piquantes, les éclats des rire, les allusions croustilleuses — je vous dis qu'on ne respecte plus rien! — qui s'entre-croisent dans l'air sur le passage du cortège qui entre enfin dans l'église — et nous derrière lui.

Au milieu de la nef, sur une estrade élevée, recouverte de velours rouge, la rosière de cette année, Mlle Jeanne-Louise Hazera, vient de prendre place : et vous pensez si elle est le point où convergent tous les regards! De taille assez développée, bien prise; le visage bruni par le grand soleil des champs; les traits réguliers : on ne peut pas dire que Mlle Hazera soit jolie, jolie. Laide? non pas, certes : — d'ailleurs, on n'a aucun mérite d'être vertueux quand on est laid. Elle a vingt ans à peine. Son air candide, sa physionomie bien ouverte, bien franche, préviennent en sa faveur; et puis elle porte à ravir une robe plissée d'un effet très décoratif et dont la blancheur fait ressortir son teint mat qui rougit un peu d'émotion et, sans doute, beaucoup de plaisir.

La cérémonie est finie. La marquise de Canolles, fille de M. de Montesquieu, monte sur l'estrade, et, au milieu du grand silence du temple, elle dépose sur le front de Mlle Hazera une couronne d'églantines, de muguets et de violettes, et embrasse la jeune fille par deux fois.

Alors un vieillard s'avance. C'est le plus « ancien » de la commune, un petit homme aux allures vives, le visage complètement rasé, très proprement vêtu. Il reçoit des mains de Mlle Hazera une gerbe de blé piquée de fleurs nouvelles, et il s'en retourne lentement à sa place, essuyant dans l'ombre, furtivement, une larme qui perle à ses paupières — le brave homme! Qui pourra jamais dire quels ressouvenirs ce présent a fait naître dans sa pensée pleine du passé?

Cependant, tout autour du bourg, dans les champs, dans les propriétés, dans les prairies voisines, des couverts sont dressés ; on fait comme on peut la popote ; sur les pelouses, des femmes en toilette des dimanches, les jupes relevées, les manches retroussées jusqu'au coude, s'en donnent à cœur-joie. La cuisine répand son arome, et les bambins, qui ont grand'-faim — comme nous, d'ailleurs — rôdent autour des casseroles où rissole la viande dorée.

Après le déjeuner, troublé un instant par une ondée qui se déchaîne soudain et qui fait rage, on s'en va sur la belle prairie où ont lieu les réjouissances, où est installé le bal qui fait fureur. Des disloqués, dont les os percent les maillots sales ; les acrobates, les montreurs de phénomènes ; les lutteurs, conduits par M. Dumas ; les diseuses de bonne aventure ; les hercules hâves, déguenillés, toussant une toux de poitrinaire, font leurs exercices sous l'œil paternel de la maréchaussée et du garde champêtre, et gagnent un peu de « galette », de la belle galette, disent-ils, qui nourrira les pauvres mioches pendant trois ou quatre jours. Les chanteurs ambulants passent, une fillette de douze ans, entre autres, qui a une physionomie de femme faite, et qui promène ses oripeaux crasseux parmi les tables des auberges et des restaurants remplis d'hommes qui ne demandent qu'à rire après boire, et qui lui réclament des grivoiseries ; elle sourit d'un air entendu : c'est navrant de vice précoce !

Dans les buvettes installées sur la prairie, et qui ne désemplissent pas, on entend des cris, des interpellations, un murmure joyeux de gens qui s'amusent ferme :

— Ohé ! Coqueluche ! tu danses ?

— Hé ! té ! adieu, Bouffiole ! mais oui !

Et les deux gaillards, prenant leur course pour aller piquer un cancan, vous bousculent sans crier gare. Ils sont déjà loin lorsque vous revenez à vous, un peu étourdi !

Au fond, les pétards éclatent avec un bruit d'enfer, et tout là-bas l'orchestre bat un rythme étrange, endiablé, pendant que M. Mennesson — car il est là ! — calme et tranquille, sans préoccupation, loin, bien loin du feu Théâtre-Français, boit un bock, les coudes appuyés sur une table rustique et le regard perdu dans l'azur rayonnant. Il est heureux !

XXI

Les Incendies de la Rade

UE de personnes, parmi les dix, les vingt mille curieux peut-être, réunis il y a quelque temps sur les quais de la Grave et de la Monnaie pour assister au spectacle curieux et particulièrement rare qu'offrait l'incendie des Bains de la Grave, se sont rappelé l'épouvantable sinistre qui éclata sur notre rade dans la nuit du mardi 28 septembre 1869!

Trente années se sont écoulées depuis cette catastrophe, trente années pleines d'événements d'une haute et grave importance, trente années durant lesquelles bien des fils ont pleuré sur des tombes entr'ouvertes, bien des mères ont souri à de fragiles berceaux. Parler aujourd'hui de notre « incendie de la rade », c'est donc presque reconstituer le Bordeaux disparu, c'est secouer la poussière des souvenirs locaux. Et j'ai conscience de rester, en le faisant, dans le cadre que j'ai tracé à ces chroniques.

Voici les faits dans toute leur brutale simplicité ; cela ressemble à un procès-verbal. Le navire à vapeur *Comte-de-Hainaut*, venant d'Anvers avec un chargement de pétrole et d'essence de pétrole, mouillait, dans l'après-midi du mardi 28 septembre 1869, en face du ponton de M. Sursol, à Lormont, endroit réglementairement désigné par le service du port pour le déchargement des matières explosibles ou inflammables. Après avoir pris toutes les précautions d'usage, il déchargeait ses marchandises sur deux gabares : l'une contenant du pétrole et des essences, et l'autre des essences seulement.

A six heures du soir, l'opération du transbordement terminée, le *Comte-de-Hainaut* reprenait sa route pour Bordeaux; à sept heures, il était amarré à quai. Les deux gabares, qu'on ne pouvait, faute de temps, décharger que le lendemain matin mercredi, se trouvaient près des docks Sursol, à toucher le ponton, et à côté du navire prussien le *Dœr-Fruhling*, venant de New-York, avec, lui aussi, un complet chargement de pétrole.

Une de ces gabares était baptisée la *Trinité;* elle appartenait au patron Boyer, de Sainte-Terre. La *Trinité* ne portait pas moins de neuf cent cinquante caisses de pétrole.

Il était six heures trois quarts, lorsque le marin Louis Roque, âgé de vingt et un ans, qui conduisait la gabare et qui se trouvait en compagnie du douanier Boisset, voulant s'éclairer d'un falot, lança imprudemment, dans la tille, sur les caisses de la cargaison, l'allumette dont il venait de se servir. Par les jointures de ces caisses, des infiltrations de gaz se produisaient, dont il était impossible de se rendre compte. Il n'en fallait pas davantage. Avec une effrayante, une éblouissante rapidité, le feu prit au bateau, pendant qu'une formidable explosion se faisait entendre au loin, donnant le signal du péril.

En quelques minutes, la *Trinité* ne présentait plus qu'un brasier. Les cordages qui la retenaient au rivage, brûlés, calcinés, venaient de se rompre, et la gabare, suivant la marée montante, arrivait devant les Magasins-Généraux. Pendant ce temps, Roque, avec un sang-froid surhumain, s'efforçait de faire gagner le large à sa gabare et réussissait ensuite, malgré d'horribles blessures à la figure, aux pieds et aux mains, à atterrir devant les docks.

La rade était éclairée d'une féerique lueur fauve, et la Garonne semblait rouler des flots de lave incandescente. Les secours bientôt s'organisaient. La *Trinité*, maintenue au milieu du fleuve, était entourée par une *Hirondelle,* un steamer de MM. Dumeau et Heyrim : la *Mathilde;* des barques, des canots, des bateaux à vapeur. Les sauveteurs, marins et pompiers qui les montaient, cherchaient d'abord à maintenir la gabare à l'aide d'une chaîne de fer, et ensuite à lancer sur elle, au moyen de pompes, de l'eau pour protéger le guindeau.

***

Enfin, la gabare va atteindre un banc de sable, sur lequel elle pourra s'échouer. A dix heures, *sabordée*, elle sombre à l'arrière. Il semble que tout danger sérieux est écarté. Malheureusement, ce n'est encore que le prologue, que le premier acte du drame qui doit jeter la terreur dans toute la ville, faire de nombreuses victimes, et coûter sept millions au port de Bordeaux !

Soudain, un brûlot se détache des flancs de la *Trinité*, et une traînée du liquide enflammé est portée, sous l'action du courant de flot, vers le gros des navires ancrés sur corps-morts au large. En un instant, trois ou quatre bâtiments prennent feu sans qu'aucun secours puisse leur être donné. Jusqu'à onze heures, hélas ! la marée monte. L'incendie porte partout, sans qu'il soit aucunement possible d'enrayer sa marche, son œuvre de destruction et de dévastation. Vingt navires sont en feu, et les flammes s'élèvent, lèchent les cordages qui se tordent, brûlent les mâtures qui craquent et s'affalent, les panneaux, les cales qui se crevassent, et montent sous l'effort du vent à des hauteurs prodigieuses, tout en haut du ciel brun. La marée s'arrête enfin. Il est temps. Une heure de plus, et la rade est complètement perdue. Tout Bordeaux est sur les quais, aux croisées, sur les tentes de déchargement qui ont disparu aujourd'hui, sur les toits. Des Salinières à Bacalan, cinquante mille personnes assistent, muettes d'horreur, à ce grandiose et inoubliable spectacle. Et les gamins peureux — j'étais du nombre sur la place des Quinconces — qu'on a réveillés et conduits là, se détournent, pris d'effroi, lorsqu'ils voient à leurs pieds courir ces vagues que l'on dirait faites de sang bouillant, et ces flammes monter avec des ondulations, illuminant ce fantasmagorique, ce satanique décor.

Quand enfin le courant du jusant se fait sentir, le liquide enflammé et les débris en feu des gabares et des navires prennent la direction de la mer. Un ou deux bâtiments sont atteints encore par ce changement de course, mais le danger a diminué. On est sauvé !

La foule afflue toujours sur le port. Les autorités civiles et militaires rivalisent de zèle et de courage. Les théâtres, qui viennent de fermer, apportent leur contingent de curieux. On répétait généralement, ce soir-là, *Rigoletto*, au théâtre Louit. Les interprètes de l'œuvre de Verdi : Merly, Rita Sonnieri et Tombesi, accompagnés de leur nouveau directeur, M. Lorini, sont accoudés sur la barre de fer, garde-fou bien primitif, qui court autour de la place des Quinconces et qui, des années après, doit être remplacée par une balustrade élégante. M. Mennesson, alors directeur du Gymnase; M. J. Guillot, directeur du Grand-Théâtre, avec une partie de leurs troupes, sont présents. On ne songe pas à se coucher cette nuit, à dormir. On s'effraie à l'idée que le feu peut se communiquer aux maisons de la façade et se propager sur la ville. Et alors, c'en est fait d'une partie de Bordeaux !...

Sur la Garonne, les voiliers *Moïse, Tourny, Lieutenant-Bellot, Mary, Charlotte, Orizava, Pionnier, Charlemagne, Harmonie* (navire neuf), *Panama,* appartenant au port de Bordeaux, et *Ulysse, Chimiste, Unico, Ariel, Chomin* et *Progrès,* inscrits dans divers ports français ou étrangers, qui sont devenus la proie des flammes, achèvent de se consumer lentement, comme à regret. Douze autres sont atteints. Et les immenses carcasses s'entr'ouvrent avec des bruits, des sifflements sinistres, pendant que des myriades d'étincelles retombent en pluie d'or alentour. Et les spectateurs contemplent, dans une immobilité forcée, la flottaison des brûlots que le caprice des vagues et une infernale tourmente emportent, comme des menaces de mort, vers les navires préservés jusque-là.

Aux applaudissements de la foule, les sauveteurs remplissent leur besogne cent fois héroïque. Ici, c'est le canot du lieutenant de douanes qui sauve, à moitié nu, l'équipage du navire de Bilbao *Chomin*, surpris dans son sommeil; là, ce sont MM. Dumeau et Heyrim qui ont mis tous leurs bateaux sous pression ; ce sont MM. Le Rouzic et Lataste, adjoints au maire, M. de Bethmann; c'est le courageux M. Fowler, qui, en léger podoscaphe, porte à bord des navires, évoluant au milieu de la nappe enflammée, les ordres de M. Carpentier, capitaine de port. Tous luttent en désespérés, sans oublier les vaillants soldats du 31ᵉ de ligne, qui, l'année suivante, doivent, en majeure partie, mourir si glorieusement pour la patrie dans la trouée des Vosges.

Une semaine passe et l'émotion se calme. Le dimanche suivant, les Bordelais ont, tout trouvé, un but de promenade : ils vont voir tout contre le pont, près de Saint-Michel, la dernière carcasse de navire qui achève de sombrer, la dernière épave qui s'enfonce d'heure en heure dans l'eau bourbeuse. Et c'est à peine s'ils prêtent attention aux camelots qui crient à tue-tête « le journal le mieux renseigné » sur les causes de l'incendie monstre qui a failli engloutir toutes les richesses maritimes de notre ville.

Car, de même que pour le crime de Pantin et les exploits du fameux Troppman, ce légendaire, un canard spécial a été créé à la suite de la catastrophe du 28 septembre. Il porte ce titre alléchant : « Immense sinistre. — Détails nouveaux, renseignements inédits. » Rédigé par des jeunes gens qui sont aujourd'hui des hommes graves, il contient en outre une poésie pleine de sel, d'à-propos et... de bon goût dont je puis vous donner un fragment. Il s'agit des causes de l'incendie :

> Le soleil ne donnant qu'un jour faux, pâle et terne,
> Le sage gabelou demande une lanterne,
> Lanterne que jamais n'alluma Rochefort,
> Heureusement encore inconnu dans le port !
>
> Le rat-de-cave dit de frotter l'allumette,
> Afin qu'il puisse voir si la patente est nette.
> Craignant que le douanier n'ait de trop mauvais yeux,
> Le marin obéit, et, pour qu'on y voie mieux,
> Il met sa nef en feu. Puis, toute la rivière
> Au gabelou bientôt donne de la lumière...

Vous demandez le nom des auteurs ? Je ne vous le donnerai point, certes ! Les intéressés m'en voudraient à mort !...

**

Mais l'incendie de 1869 a un petit précédent dans l'histoire locale. Je tiens à en dire deux mots; cela me permettra, d'ailleurs, de fournir à quelques-uns de mes lecteurs — je ne jurerais pas que ce ne sont pas des lectrices ! — qui me les ont demandés, des renseignements que je pourrais qualifier de *viographiques*, si j'osais employer ce néologisme hardi.

Le soir du 18 juillet 1821, le feu prit au navire anglais *Eleonor*, mouillé en face du quai Louis-XVIII, qui (sous un autre nom) était auparavant bordé, comme on sait, par le parapet du Château-Trompette; aucun bateau ne pouvait, au siècle dernier, y aborder, et le passage en était interdit même aux piétons durant la nuit.

La plus grande partie des marins de l'*Eleonor* étaient, au moment de l'incendie, à faire « chière lie » dans l'hôtellerie fameuse à l'enseigne peinturlurée de blanc, de rouge et de noir, qui avait succédé à celle qui a donné son nom à la rue *Pomme-d'Or*. Cette hôtellerie était particulièrement fréquentée par les matelots étrangers dont les navires stationnaient devant le faubourg des Chartrons, au delà de la ligne de la rade proprement dite.

Un douanier, du nom de Guffroid, de service sur la « penthière », s'aperçut le premier de l'incendie qui allait dévorer le navire anglais et donna l'alarme. Les secours, bien qu'assez rapidement organisés, étant impuissants pour sauver l'*Eleonor*, on parvint à la dégager de la ligne des bâtiments au milieu desquels elle se trouvait et à la remorquer sur un banc de sable des Queyries, où elle se consuma après avoir communiqué le feu à la gabare *Anaïs* et à un couralin. Sans de hardies et promptes manœuvres, la rade, comme plus tard en 1869, courait risque d'éprouver les plus grands sinistres.

Un détail, en passant : la vue perspective de cet incendie fut le sujet de la première épreuve lithographique qu'on ait exécutée à Bordeaux sous la direction de Carle Vernet.

Il y eut cependant, le 18 juillet, deux accidents très sérieux à déplorer. Le chauffeur de l'*Eleonor*, un certain John (tout court), qui demeurait, rue du Pont-de-la-Mousque, dans une auberge borgne, et le cuisinier Fred Unter, qui se trouvaient seuls à bord au moment où l'incendie fut signalé, eurent l'un des contusions à la poitrine, et l'autre de douloureuses brûlures à la figure et aux mains. Ce dernier expira quelques jours après au domicile de l'un de ses amis, rue des Andouilles. La rue des Andouilles (de 1308 à la fin du xviie siècle rue Columbeyre) allait de la rue du Casse à la rue des Menuts. Elle prit son nom en l'honneur d'un charcutier, maître Lénard, qui, quittant la place du Vieux-Marché après fortune faite, vint s'établir au coin de la rue du Casse, vers 1693 ou 1694, et qui eut une grande vogue pour la préparation des andouilles de Troyes et de Blois, que les Monselet d'aujourd'hui ne connaissent pas — parce qu'on n'en fait plus, ce qui est une raison majeure.

Le chauffeur John, la seconde victime, en fut quitte à bien meilleur compte, et, un mois plus tard, complètement rétabli, il faisait ripaille avec ses amis dans son logis de la rue du Pont-de-la-Mouche. Si j'écris le nom de la vieille rue bordelaise de cette façon, c'est pour me ménager la transition. Je tiens, en effet, à vous dire, en terminant, que ce nom de Pont-de-la-Mousque (de la Mouche) vient de celui que portait un très petit pont qu'on y avait établi pour faciliter la traversée des fossés du Chapeau-Rouge dont j'ai plusieurs fois parlé. Il était placé à l'extrémité méridionale d'une rue dont le nom ne peut s'imprimer ici — tant il était cru — et qui allait de la rue du Chapeau-Rouge à la place Saint-Remi, ainsi appelée à cause de l'église qui y était située, désaffectée depuis la Révolution, qui sert aujourd'hui d'entrepôt, et que nos grands-pères nommaient — on n'a jamais su pourquoi, par exemple! — *Sent-Arremédy*.

XXII

Le Parc Bordelais

'HISTORIQUE de la magnifique promenade inaugurée, à notre grande satisfaction, par M. le Président de la République Carnot offre, dans sa première partie, bien peu de détails intéressants et dignes d'être signalés à l'attention de mes lecteurs.

Dans ce qu'on peut appeler le passé *d'autrefois*, par opposition au passé d'hier, je ne trouve qu'une légende. On raconte — et je tiens le récit de plusieurs crus — qu'en 1793 une sorte de couvent connu sous le nom de « Petit-Séminaire de Saint-Raphaël », et qui est devenu plus tard le *Bocage*, donnait asile à un grand nombre de prêtres et de religieux, qui espéraient, dans cette retraite, échapper aux fureurs de la populace, entraînée par le farouche Lacombe.

Un beau jour, grand émoi au séminaire de Saint-Raphaël. On vient d'apprendre que les sbires du tribunal révolutionnaire sont aux portes de la propriété. Et les abbés et les moines qui sont à table juste à ce moment! Que faire? que devenir? Impossible de se faufiler dans les souterrains, qui sont à peine commencés à l'entour du bâtiment central, et puis ils n'ont pas encore d'issue, au loin, dans une clairière. Mais le temps presse et talonne les retardataires : il faut agir. On entend tout près les jurons et les rires des soldats, très gais à la pensée de la peur qu'ils vont faire.

Bah! aux grands maux les grands remèdes! Celui-ci rampe sous la table; celui-là se blottit dans un placard; qui descend à la cave; qui monte au grenier. Il reste encore deux victimes : l'abbé Langoiran, un bon gros, joufflu et rubicond, et le père Pannetier, un petit très sec, qui sont fort embarrassés de leur personne, et que la peur fait hésiter.

Soudain, on entend des pas qui traînent, comme une marche de soudards, dans le corridor. Oh! alors, la résolution des Révérends est prise, et les voilà qui se dissimulent de leur mieux. L'abbé Langoiran grimpe dans la cheminée, une cheminée étroite, où il étouffe, et le père Pannetier se tapit dans... dans le pot d'un immense laurier-rose dont on a enlevé un peu de terre, au coin du réfectoire.

Les émissaires de Lacombe pénètrent. La table est mise, les mets fument encore, l'hospitalité s'offre d'elle-même, et, ma foi! ils en profitent si bien qu'ils restent cinq heures, durant lesquelles les deux pauvres prêtres sont plus morts que vifs et maudissent tout bas leurs ennemis, qui se décident à partir, enfin, bredouilles, titubants et lourds, affreusement « ronds ».

On rit beaucoup de l'aventure aux environs du domaine, et quelques bons vieux de Caudéran se souviennent encore d'un quatrain qui servit longtemps de refrain à une chanson oubliée aujourd'hui :

> L'abbé Langoiran, la peau parcheminée,
> Fut tiré de la cheminée;
> Le père Pannetier
> S'était caché dans les lauriers.

Ça n'est peut-être pas très riche d'idée, — mais l'intention était louable.

**

Nous faisons un formidable bond par dessus les années. Nous sommes en 1864, et M. Frank Cutler père est propriétaire du domaine qui va devenir bientôt le Parc-Bordelais.

Une Société vient, en effet, de se fonder dans notre ville, dont le siège est, 52, cours du Chapeau-Rouge. Elle a l'intention de créer, dans un but d'intérêt public, en vue d'en faire un lieu d'exposition industrielle et agricole, de promenade et d'agrément, le Parc donc je raconte l'histoire. Déjà des pourparlers sont engagés avec M. Cutler, négociant et propriétaire, vice-consul d'Angleterre, qui consent à céder sa propriété pour le prix de 550,000 francs.

La somme est ronde, mais les hommes dévoués qui sont à la tête de cette Société — la Société anonyme du Parc et du Jardin d'acclimatation, pour dire son nom — se sont promis de réussir dans leur entreprise philanthropique, et les difficultés des débuts ne les arrêtent pas. Ces hommes appartiennent à la meilleure société bordelaise ; ils ont des amis, des relations : ils auront des capitaux. Une émission de 5,500 actions à 100 francs est annoncée; les actions sont souscrites par les membres de la Société, et le produit de l'émission paie le prix de l'acquisition, qui a lieu le 1er mars 1864.

La Société anonyme du Parc, qui est ensuite définitivement constituée pour cinquante ans, à la date du 27 avril 1864, par acte passé par-devant M° Cassagne, notaire, obtient l'autorisation légale par décret impérial du 13 août de la même année.

Mais c'est alors que l'œuvre de la Société est méritoire ; c'est alors qu'on peut apprécier le désintéressement absolu des actionnaires, parmi lesquels nous remarquons des notabilités du commerce et de l'industrie, des rentiers et des directeurs de journaux de notre ville. Rien n'est fait; il faut créer et créer de toutes pièces, s'ingénier à trouver du nouveau et unir, comme dans la formule antique, l'utile à l'agréable.

Certes, la réalisation du projet conçu dans une salle de délibérations n'est pas chose commode. Des difficultés surgissent à tous les pas : on a à combattre la routine, les préjugés et surtout l'indifférence des Bordelais, qui n'ont pas l'air de se douter qu'on travaille pour eux.

Il m'a paru bon de rechercher la composition du conseil d'administration provisoire de la Société pendant cette période de germination, si je puis dire. A titre de renseignement, ce conseil était constitué de la façon suivante :

Président, M. le docteur Jeannel ; vice-présidents, MM. Charles

Balguerie junior, B. Mareilhac et Michaelsen ; secrétaire général, le vicomte de Pelleport ; trésorier, M. Castillon ; trésorier adjoint, M. Fournier ; secrétaires, MM. Adrien Léon, docteur Cuigneau et L.-L. Ménard ; administrateurs, MM. Alaux, Crugy, de Kercado, Célérier, Chiapella, Desmaisons du Pallans, Piganeau fils aîné, Lespinasse et Raoul Bernard.

Et, certes, l'activité de ces messieurs pouvait se donner libre carrière. Ils se trouvaient en face d'une immense propriété de vingt-huit hectares — trois fois, si je ne m'abuse, la superficie du Jardin-Public — à métamorphoser, à transformer complètement, tout en la démocratisant — si le mot ne vous choque pas.

La propriété Cutler avait été formée de trois domaines : *Longchamps* ou *Bel-Air*, avec maison louée à Mlle Valette, institutrice ; *Bocage*, château central, avec grands bâtiments d'exploitation, où la Société anonyme du Parc devait plus tard faire installer un palais de singes, des loges d'animaux féroces, un gymnase ; — il n'y a pas déjà si longtemps que Mme veuve Poisson y avait une fort belle collection zoologique ; — enfin, *Bijou*, vaste maison au nord, sur le petit chemin de Saint-Médard. Ce nom venait de ce que la propriété, qui s'appelait autrefois Cantelaudet, avait appartenu, jusqu'en 1840 environ, à la famille Pasquet, bijoutier, fossés de l'Intendance.

M. Frank Cutler père avait acheté à la veuve de M. Christian Bentzien, qui lui-même en était propriétaire depuis 1828, le *Bocage*, qu'on appelait aussi le *Bentzien* et qui avait, ainsi que je l'ai dit plus haut, porté le nom de *Petit-Séminaire de Saint-Raphaël*. Le *Bocage* était entouré d'une allée de cerisiers de l'effet le plus décoratif et qui excitaient la jalousie et la convoitise de bien des voisins.

Longchamps avait été vendu à M. Cutler par M. James Elser en 1857. Il me semble me souvenir que parmi ses locataires s'est trouvé M. Jonathan Jones, grand-père du feu baron Sarget de la Fontaine, le propriétaire de l'hôtel du cours de l'Intendance.

L'ensemble du domaine Cutler était communément désigné sous le nom de *Longchamps*. Un grand nombre d'ouvriers de toutes les professions travaillaient constamment sur cette propriété, qui était renommée au loin pour la fraîcheur de ses ombrages et les parfums, doucement pénétrants, de ses tilleuls en fleurs au mois de mai.

※

Je suis dans l'obligation, on le comprendra aisément, de « brûler » mon récit (qui ne doit pas être d'inconvenantes dimensions), car j'ai encore bien des détails à vous donner. Il m'est impossible cependant de passer sous silence l'accueil jaloux que fit au projet de création du Parc à Caudéran la population de La Bastide. Dès le début, la rive droite, qui voyait ses intérêts menacés, protesta, et les Bastidiens employèrent tous les moyens pour faire échec à la tentative.

On parlait même, vers la fin de mars 1864, d'une Société qui s'était rendue acquéreur d'une grande partie des terrains bordant la rive, plus déserte que de nos jours, et qui voulait y établir un Bois de Boulogne, et un vrai Bois de Boulogne, vous savez!

Mais peu à peu les craintes se dissipèrent, les rancunes s'apaisèrent, et la Société du Parc compta dans la foule quelques ennemis de moins.

Il est vrai de dire aussi, et ce m'est un plaisir de le constater, que le rôle généreux et utile qu'elle s'était assigné lui avait dès l'abord concilié de sincères sympathies et lui. avait valu de très flatteurs encouragements. C'est ainsi que l'Académie des sciences, belles-lettres et arts de Bordeaux, dans sa séance du 14 janvier 1864, reconnaissant ce que l'œuvre de nos compatriotes avait « de grand et de généreux », lui donnait son entière approbation.

Le 10 mars 1864, le général de division Daumas, et, un peu plus tard, le maire de Bordeaux, M. G.-Henri Brochon, envoyaient au comité provisoire leurs félicitations. Et je ne sais plus lequel des deux citait l'opinion que M. de Tourny a exprimée dans une lettre écrite à l'occasion de la création de notre Jardin-Public, que l'illustre intendant de Guyenne appelait le Jardin des Familles, quelque chose comme une « Bourse du soir », où les négociants pouvaient tout à leur aise achever les affaires traitées dans la journée.

Enfin, le vénérable archevêque Donnet, le « bon cardinal » dont la main toujours tendue a béni tant de générations, avait adressé, le 24 octobre 1863, aux organisateurs de la Société, une lettre que j'ai trouvée ces jours derniers :

« Il y a pour moi, disait M. Donnet, un autre motif d'applaudir
» à votre œuvre et de l'encourager : c'est l'espérance qu'elle
» contribuera puissamment à rendre un double service, sous le
» rapport hygiénique et moral, aux familles de nos travailleurs.

» Renfermé pendant toute la semaine dans un atelier, l'ouvrier
» a besoin, le soir après son travail, et surtout dans la journée
» du dimanche, d'aller rafraîchir sa poitrine et ses poumons au
» milieu d'une atmosphère moins lourde que celle des rues
» étroites de la cité. Le Parc sera le jardin, le parterre, le
» cabinet d'histoire naturelle du travailleur; ce sera son domaine.
» Il ira se promener, comme les plus fortunés que lui, sous
» ses frais ombrages et respirer le doux parfum de ses fleurs.

» Je m'associe donc avec confiance à votre œuvre, et je fais
» des vœux pour qu'elle soit accueillie avec faveur par tous ceux
» qui ont quelque souci du bien-être et de l'amélioration des
» masses et de l'embellissement des grands centres de popu-
» lation. »

Cette préoccupation constante du « bon cardinal » est toute à sa louange; c'était là aussi le programme que la jeune Société s'était tracé et qu'elle désirait ardemment réaliser.

**

Mais il fallait pour cela beaucoup d'argent. On eut recours à un grand moyen, et le gouvernement s'étant associé très justement, lui aussi, à la pensée philanthropique des sociétaires, les autorisa à faire une loterie de *un million* pour aider à la création projetée. Cette loterie fut autorisée le 19 avril 1864 par arrêté de M. Sorbier de Pougnadoresse, secrétaire général, M. le comte de Bouville étant préfet de la Gironde. Le tirage devait avoir lieu en 1868.

Le capital était, ai-je dit, de un million de francs, divisé en quatre millions de billets à 25 centimes. La valeur des lots, payables en numéraire, sans retenue ni escompte, était de 199,000 francs. Il y avait un gros lot de 100,000 francs.

En outre, le billet participant à tous les tirages — et Dieu sait s'il y en eut! — le porteur d'un seul billet pouvait gagner jusqu'à 160,000 francs. L'aubaine était bonne; l'affaire était tentante.

Une commission de surveillance et de contrôle avait été instituée par le préfet comme corollaire de l'autorisation. En faisaient partie : MM. Caffin, conseiller de préfecture; A. Léon et Aymen, conseillers généraux; A. Lalande et Émile Fourcand, conseillers municipaux; Arm. Gay, juge au tribunal de commerce, et A. Charropin, vice-président de la Société des Amis des Arts.

Hélas! les gens qui ont un peu plus que mon âge se souviennent encore du piteux résultat obtenu! Nul n'est prophète en son pays : ce proverbe trouve ici sa triste application. En effet, j'ai lu un rapport signé le 29 janvier 1869 — c'est-à-dire cinq ans plus tard! — par M. Ferdinand Schrader, qui était alors secrétaire général de la Société, et j'ai été navré. Savez-vous à combien s'élevait le bénéfice de cette loterie d'*un million?* Il se montait à 76,765 fr. 55, dont *12,000 francs* reçus seulement.

Les frais de toutes sortes, la réclame, les négociations, les commissions allouées à des intermédiaires, avaient tout absorbé!...

*_**

Mais j'anticipe. Le jeudi 12 mai 1864, l'inauguration du Parc eut lieu. Ce n'était pas une cérémonie officielle; il s'agissait, pour la Société, de constater son existence sur les lieux et de donner satisfaction à la légitime impatience du public, mis en goût par l'annonce alléchante du plaisir peu dispendieux que l'on lui réservait.

Sous un kiosque, dans la garenne, la musique du 88e et la

fanfare Rollet exécutèrent, nous disent les personnes qui ont bonne mémoire, de fort beaux morceaux. Cette dernière fanfare, à partir de cette époque, donna, d'ailleurs, tous les jeudis et tous les dimanches, de jolis concerts très courus par tous les « lions » de l'époque et les princesses à crinoline.

Le 15 mai 1864, dimanche de la Pentecôte, eut lieu l'ouverture officielle de cette belle propriété au public, qui accourut en foule, et, par un éblouissant soleil, profita de l'occasion tant attendue. Il eut le plaisir d'applaudir les artistes de la Société de Sainte-Cécile, dont l'orphéon chanta trois chœurs classiques.

Pour la circonstance, les omnibus de la Croix-Blanche prolongeaient leur parcours jusqu'au Parc, et un restaurant champêtre avait été installé, sous les arbres chevelus, par le café de Bordeaux.

***

Vous n'attendez pas de moi que je vous narre par le menu les réjouissances organisées à partir de cette époque au Parc-Bordelais. Je me contenterai — avec votre permission — de signaler les plus importantes.

En 1866, il y eut une séance donnée par le célèbre Blondin, le vrai, qui fit une ascension très émouvante sur le fil de fer, emportant un homme sur ses épaules. Puis un grand carrousel donné par les écuyers du cirque Cotrelly, qui venait de *faire* la foire de Bordeaux.

Le 22 août 1867, la « Prise de Laghouat », avec simulacre de combat, attaque d'une forteresse. J'étais trop jeune, je n'en puis rien dire! Mais ce spectacle a laissé aux personnes d'âge mûr des souvenirs terribles!

Le 17 juillet 1870 marque une page noire dans l'histoire du Parc-Bordelais. Ce jour-là, la Société anonyme du Parc avait organisé des courses landaises. Il y avait une affluence considérable. Tout à coup, à trois heures, une tribune contenant douze cents spectateurs s'écroule avec un fracas épouvantable. Sept personnes périrent là: une dans la voiture du préfet, employée au transport des blessés; une dans une pharmacie de la rue Fondaudège; cinq autres le lendemain à leur domicile; il y eut une centaine de blessés.

Le terrible accident dont je parle et les nombreux procès intentés par les malheureuses victimes — blessés ou parents des morts — de cette catastrophe forcèrent la Société à faire un emprunt de 250,000 francs, qui lui furent prêtés par M. Clossmann. Les finances, on le devine, n'étaient pas dans l'état le plus brillant, et les rentes viagères ou temporaires qu'il fallait dès lors servir étaient une charge très lourde pour les actionnaires. Les rentes viagères s'élevaient, pour quatre personnes, dont une dame de quatre-vingt-deux ans, à 900 francs; les rentes temporaires, jusqu'à majorité pour huit personnes, dont un enfant de neuf ans, à 1,600 francs.

L'agent de la Société préposé au Parc et les constructeurs des tribunes furent reconnus responsables et condamnés à l'amende et à des dommages-intérêts envers les victimes.

**

En 1870-71, pendant la guerre, les hommes n'ayant jamais été soldats ou les dispensés du service militaire étaient convoqués au Parc-Bordelais, où ils se réunirent assez souvent pour répondre aux appels ou suivre les leçons rapides de guerre qu'on leur donnait. Les chevaux achetés pour la campagne franco-allemande furent examinés dans le même établissement. Une petite ambulance y fut même organisée pendant le rude hiver de 1870.

En 1873, il fut question un moment de louer à l'État une grande partie du Parc, pour une durée de trois ans, au prix de 32,000 francs par an. L'administration de la guerre avait l'intention d'y créer une école modèle; les pourparlers n'aboutirent pas, comme toujours.

Nos lecteurs n'ont pas perdu le souvenir de *Jeanne d'Arc*, grande parade patriotique, montée à grand renfort de réclame, et qui renouvela la fumisterie de la prise de Laghouat. Ce fut plus navrant encore, si possible!

En 1873 et 1874, quelques concerts d'été furent organisés par le célèbre flûtiste Rémusat, qui s'était fait entendre dix ans auparavant au cirque de la rue Saint-Sernin.

L'aéronaute-acrobate Braquet, qui devait, quelques années plus tard, périr si tristement en tombant de son ballon, sur la plage de Royan, fit au Parc plusieurs ascensions à l'aide d'un ballon gonflé à la paille et qui, pour toute nacelle, portait un trapèze sur lequel le pauvre saltimbanque exécutait, dans le vide, des exercices qui vous glaçaient d'épouvante. Dans le *Tour du Cadran,* cette « folie-opérette » que le théâtre des Bouffes-Bordelais a jouée quelque temps avant l'incendie qui l'a complètement détruit, et qui était, il y a une douzaine d'années, en grande vogue au Théâtre-Français, Braquet remplissait les intermèdes de ses tours de force, alors très goûtés des spectateurs.

En 1879, on nous donne une nouvelle parade des *Zoulous,* avec la scène de la mort du prince impérial, suivie de brillantes illuminations, d'un bal monstre et d'une retraite aux flambeaux : une macédoine, pour tous les goûts. Cette fois, la fête, organisée, je crois, par M. Cèbe-Lecomte, réussit pleinement. Il y avait foule.

Nouvelle exhibition en 1881 et 1882 : une vraie, celle-là. Il s'agit des Gabilis, qui arrivaient du Jardin d'acclimatation. Les types curieux de cette tribu sauvage jouirent d'un certain succès de curiosité.

Pendant l'Exposition de Bordeaux, les 6 et 7 août 1882, la Société musicale la Bordelaise donna au Parc un très beau festival, avec feu d'artifice, à la suite du grand concours musical qu'on avait organisé et qui avait attiré à Bordeaux une affluence considérable d'artistes et aussi de curieux.

Enfin, pour clôturer l'intermittente série de ces fêtes, le dimanche 15 juin 1884 fut donné par un journal, le *Sport du Midi,* au Parc-Bordelais, un *coursing* ou course de lévriers. Beaucoup de monde, attiré par la nouveauté du spectacle et curieux de connaître ce genre de sport qui jouit, comme on sait, d'une grande faveur en Angleterre.

L'attente du public fut déçue ; il y eut de violentes protestations : la foule brisa les clôtures et se fâcha tout rouge. C'était mérité !

**
* *

Mais revenons à quelques années en arrière, en 1878.

La Société du Parc périclitait, et ses intérêts allaient de mal en pis, chaque jour davantage, lorsque deux de nos honorables concitoyens, à l'initiative desquels il convient de rendre ici un sympathique et reconnaissant hommage, MM. Armand Lalande et Cyprien Balaresque, eurent l'idée d'offrir ce beau domaine à la ville de Bordeaux. Mais la Société avait des dettes, et il importait, avant tout, de sauvegarder les intérêts de tous les actionnaires. Que firent MM. Lalande et Balaresque? Ardemment désireux de doter la population laborieuse d'un lieu de promenade pouvant devenir par la suite un établissement utile, ils firent abandon de leurs actions à la Ville de Bordeaux. Ce généreux exemple fut suivi par une grande partie des porteurs de parts : en fin de compte, il y en avait pour un peu plus de 200,000 francs.

La Société demandait à la Ville le même prix qu'elle avait payé à M. Cutler sa propriété, c'est-à-dire 550,000 francs. La Municipalité, profitant de la libéralité de M. Lalande, ne devait donc plus avoir à payer que 350,000 francs. A ce chiffre, le terrain lui revenait, si je calcule bien, à environ 1 fr. 50 le mètre. L'affaire était bonne, comme on voit.

Le Parc laissait bien, il est vrai, à désirer au point de vue de la nature du sol et de la végétation forestière; on aurait pu demander, pour y arriver, une route plus spacieuse; mais c'est déjà quelque chose de réserver un vaste espace pouvant être l'objet d'améliorations et servir de but de promenade dominicale aux nombreuses familles qui, par suite de la cherté des terrains, ne possèdent pas de bien de campagne et qui vont souvent très loin, par les après-midi suffocantes de juillet, chercher un peu d'air et un peu de verdure.

Le Parc ne contenait dans son ensemble que des garennes, jardins anglais, prairies et pelouses. On pénétrait dans la propriété par cinq portes : deux sur le grand chemin de Caudéran; une, chemin de Peyreblanque; une, chemin d'Eysines; une, enfin, sur le domaine du *Bijou*.

Il y avait quatre puits dans le Parc, dont trois munis de pompes. L'un d'eux, celui du *Bijou*, avait été recreusé à une grande profondeur — le cas n'est pas isolé, malheureusement — pour obtenir l'eau jaillissante par le système Billot; les travaux de forage durent être interrompus en 1870.

La Municipalité fit ce qu'elle devait faire en cette circonstance, et, le 16 mai 1878, notre Conseil municipal autorisait le maire, le regretté Albert Brandenburg, à passer promesse de vente, pour éviter le morcellement de cette belle propriété. Enfin, en juillet de la même année, M. Brandenburg acheta à M. le comte de La Vergne, alors président de la Société, le Parc-Bordelais. Acte de vente fut passé par-devant M° Lafont, notaire de la Ville, le 2 décembre 1882.

**

Ce n'était pas tout. De sérieuses dépenses s'imposaient alors. On était au mois d'août 1884, et M. Grévy, président de la République, venait de déclarer d'utilité publique l'établissement du Parc-Bordelais. La besogne commençait à peine. On s'adressa d'abord à la Municipalité de Caudéran. Le Conseil municipal de cette commune — de ce quartier de notre ville — approuva, on le comprend, la création, sur son territoire, de larges voies d'accès, à charge, par la Ville de Bordeaux, de payer les dépenses de toute nature afférentes à cette création.

Au nom de l'Administration, le regretté M. E. Soulé, adjoint aux Beaux-Arts, rédigea sur la question un sérieux et intéressant rapport indiquant surtout les points sur lesquels notre édilité comptait apporter des améliorations. A la suite du dépôt de ce travail, nouveau rapport de M. Ch. Gaden, lu, celui-là, dans la séance du Conseil municipal du 24 avril 1885. M. Gaden demandait au Conseil de distraire du legs dû à la générosité de M. Camille Godard une somme de 251,304 francs pour commencer les travaux du Parc, qui devaient nécessiter la dépense suivante :

Mise en état du domaine.	152,000 fr.
Création d'un lac.	60,000
Forage du puits artésien et divers.	39,304

Les 500,000 francs de supplément devaient être pris sur les finances de la Caisse municipale.

La Commission mit à l'étude divers projets qui répondaient au désir des habitants des environs, notamment celui d'ouverture d'une large voie, avec place isolant le Parc dans sa partie est. Au nombre des propriétés expropriées pour cause d'utilité publique, je trouve celles de MM. Mac, Cailleau, Courtet, Paul Dupuy, Belouguet aîné, Perey, Despouys, Mareuge, Grossin, Vassivière, Lacroix, Pontier, Boyer, Duranteau ; enfin, Mme Veste, cantinière à Angers ; en tout, 10,675 mètres carrés.

L'idée, tout d'abord conçue, d'avoir recours aux eaux de la Ville pour alimenter la rivière du Parc ayant été abandonnée en faveur du forage d'un puits artésien, un traité fut conclu à cet effet. Moyennant 50,000 francs, l'entrepreneur, M. Bellamy, s'engageait à conduire le forage à 275 mètres.

La profondeur était, il y a peu de temps, près de 500 mètres ; elle n'avait pas avancé depuis deux semaines — et les nappes ascensionnelles n'étaient pas rencontrées ! Mais il ne faut pas désespérer, certes ! Les puits artésiens d'Hébert, de Grenelle et de Passy, entre autres, pour la création desquels de grands travaux ont été accomplis, ont coûté davantage sans donner de résultats immédiats. Et tel qu'il est, même en admettant l'abandon du forage, notre puits pourrait toujours fournir, au moyen d'un moteur, une quantité d'eau estimée à environ treize cents litres par minute : c'est déjà gentil, n'est-ce pas ?

**

Loin du bruit de la foule, des vivats, des discours, des pétards, qui éclatent dans les jambes des dames, des fanfares joyeuses, qui forment l'accompagnement obligé de toute inauguration qui se respecte, j'ai tenu à visiter hier en détail, pour la première fois, notre petit Bois de Boulogne, et j'atteste Dieu et les anges que je recommencerai quand on voudra par les belles soirées étoilées qui vont venir, seul ou en poétique compagnie.

L'avenue du Parc, dont on va faire, très légitimement,

l'avenue Carnot, que vous connaissez, et qui commence au boulevard de Caudéran, presque en face la rue Naujac, a 22 mètres de largeur sur près de 350 de longueur. L'ancien chemin de Peyreblanque, qui longeait un côté de la propriété, a été prolongé, parallèlement au Parc, jusqu'au chemin de Saint-Médard, par une voie de 12 mètres de large, macadamisée, très belle, qui pourrait servir de piste au besoin.

Au haut de l'avenue du Parc se dresse le portail, formé de douze piles aux armes de la Ville (les croissants enlacés). La grille, une œuvre d'art solidement assise sur ses bases, créée sur les dessins de M. Durand, est surmontée de quatre porte-lumière, avec tubes glissant parmi les ferrures, pour servir à l'aménagement du gaz, ou, quand nous serons riches, de la lumière électrique. A côté, sont pratiqués deux portillons réservés au public. (Sur le cours Saint-Médard et au Petit-Chemin-d'Eysines, deux entrées ont été faites; elles sont à pans coupés pour faciliter l'accès des voitures.)

On entre dans le parc. A droite et à gauche, deux garennes d'ormeaux et d'acacias. La vue s'arrête et se repose, après avoir suivi les courbes légères des allées, correctement tracées, toutes blanches au soleil, toutes neuves, bordées d'une foule de bancs, sur les massifs fort artistement plantés, et sur les flancs desquels pointent de petites fleurettes de saison, semblables à des gouttes d'or mat.

Une voie de 12 mètres, pour chevaux et voitures, est parallèle à la grille. Les allées réservées aux piétons sont barrées. Elles sont toutes disposées de façon à aboutir à un rond-point central, où sera installé un kiosque pour la musique.

Les pelouses mettent par place, dans ce tableau calme et riant au possible, comme de grandes taches d'un vert sombre. Leur gazon sera livré au public, qui aura le loisir de s'y esbaudir tout à son aise et de s'y oublier dans un doux nonchaloir, après dîner, les dimanches.

Au delà coule la rivière argentée, fière de sa canalisation spéciale, objet des plus grands soins, un peu moutonneuse, très claire, sur un des bras de laquelle, en face du portique, un pont sera jeté. Un grand lac, bordé de bambous jaunes et noirs qui se penchent sur l'eau scintillante au soleil, et entouré d'une allée plantée de jeunes marronniers et de chênes pas plus hauts que ça, a été très habilement conçu et exécuté mieux encore.

La surface du lac — qui ne mesure pas moins de 147 mètres dans sa plus grande largeur — et de la rivière réunis, est d'environ 13,000 mètres carrés. Le pourtour est de 850 mètres; la profondeur moyenne de 80/90 centimètres, ce qui est très convenable pour prendre un bain... sans danger. 11,000 mètres cubes d'eau limpide roulent dans ce canal de béton.

Sur un point, soudain, l'eau jaillit d'une grotte rocheuse, œuvre de M. Carrère-Bernard, avec un petit clapotement. C'est à donner l'illusion d'une rocaille naturelle parmi les herbes, les plantes, la mousse, la végétation presque sauvage, avec des stalactites, des cavernes, où les suintements, ménagés avec un grand soin, ont laissé d'ineffaçables traces. La cascade, de naissance des roches, est d'un admirable effet. Tout est disposé avec un grand souci de la vérité. Les pierres ont été transformées à l'aide d'un ciment spécial; les diverses teintes sont très accusées, et les stalactites se détachent des fonds noirs des gouffres avec un grand relief.

Une surélévation du rocher ne nuirait cependant pas, à mon hnmble avis, à l'harmonie de l'ensemble, bien que l'eau ne monte actuellement qu'à 80 centimètres. On pourrait aussi accidenter un peu plus certains côtés, par l'amoncellement pittoresque des pierres, leur donner, de-ci, un peu plus de hardiesse et de mouvement, de-là, ce caractère de chaos de la nature, qui a fait pour nous, parfois, de si belles choses.

Plus de 80 mètres cubes de pierre dure de Pujos ont été employés à cette rocaille, un des coins les plus grandement pittoresques de notre Parc, à l'entrée duquel, sur la route de Saint-Médard, est installé un restaurant très riche, dont la vogue sera durable, avec jardin spécial alentour, plein de parfums et de chants de fauvettes. Le délicieux tableau que va faire ce recoin tranquille et frais!

Il convient de citer ici les personnes qui ont concouru à

l'embellissement du Parc-Bordelais : M. Wolff, inspecteur des ponts et chaussées, directeur du service des eaux, à qui on doit les travaux de voies et de rivière; M. Escarpit, qui a fait le jardinage; enfin, M. l'architecte-paysagiste Bühler, un artiste de grand mérite, qui en a dressé le plan général.

M. Bühler a donné ici les mêmes preuves du savoir et de l'intelligente expérience qu'on a remarquées à Marseille et à Lyon, notamment. L'idée dominante ayant été de tirer parti de tout ce qui existait, l'aspect général du terrain est conservé, mais l'espace semble agrandi par un habile artifice. Quelques petits vallons jetés çà et là viennent rompre la monotonie de l'ensemble.

Des allées amples qui donnent, tout là-bas, de la profondeur aux parties boisées; des pentes et des courbes adoucies qui prêtent plus d'élégance aux pelouses; une grande harmonie de nuances dans le groupement des feuillages, tout cela frais, coquet, propre, pimpant neuf : une belle page d'exquise et intense poésie champêtre, un éden, plein de modernité toutefois, plein de charme; quelque chose, enfin, comme un paradis démocratique.

XXIII

La Place du Vieux-Marché

C'en est fait. Le vieux Bordeaux de nos pères désormais a vécu. Il a disparu complètement sous la pioche du démolisseur, qui s'est acharnée après lui et qui, pierre à pierre, brique à brique, est arrivée à détruire, implacable et féroce, les derniers vestiges du passé, les derniers souvenirs des époques oubliées, souvenirs pittoresques dans leur authentique vétusté, étranges et pleins de cette poésie d'archaïsme que l'on ne comprend plus, dans leur délabrement, leur abandon et leur air de morne tristesse, de grise mélancolie, qui inspirent pour ces vieilles choses le même respect que l'on a pour les vieilles gens.

Que reste-t-il du Bordeaux de la Fronde, de 89 et même de la Restauration? Quel spécimen des vieilles habitations a-t-on conservé? De-ci, de-là, nous retrouvons encore, au hasard de la promenade dans la ville, quelques maisons deux fois centenaires que l'on s'est empressé d'ailleurs de badigeonner, de retaper, pour leur donner un cachet de modernité qui hurle avec la structure de ces édifices. D'autres, plus humbles, plus modestes, plus cachées, et qui ont joué, il est vrai, un rôle bien plus effacé dans notre histoire locale, sont abandonnées presque jusqu'au jour où l'on s'aperçoit qu'elles ne sont pas à l'alignement, qu'elles sont laides et disgracieuses, et où, enfin, l'on se décide à les faire démolir. C'est dans l'ordre de choses établi : elles seront remplacées bientôt par d'élégantes constructions, spacieuses, confortables et remplissant toutes les conditions d'hygiène désirables.

Je passais, il y a quelques mois, sur la place du Vieux-Marché — ce coin si curieux de Bordeaux dix fois centenaire — et je me suis aperçu que, sans tambour ni trompette, on était en train de démolir les vieilles maisons qui se trouvaient à l'angle de cette place et de la rue du Pas-Saint-Georges, qui, autrefois, de la rue du Loup à la place du Vieux-Marché, portait le nom de rue des Épiciers.

Certes, il n'y a rien dans ce fait qui puisse nous faire verser des torrents de larmes. Ces maisons, ces masures, qui, au siècle dernier, servaient à des étaux de bouchers, ne présentaient aucun intérêt archéologique, et cependant, si on tient compte de la place qu'elles occupaient, si on songe surtout qu'elles étaient les dernières du vieux Bordeaux dont on nous parle tant, on ne peut s'empêcher, moi surtout, de saluer leur disparition subite de quelques mots de regret.

Il y a vingt-huit ans, c'est-à-dire avant le percement définitif du cours d'Alsace-et-Lorraine, quelques maisons bâties en bois, restes de Bordeaux des xvie et xviie siècles, donnaient à la place du Vieux-Marché un aspect très pittoresque. On voit encore, disent nos historiens locaux, en Bretagne et dans une partie de l'Aquitaine des constructions identiques. Elles étaient bâties en torchis avec des poutres liées, dont les vides étaient garnis de terre et de briques, et parfois recouvertes d'ardoises; des poutrelles reliant les poutres étaient disposées obliquement. Dans quelques-unes, les étages surplombaient à mesure qu'ils s'élevaient. Les hautes toitures se terminaient en angle aigu. Les matériaux d'une des maisons bâties en bois, du vieux Bordeaux, qui se trouvait à peu près à l'angle actuel de la rue du Pas-Saint-Georges et du cours d'Alsace-et-Lorraine, ont été achetés par la Ville, qui pourra, un jour ou l'autre, faire réédifier, à côté du musée lapidaire et du Palais-Gallien, cette construction. Les architectes qui présidaient à la construction de ces maisons n'avaient évidemment pas un sentiment de l'esthétique très développé ; il les posaient donc un peu à l'aventure, sans soin, sans recherche, sans goût. D'ailleurs, à cette époque douloureuse pour le peuple, bouleversée par tant d'événements ; dans cette vie sociale si fortement accidentée, souvent vigoureusement dramatique, la nécessité de la défense contre les ennemis du dedans et du dehors exigeait que les rues fussent étroites et tortueuses. On ne se faisait pas faute, pour cela, de se rendre aux raisonnements des stratégistes qui dirigeaient les opérations de ces temps-là et les mouvements populaires aussi nombreux que sanglants.

Les habitations des personnes de distinction n'étaient pas plus soignées que celles de la plèbe ; au contraire, elles se faisaient remarquer par un plus grand délabrement, leurs possesseurs semblant regarder la vétusté de leurs hôtels comme une preuve héraldique de l'ancienneté de leur famille.

Je donnerai à ce sujet — dans un ouvrage local encore en préparation, — de curieux et bien édifiants renseignements.

Ces maisons du bon vieux temps ont peu à peu diparu avec les améliorations apportées successivement à notre ville. A part quelques constructions en pierre situées place Sainte-Colombe, rues Saint-James, Porte-Basse, du Cancera, de la Devise, des Argentiers, de Corcelles et du Loup, angle de la rue Arnaud-Miqueu, je ne vois rien qui soit digne d'être signalé. Il y a quelque cinquante ans, c'était bien autre chose. On en trouvait dans le quartier Saint-Michel, puis dans les rues Bouhaut, des Augustins, des Bahutiers, Beaurepaire, Entre-Deux-Places, des Faures, Poitevine, Bouquière, de la Rousselle, de la Chapelle et du Fort-Saint-Jean, au coin des rues d'Enfer et du Cerf-Volant, au coin de la rue des Faures et des Fossés-Bourgogne. On les a démolies ou défigurées en les restaurant.

Une construction assez élevée, dans le genre de celles de la Bretagne et d'une partie de l'Aquitaine, que je citais tout à l'heure, et qui présentait le plus de caractère et de couleur, se trouvait, il y a six ans, à l'angle du Vieux-Marché et du morceau de rue qui conduit de là à la place Sainte-Colombe, L'élégante maison qui l'a remplacée en 1882 est occupée par les magasins de quincaillerie de Mme V° J.-L. Sainte-Marie.

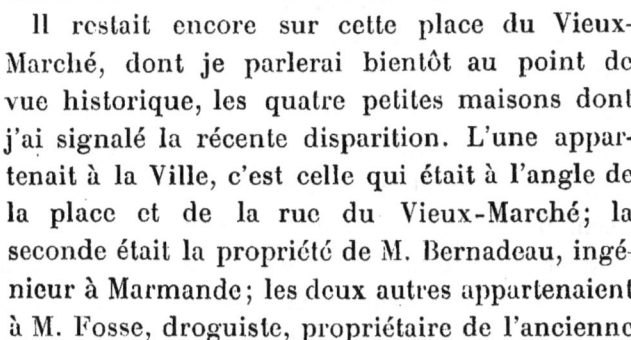

BLAYE

Il restait encore sur cette place du Vieux-Marché, dont je parlerai bientôt au point de vue historique, les quatre petites maisons dont j'ai signalé la récente disparition. L'une appartenait à la Ville, c'est celle qui était à l'angle de la place et de la rue du Vieux-Marché; la seconde était la propriété de M. Bernadeau, ingénieur à Marmande; les deux autres appartenaient à M. Fosse, droguiste, propriétaire de l'ancienne droguerie François, installée dans la rue du Pas-Saint-Georges depuis si longtemps. M. Fosse est aussi propriétaire d'un immeuble situé, je crois, au n° 73 de la rue du Pas-Saint-Georges, et qui fut acheté, il y a deux siècles environ, au riche et « tout puissant chapitre de Saint-Seurin-les-Bourdeaux, dans le faubourg Saint-Seurin ».

Je n'ai rien trouvé de particulier dans les actes de vente des quatre maisons dont la démolition fait l'objet de ce chapitre. Mes recherches ont cependant remonté très loin dans les temps écoulés, presque jusqu'à l'époque de leur construction. Ces maisons, tous les Bordelais les connaissaient, avaient à peine chacune deux mètres cinquante de façade sur cinq mètres de profondeur. Elles se composaient d'une pièce au rez-de-chaussée avec, au fond, à droite, un escalier conduisant à l'unique pièce de l'unique étage; les cloisons étaient en brique. Elles offraient ceci de particulier qu'elles possédaient toutes quatre des combles non cloisonnés, ce qui pouvait permettre aux divers locataires de ce pâté de constructions de communiquer entre eux par les greniers, sans se déranger. Eh! ce n'était pas déjà si mal inventé pour les malfaiteurs, par exemple... ou pour les amoureux — ces autres malfaiteurs !

*
* *

Il m'a paru bon de recueillir des renseignements — peut-être intéressants — sur la place du Vieux-Marché elle-même, ce centre de ravitaillement populaire de jadis.

Cette place — Marché-aux-Veaux — fut, jusqu'en 1801, époque à laquelle le Grand-Marché, construit sur l'emplacement de l'ancien hôtel de ville (Saint-Éliége : Éloi) et du collège de Guyenne, fut livré au public, le seul endroit où on débitât toute espèce de comestibles. C'était le Grand-Marché, *lo Mercat*, comme dit Bernadau, depuis un temps immémorial, car on a retrouvé des contrats relatifs à des ventes faites à des membres de la pieuse confrérie des bouchers en 1350; les boucheries alors étaient appelées *breuterias* (de lieux des bêtes brutes). On se souvient que, dans un précédent chapitre, j'ai indiqué que sur la droite de la place du Vieux-Marché était installé le *mû* (réunion de tueries privées), qui fournissait la viande nécessaire à la consommation de la ville. La rue du Mû était une de ces petites voies (ruelle ou cul-de-sac) étroites, tortueuses, montueuses, sans air, bordées de maisons humides, échoppes en contre-bas de plusieurs mètres, aux alentours de l'église Saint-Paul, qui disparurent lors du percement du cours d'Alsace-et-Lorraine; la rue du Mû conduisait directement à l'abattoir. Ce nom ne venait pas, comme on l'a dit, du mugissement que font entendre les bœufs lorsqu'on les abat, mais bien de ce que cette rue longeait un ancien mur de ville, car elle est appelée *rua de sublus murum* et *rue dessus le mur* dans les vieux titres des archives. Il convient aussi de dire, à ce propos, qu'un marché au bétail, où les bouchers s'approvisionnaient, avait été établi par M. de Tourny sur la place extérieure de Porte-Neuve. L'abattoir que nous connaissons n'existait pas encore, puisqu'il a été construit seize ans après le premier installé à Paris, en 1826, sur l'emplacement où s'élevait autrefois le fort Louis.

Tout autour du Vieux-Marché, les bouchers avaient loué de petits magasins qui leur servaient d'étaux, et où ils débitaient leur marchandise saignante. Sur les quatre maisons qui viennent de disparaître, trois étaient occupées, à la fin du siècle dernier, par des bouchers et une par un épicier au détail. Tout près, se trouvaient plusieurs cabarets ou auberges, en particulier la *Taverne de l'Échiquier*, qui était autrefois le lieu de rendez-vous des Anglais.

Sur la place du Marché, tous les bancs des marchands étaient mobiles et en plein air. Au centre se trouvaient trois halles couvertes. C'étaient : la Paneterie, seul endroit où il fût permis de vendre du pain coupé par morceaux; le Pilouret, vieille tour de dix mètres, couronnée d'un pignon et d'une girouette, sorte de loge pour la vente du gibier; elle était affermée au profit du bourreau, qui y serrait ses appareils de supplice. Le bourreau, qui prélevait, en paiement de sa sinistre besogne, des droits sur des marchandises vendues sur divers points de Bordeaux (quais aux vins et aux bois, marchés, etc.), était dénommé, dans les anciennes chroniques, « roi des Arlots, » parce qu'il faisait aussi l'inspection des maisons mal famées (appelées *Harlots* sous la domination anglaise). Plus tard, il était simplement désigné sous le nom de *Pendard*. Près du Pilouret (pilori) était un poteau auquel était fixé un carcan en fer, où étaient solidement attachés les malheureux condamnés à l'exposition publique. Il y avait enfin, comme troisième halle, la Clye ou Clide, fermée à claire-voie, et où se vendait le gros poisson de mer, après contrôle et sous les ordres des officiers poissonniers de la jurade.

Et, à ce sujet, je tiens à vous donner les renseignements suivants fort peu connus sur le droit dit « de huitain », autrefois perçu dans les marchés de Bordeaux. Jusqu'en 1795, le gros poisson de mer, qu'on apportait de La Teste-de-Buch, appartenant au captal le seigneur duc d'Épernon, était vendu exclusivement dans la Clye. Ce poisson payait, de temps immémorial, le huitième de sa valeur aux propriétaires du fief de Puy-Paulin (d'Épernon), dont la demeure est devenue plus tard l'hôtel de l'Intendance. De là le mot de « huitain ».

***

Je voudrais vous dire un mot des principaux et derniers événements politiques qui eurent pour théâtre le Vieux-Marché.

Lors des troubles de la Fronde, deux partis divisaient Bordeaux : les *Ormistes*, recrutés parmi la populace (que l'on désignait de la sorte parce que leurs réunions avaient lieu sur l'esplanade, plateforme qui se trouvait devant l'église Sainte-Eulalie, et qui était plantée d'ormes depuis l'année 1618), et les *Bien-intentionnés* ou *Chapeaux-rouges*, ainsi nommés parce que la plupart des gens de ce dernier parti étaient propriétaires dans le vieux quartier du Chapeau-Rouge.

Le 24 juin 1652, sur la provocation d'un nommé Jacques Renaud, qui a bien pu habiter une des petites maisons de M. Fosse, un détachement d'Ormistes attaqua, au coin de la rue du Pas-Saint-Georges et du Marché, une bande de Chapeaux-rouges. Ceux-ci, poursuivis, se réfugièrent dans une maison de la rue Sainte-Catherine, à la hauteur de l'église Saint-Projet, et s'y barricadèrent. Les Ormistes, avec une barbarie révoltante, ignoble, mirent le feu aux quatre coins de la maison — et cent de leurs adversaires furent brûlés vifs.

Plus tard — il s'agit de troubles de la *gabelle* — suscités par l'établissement d'impôts très lourds et très nombreux — le 26 mars 1675, le peuple de Bordeaux s'ameuta. Des femmes, armées de couteaux de boucher et de pierres, partant du Marché, se dirigèrent en vociférant vers la rue du Loup. Déjà, nous apprend-on, un attroupement nombreux s'était formé dans cette rue, vis-à-vis la boutique d'un potier chez qui le jurat Fonteneil, assisté d'un commis du fisc et appuyé par les archers du guet, apposait la marque d'étain. Quelques *harengères* poursuivirent les gens du fisc à coups de pierres, et les obligèrent à se réfugier dans une maison de la rue « Darnaud-Miqueu », près de la rue du Loup.

Le lendemain, le peuple, parti des halles et armé de bâtons, parcourait les rues du quartier. Quelques révoltés, qui venaient de la porte Sainte-Croix, sonnèrent le tocsin, attirant tous les gens des environs. Le Parlement intervint, sur la demande de M. de Montaigu, gouverneur du Château-Trompette.

* * *

Le Parlement de Bordeaux, institué par lettres-patentes de Louis XI, avait été installé le 12 novembre 1462. Il se composait de cent dix-sept officiers titulaires et se divisait en cinq sections particulières appelées : la Grand'Chambre, la Tournelle, les deux Chambres des Enquêtes et celle des Requêtes. Le Parlement siégeait dans l'ancien palais de l'Ombrière, ainsi que les tribunaux de l'Amirauté et du Sénéchal de Guyenne. Ce palais, qui fut la demeure des anciens ducs d'Aquitaine, avait été bâti par l'un d'eux au commencement du xe siècle. Il s'élevait sur le terrain où l'on a ouvert la rue du Palais-de-l'Ombrière en 1801.

Donc, le Parlement rendit un arrêt qui défendait les attroupements sous peine de mort — tout simplement — avec ordre aux jurats d'y tenir la main. Mais les séditieux, loin de s'en effrayer, n'en furent que plus irrités, et, au cours de leurs manifestations, le conseiller Tarneau, demeurant à Saint-Julien, non loin du quartier des *Gahets*, voulant faire entendre raison aux rebelles, fut étendu raide mort par un coup de mousquet. Les bons arguments !...

* * *

Le quartier des Gahets, dont je viens d'écrire le nom, mérite, ce me semble, ici une mention spéciale. Les gahets étaient des gens qu'on prétendait descendre des Goths qui étaient restés en Guyenne après l'irruption que ce peuple y avait faite. Leurs familles ne s'alliaient pas avec celles des Bordelais. Il était même défendu aux gahets, par un statut de Bordeaux de l'an 1555, de paraître en ville sans avoir sur leurs habits une marque distinctive prescrite, car on les disait atteints de la lèpre.

Ces préjugés n'étaient pas complètement éteints au siècle dernier, car un arrêt du Parlement, en date du 17 mars 1738, fait « défense de molester aucuns particuliers prétendus descendus de la race de Giezzi et de les traiter d'agots, cagots, gahets et ladres, à peine de 500 livres d'amende ».

De ce moment-là, les gahets furent admis à toutes les assemblées des habitants de notre ville, aux charges municipales et aux honneurs de l'église. Il est à remarquer que, seule, auparavant, l'église paroissiale de Saint-Nicolas-des-Graves, à deux pas du chemin de Toulouse, leur était ouverte.

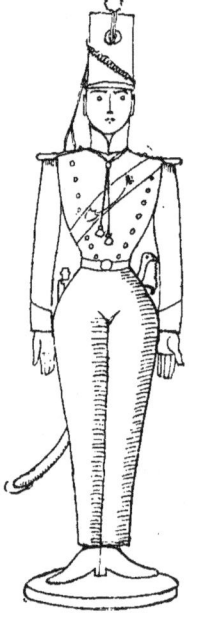

GARDE NATIONALE
DE LA MARINE

* *

Enfin, on parlementa de nouveau (c'est le mot); on fit des concessions réciproques, et, le 16 avril 1675, une déclaration royale, accordant amnistie complète, fut enregistrée au Parlement de Bordeaux; elle restituait tous les séditieux en leur bonne « fâme et renommée ». Elle donna lieu à une cérémonie solennelle, consignée aux chroniques du temps.

Mais l'échauffourée recommença. Le 19 juin, un crocheteur et un porteur de chaise jugés coupables de fomenter des troubles et d'avoir affiché à la porte du vieil Hôtel de Ville, ainsi que devant une boutique de marchand de la rue Bouquière, un placard menaçant, si le papier timbré, le contrôle des actes et la marque d'étain (en un mot, les impôts indirects que le peuple appelait *gabelle*) étaient rétablis, de tuer et de brûler les jurats et même le maréchal d'Albret, commandant la province de Guyenne, furent arrêtés. Il fut reconnu qu'ils avaient signé leur proclamation : « les Enfants-Perdus, » ce qui constituait sans doute un crime impardonnable, et ils furent envoyés aux galères.

* *

Entre temps, le mécontentement du populaire se traduisait, ce qui valait, parbleu! cent fois mieux, par des chansons.

Un certain nombre d'entre elles sont arrivées jusqu'à nous.

J'ai choisi la suivante parmi celles qui peuvent — décemment — être reproduites :

> Que tu nous causes de tourment,
>   Fâcheux Parlement;
>   Que tes arrêts
> Sont ennemis de nos intérêts!
> Le carnaval a perdu tous ses charmes,
>   Tout est en armes,
>   Et les amours
> Sont effrayés par le bruit des tambours!
>
> La guerre va chasser l'amour
>   De toute la cour,
>   Et de Paris
> La peur bannit les jeux et les ris.
> Adieu le bal, adieu les promenades,
>   Les sérénades,
>   Car les amours
> Sont effrayés par le bruit des tambours!
>
> Mars ôte tous les revenus
>   A dame Vénus.
>   Nos chères sœurs
> N'ont à présent ni argent ni douceurs;
> L'on servirait pour un sac de farine
>   La plus divine,
>   Car les amours
> Qui sont enfants veulent manger toujours.
>
> On ne voit plus d'esprit sensé,
>   Tout est renversé.
>   Le sénateur
> Tranche à présent du gladiateur;
> Les échevins ont quitté la police
>   Pour la milice,
>   Et le bourgeois
> Croit avoir droit de réformer nos lois!

***

Le peuple a toujours payé les amusements bruyants qu'il se donne. Les Bordelais, le 16 août 1675, essayèrent de rééditer les journées de mars. Mal leur en prit. Vaincus encore, ils furent obligés de livrer les moteurs de la révolte. Douze hommes et une femme furent condamnés à mort; trois séditieux furent brûlés vifs sur la place de Cantcloup. Les neuf autres hommes et la femme furent pendus après avoir été exposés publiquement au pilori du Vieux-Marché. On paya très cher, paraît-il, les places aux fenêtres des maisons voisines pour assister à ce charmant spectacle.

A ce moment, le comte de Montaigu était deuxième commandant en chef de Bordeaux; M. de Clugny, intendant de la généralité; le marquis L. d'Estrades, maire, et, si mes souvenirs me servent bien, Alexandre-Antoine de Gasq venait de présider le Parlement.

***

Mais des années s'écoulent. La Révolution, l'Empire, la Restauration passent. Survient le mouvement de 1830; il a son grand écho à Bordeaux. Pour essayer d'endiguer le flot populaire, une proclamation est rédigée par les autorités le 31 juillet, et l'on a l'idée, malgré l'effervescence qui s'accuse de toutes parts, de faire escorter le commissaire qui doit la lire sur la place publique par une des brigades de l'escadron de chasseurs à cheval envoyé de Libourne. Sur la place du Palais, les gens du peuple sifflent; à la place du Vieux-Marché, même accueil est réservé à la prose municipale. L'agitation est à son comble. Les cavaliers de l'escorte reviennent en débandade jusqu'à l'Hôtel de Ville (nouveau lycée); et, sur les Fossés, après les sommations d'usage, l'escadron, qui vient d'être requis, fait feu comme un seul homme, et les manifestants et les curieux sont refoulés par les rues Poudiot (Teulère), Désirade, Saint-James, avoisinant la Grosse-Cloche, jusque sur les places environnantes. Il y eut fort heureusement, ce jour-là, paraît-il, plus de bruit que de mal, puisque quatre personnes seulement furent tuées dans la bagarre. Je trouve cependant le chiffre très suffisant, et je désire, Bordelais mes frères, que cette leçon vous soit profitable dans l'avenir.

C'est peut-être le seul enseignement que l'on puisse tirer de la démolition des dernières maisons du vieux Bordeaux, si original, si pittoresque, qui nous cause du regret. Mais, vous savez, par le temps qui court, c'est déjà quelque chose, c'est déjà pour nos âmes une consolation. Et puis encore, « mieux est de ris que de larmes écrire, » comme a dit le bon et joyeux curé de Meudon, qui, celui-là, se connaissait à merveille aux choses de la vie — et qui l'a bien prouvé.

XXIV

A la « Halte des Bons Vivants ».

achée pudiquement, comme une violette, tout contre une vaste propriété d'agrément, pleine d'ombrage doux, à deux pas du boulevard du Tondu, une guinguette avec des charmilles minuscules et des bosquets grands comme la main, dont les treilles bourgeonnantes ont de bonnes senteurs au rire des premiers beaux jours; ni salle de danse, ni cabaret, ni restaurant; ceci et cela à la fois : c'est la *Halte des Bons Vivants,* tenue par le père et la mère Boissier.

Et jamais nom ne fut plus exactement donné et porté; jamais qualification ne fut mieux justifiée. Quand on sort de Bordeaux par les larges voies de ce quartier nouveau et déjà si populeux, grouillant, un peu tumultueux parfois, qui précède les casernes, on a devant soi, après avoir fait quelques pas sur le boulevard, un petit chemin boueux, bourbeux, défoncé, longé d'ornières.

C'est là qu'il faut vous engager. Le petit chemin, si vilain sous la brume, est adorable au mois de juin, bordé de haies où les glycines, les chèvrefeuilles, les roses sauvages largement épanouies mettent des tonalités claires; bordé aussi, le petit chemin, d'arbres séculaires dont les branches enlacées, tout là-haut, dessinent comme un dôme de verdure, élégant et plein de hardiesse, à travers lequel l'azur paraît à peine, les nuits.

A deux cents mètres, au milieu de ce petit chemin, à droite, vous apercevez un mur en saillie, à partir duquel la chaussée se rétrécit un peu. Un artiste inhabile et brouillé avec l'orthographe a peinturluré jadis sur ce mur, en lettres noires qui s'effacent et disparaissent à mesure que le mur s'effrite, la mention suivante : *A la allhe des bons vivans. — Boissier, vins et liqueur. Salle de dance.* Tournez, entrez, faites deux pas, ouvrez une porte basse, descendez une marche : vous êtes rendu. Saluez.

Elle est bien nommée, je l'ai dit, l'auberge des *Bons Vivants*, puisque, il n'y a pas plus de trois ans, le dimanche et les jours de fête, l'été, depuis l'aube jusqu'aux dernières limites de la soirée, on y festoyait, on y dansait, on y chantait, on s'y battait — car il y avait bal, table rustique d'hôtes et café. La clientèle se recrutait où elle pouvait, un peu à l'aventure, parbleu ! parmi les gens du quartier, à quelques cents mètres à la ronde, paysans ou ouvriers, joyeux drilles auxquels venaient se joindre — sans se mêler — les calicots, les saute-ruisseaux et les trottins, les bonnes dont c'était le jour de sortie, et les militaires dont c'était le jour de bonheur. Pends-toi, mon vieil Auber !

La maison a été bâtie il y a vingt ans. D'abord une petite salle basse — où il était défendu de fumer, mais où l'on fumait extraordinairement, comme des cheminées modernes — ornée d'un comptoir capitonné de zinc, et, tout autour, de modestes tables de bois — blanc autrefois — assorties de bancs de même métal ; deux ou trois tabourets de paille pour les « dames du monde » et les messieurs bien mis ; les premiers arrivés en profitaient, tant pis pour les autres !

Le père Boissier était assis les dimanches dans son comptoir dont il ne serait pas sorti pour un... canon, sous aucun prétexte. Bedonnant, rougeaud, heureux, pas encore la cinquantaine. Digne avec les inconnus, il devenait bienveillant, souriant, jovial même, lorsqu'il s'agissait des habitués. Très doux aussi avec Mme Boissier, une femme rondelette, boulotte, sur le retour, qui, dans la petite cuisine attenante — un réduit, à gauche — surveillait les fourneaux, mesurait et servait les consommations; toujours empressée, accorte, avenante; épluchait, découpait, remuait, assaisonnait, emplissait les bouteilles, triturait les *mêlés* et faisait les additions sur une ardoise — car on la dit instruite, Mme Boissier : c'est même elle qui faisait les commandes écrites aux fournisseurs. Le père Boissier prétendait que cette besogne l'ennuyait, qu'elle n'était pas digne de lui : au fond, je crois qu'il n'est pas bien *calé!*

Immédiatement après le café-restaurant venait une salle cinq ou six fois plus grande que la première, et où les bals avaient lieu! Ah! il était mêlé le public de ces sauteries dominicales : tourlourous et cordons bleus, jeunes ouvrières et *flambeaux* de Saint-Bruno, à accroche-cœurs pommadés, avec leurs *mistoises*. On y parlait beaucoup, un peu de tout, sur tout, et à propos de tout. Le caboulot se faisait bastringue, alors. L'argot des faubourgs, cet idiome si expressif dans sa naïveté ou dans son cynisme, y florissait particulièrement les après-midi des dimanches. Mais jamais l'intervention de la police n'y fut nécessaire. La salle de danse, aux murs blanchis à la chaux, avec de beaux filets rouges en cadre et des arabesques capricieuses aux angles, pouvait bien contenir deux cents personnes. Des bancs de bois blanc alentour, des guirlandes de papier multicolore terni, fané par la poussière et le soleil, aux poutres de la voûte, et, au milieu, en face de la porte faisant communiquer avec la première pièce, une estrade où cinq musiciens sans grosse caisse, voire même sans caisse roulante, auraient eu toutes les peines du monde à se tenir assis, à se caser convenablement. Par mesure d'ordre et d'économie, les musiciens étaient supprimés, sauf dans les cas solennels — fêtes nationales, repas de noce ou de baptême — et remplacés — peut-être avantageusement, après tout! — par le traditionnel orgue de Barbarie, faux, étique, époumoné. Mais les danseurs, les fanatiques, les intrépides se souciaient bien du mauvais rythme et de la justesse de l'instrument lamentable! Et je les vois encore piquer, avec cette conviction que nous ne connaissons plus — hélas! le pas du « Désespoir d'Arthur » ou celui de la « Grenouille qui a trouvé un timbre-poste »! C'était inénarrable d'entrain, de gaîté jeune, de franche et bonne humeur.

Puis, le soir, il fallait servir à manger à presque tout ce monde — et c'était le plus clair des bénéfices du ménage Boissier — qui s'installait où il pouvait, dans la première salle ou dans la seconde, ou encore sous la demi-douzaine de tonnelles, comme emmitouflées de verdure, du jardinet qui faisait suite au temple campagnard de Terpsichore. A chaque minute, des cris plus ou moins euphoniques — des cris de ventres affamés — partaient de tous les coins et arrivaient, confus mais bruyants, aux oreilles ahuries du personnel de la maison, lequel personnel se composait, pour ces jours de grande solennité, de la mère Boissier, du père *dilo* — qui, pour la circonstance, daignait descendre de son comptoir — et d'une jeune servante maigrichonne, grincheuse, louée seulement à la journée.

Comme dans les cabarets d'Alfred Delvau, les pommes de terre jouaient le plus grand rôle dans la confection des mets; comme dans ces cabarets, de mémoire d'estomac, on n'y avait jamais demandé ni mangé de perdrix, de cailles, de truffes, d'huîtres — que vais-je dire? — pas plus que de sauce à la mayonnaise, à la marengo, à la béarnaise, à l'espagnole ou au velouté. L'ordinaire y était très ordinaire, car les clients du lieu n'étaient, ne sont pas riches, et d'ailleurs les dents de vingt ans grignotent tout avec la plus sereine philosophie. Autant de pris sur l'ennemi,

Je suis allé quelquefois, en ce temps, à la *Halte des Bons Vivants*, en compagnie de miens camarades, aujourd'hui non pas encore célèbres, mais en passe de le devenir. Dans la semaine, l'été, le travail terminé, nous nous échappions jusqu'à ce petit coin tout plein d'ombre et de senteurs aimables. On s'y trouvait en compagnie de rouliers et de cantonniers. Nous y allions de préférence, car la bière y était toujours fraîche et pas chère, et l'accueil toujours cordial. On s'oubliait dans des causeries interminables, on « dévidait un jars » littéraire et artistique à faire oublier celui de l'hôtel de Rambouillet; on causait d'avenir; on caressait d'irréalisables projets. On fondait des journaux, entre temps, de vrais journaux, qui vivaient bien trois ou quatre numéros, ce qui faisait déjà un mois; on s'y sentait libre, sans étiquette, sans contrainte, sous le bon et clair soleil, sous l'œil maternel de la mère Boissier qui nous prenait pour des hommes illustres en villégiature. Et nul de nous ne songeait à l'en dissuader, certes, bien au contraire!

J'y ai vu de joyeux garçons, charmants compagnons, aimables fumistes surtout, dans ce groupe, et tous se sont dispersés depuis des années aux quatre vents de la vie, « mariés qu'ils sont avec le public ». Il y avait là Abel Mignon, un graveur de beaucoup de talent, qui faisait des vers — très beaux disaient les intimes, mais qui sont encore inédits ; Léonce Burret, le futur chef d'orchestre des scènes chantantes, le futur grand homme des Décadents, mais surtout à ce moment le dessinateur si fin, si personnel, si délicat du *Gascon artistique* en attendant la *Chronique bordelaise,* le *Chat-Gris* et le *Rire* (de Paris); Firmin Barrière, un décorateur qui brossait et vendait dix marines par semaine — mort depuis; Charles Fuster, qui venait de publier deux volumes, vers et prose, celle-ci ne valant pas ceux-là; Lucien Schneg, un peintre qui a trouvé moyen de se faire accorder une pension municipale comme sculpteur, et qui a du talent, ce qui ne gâte rien; Desparmet, un autre bon peintre, qui chantait des ballades aux étoiles et pinçait très agréablement de la guitare; et d'autre encore, sans compter ce doux Jean Causserouge, qui est mort, et ce pauvre petit Georges Chabrié, qui est mort, aussi; sans compter Jean Hameau, le poète nerveux et robuste des *Nuits d'extase,* le grrrand Hameau.

... Et maintenant que je suis seul ou presque seul; maintenant qu'ils ont pris leur envolée, mes compagnons des premières luttes pour la vie, je revois, attendri, ce passé — si près encore de nous — ce passé joyeux et... peu fortuné où l'on menait une existence mouvementée et charmante.

Je suis allé, hier, m'asseoir un instant sous une des tonnelles de la *Halte des Bons Vivants,* dans ce jardinet qui sentait bon l'esprit — des autres — et la gaîté de tous, moi compris; ce jardinet, antichambre de la gloire, du succès et de la fortune! Mais comme ce n'est plus ça — déjà!

Du dehors, l'auberge, transformée, sera dans quelques mois — aux lilas — méconnaissable. Puis le père Boissier va se retirer pour planter des raves dans son pays, près de Fleurance, ce me semble — et Mme Boissier avec lui : que les pommes de terre frites d'antan et les chats des gibelottes leur soient légers !

C'est la petite servante d'autrefois — aujourd'hui mariée — comme ça pousse ! — qui leur succédera. Elle se propose, m'a-t-elle dit, de faire peindre, vernir, tapisser, orner la maisonnette. Déjà on a jeté bas les cloisons. La cuisine est agrandie, et, à la place de la salle de bal, ont été aménagés... des cabinets particuliers, où demain iront les flâneurs, les « viveurs » inutiles. C'est d'un modernisme révoltant. On va tripler le nombre des tonnelles sans acquérir un pouce de plus de terrain. Et avec ça les prix ont doublé et les consommations sont falsifiées. Voilà où mène le progrès : il faut bien rentrer dans ses frais !

Adieu donc les chansons, les petites querelles, les grandes promesses, les projets d'avenir et de gloire — cette fumée ! Adieu les tonnelles chères à nos cœurs, et les bancs chancelants, et les tables vermoulues qu'aimaient tant les artistes ou littérateurs aujourd'hui plus connus que moi et alors aussi inconnus que moi ! Adieu à tout cela !

Hier, avant de quitter la *Halte des Bons Vivants*, je me suis assis dans la petite salle basse de l'entrée, et innocemment j'ai demandé de la bière. Pauvre mère Boissier, si accommodante, si agile, si leste, si aimable, où êtes-vous donc ? Au bout de cinq minutes d'attente patiente et résignée, ce n'est pas vous, hier, qui m'êtes apparue, avec votre bonnet linge toujours si blanc, frais repassé. C'est un *garçon*, un vrai, un authentique, chauve, favoris, air maussade, petite veste et serviette sur le bras, qui m'a servi, *rechigné*, du bout des doigts, un mauvais *pale ale*, et qui a maugréé ensuite, à mon départ, trouvant sans aucun doute mon pourboire insuffisant, dérisoire — peut-être — j'en frémis, indigne de lui !

— Eh ! mon pauvre ami, je vous demande pardon ! Mais vous ne saviez donc pas que je suis homme de lettres !

XXV

Une Centenaire

ES centenaires sont rares à notre époque décadente de toute façon, plus rares même qu'on ne le suppose généralement. Et après tout, je ne saurais en blâmer mes contemporains! Être, durant une vie qui doit sembler interminable, aux prises avec toutes les difficultés, tous les tracas, tous les revers de l'existence; s'épuiser, s'éteindre peu à peu dans un *struggle for life* sans trêve, sans répit; connaître — à côté de bien rares compensations — pendant tout un siècle, les angoisses qui nous brisent le corps, les désillusions amères qui nous dessèchent le cœur : j'avoue ne voir là rien qui soit pour nous plaire, nous tenter, nous faire enfin désirer cette longévité, qui doit être plus que jamais un fardeau bien lourd pour nos débiles épaules!

Et cependant, plus la vie qui nous est faite, mouvementée, heurtée, douloureuse parfois, est longue, plus nous paraissons nous y attacher davantage, plus nous paraissons l'aimer, plus — oublieux des vicissitudes et des tristesses quotidiennes — nous paraissons en goûter les plus maigres joies, les plus infimes satisfactions, avec, dans l'arrière-parfum des amours éteintes, ce qu'on est convenu d'appeler les heureux privilèges de la vieillesse. Est-ce par philosophie, par résignation devant des lois inéluctables, par crainte de l'inconnu mystérieux et sombre qui s'ouvre sous nos derniers pas, par égoïsme inconscient? Je ne le sais et ne chercherai point, d'ailleurs, ici, à le savoir. Nous aimons la vie, d'abord pour la vie elle-même sans doute, et nous la suivons pleins de cette espérance qui est le moteur puissant, notre raison d'être. Pour certains, c'est une explication, mais la plupart d'entre nous y peuvent-ils trouver leur compte? Arrivera-t-on jamais à la réalisation complète du désir, quelque légitime soit-il?

**

Bordeaux compte peut-être plusieurs centenaires. C'est possible. Et pourtant, je le répète, ils n'abondent pas, ils ne foisonnent pas, les « privilégiés » qui, allègrement, si je puis dire, ont doublé le cap du siècle. Vous faites-vous bien à cette idée? Avoir vécu cent fois trois cent soixante-cinq jours — sans compter les années bissextiles, sous dix régimes différents ; avoir vu à la tête du pouvoir en France Bonaparte et M. Loubet; avoir assisté à tous les bouleversements politiques et sociaux qu'il soit possible de concevoir, d'imaginer, à la débâcle de tant de ministères qui cependant...; avoir entendu acclamer tour à tour les commissaires de la Convention, Napoléon le Grand et... l'autre, Louis XVIII et M. Thiers, c'est ce qui peut s'appeler employer son temps !

J'ai été conduit un jour au domicile d'une brave et honnête dame qui avait trouvé le moyen — peut-être sans le vouloir — de réaliser ce difficile problème. Aviez-vous entendu parler d'elle? Les enfants du peuple, qui l'aimaient bien et la vénéraient, — elle est morte récemment — l'appelaient la *mémé* de la rue Canihac. Elle était bien à sa place, la bonne grand'mère, dans une vieille maison de ce coin encore pittoresque du Bordeaux d'autrefois, plein de ressouvenirs du passé, empreint de je ne sais quelle poésie archaïque qui vous rend tout rêveur.

J'ai marqué ainsi en mes notes quotidiennes ma visite à la *Mémé :*

Je la trouve installée commodément dans un fauteuil de paille, — ces grands fauteuils de jadis, une chaufferette aux pieds, le corps enveloppé dans un châle en laine — car l'air est un peu vif cette après-midi; très propre — j'allais dire coquette! — sous ses

vêtements fanés par l'usage. Elle demeure dans ce fauteuil tout le jour, entourée des soins attentifs et touchants de ses descendants; ses pauvres jambes ne lui rendent guère plus de services, mais, en revanche, l'appétit est charmant comme à vingt ans; d'une complexion robuste, elle n'a jamais été malade, des indispositions tout au plus... et encore! Avec l'extrême vieillesse est arrivée et restée une seule infirmité : la *mémé* est un peu... dure d'oreille; mais si l'on élève un peu la voix, il n'y paraît rien.

Nous avons causé comme de vieux amis, et j'admire encore la fidélité de ses impressions, la fraîcheur de sa mémoire, la vivacité de son esprit. Instruite, elle a, au cours de sa vie si grandement remplie, beaucoup observé et beaucoup retenu. De sa voix cassée, un peu rauque maintenant, elle cite sans hésitation des noms et des lieux, reconstitue des faits, précise des dates. Cette organisation intellectuelle est merveilleuse!

Et vous pensez si elle a été mêlée à des événements mémorables. Pendant que pour moi, sans effort, elle se rémémorait les souvenirs de son enfance, de sa jeunesse, parfois un bon sourire illuminait sa pauvre face ridée, et parfois je voyais se voiler légèrement ses yeux dont les ans ont éteint l'éclat. Et je l'écoutais pris de respect, n'osant remuer pour ne pas la troubler, fouillant avec elle le passé si loin de nous — tout un siècle!

**

La *mémé* est née le 6 juin 1789, à Bordeaux. Ses parents étaient, rue Sainte-Catherine, près de la place d'Aquitaine, dans une vaste maison qui n'a pas beaucoup changé d'aspect, propriétaires de l'hôtel de Bayonne, où se donnaient rendez-vous les poissonniers de La Teste et des environs. Elle se maria une première fois, en 1816, avec un officier de la marine marchande qui, capturé par les Anglais, venait de faire neuf ans de pontons dans le pays de Cromwell. C'est dans l'hôtel tenu par sa famille que faillit se faire pincer, une nuit, la fameuse *bande à Mina*, « dont l'éloge n'est plus à faire ».

Elle a connu debout le Château-Trompette et le Fort-Louis. Elle a assisté à l'entrée dans Bordeaux des Anglais et des Écossais, ces *sans-culottes* que les demoiselles, dit-elle, « regardaient sournoisement, curieuses, cachées derrière les rideaux de leurs fenêtres. »

Elle avait vu, devant sa porte, passer quelques heures auparavant les magistrats municipaux portant aux coalisés, sur un plat d'argent, les clefs de la ville qui se rendait.

La *mémé* se rappelle fort bien le temps où, sur la place Saint-Julien, les condamnés de droit commun étaient exposés au poteau; où, devant la Bourse, faisaient florès les bains du Chapeau-Rouge, entourés de jardinets pleins de senteurs douces; où, sur le Champ-de-Mars, qui est devenu le Jardin-Public, s'était installé le petit café-chantant du Bosquet. Elle a vu Napoléon Ier, paré de la redingote grise, passer la revue des troupes au Champ-de-Mars dont je parle; le duc et la duchesse d'Angoulême, cette dernière portant le traditionnel costume blanc garni de rubans verts, visiter en 1814 le Collège Royal; la duchesse de Berry, après la mort de son mari et avant son internement au Château-Trompette. Dans la chambre « de satin vert », la plus belle de l'hôtel de Bayonne, ses parents ont donné asile à Mme de La Rochejaquelein et à ses enfants fuyant devant les émissaires des tribunaux révolutionnaires. Avec tout Bordeaux, elle a vu conduire au supplice — au martyre ! — le 27 septembre 1815, Constantin et César Faucher, les « jumeaux de La Réole »... Elle a vu... mais tout, parbleu! durant cent ans !...

Comme les vieilles gens, elles déplore, la bonne centenaire, nos mœurs dissolues, notre précoce dépravation. « Ah! de mon temps, nous valions cent fois mieux... On ne respecte plus rien!... Et cependant, ça ne nous empêchait pas de nous amuser, de nous divertir à *Vincennes*, à la *Charmille*, au *Trianon*... »

Elle a connu « les belles femmes » qui, autrefois, dans les chars ou sur les montagnes symboliques, figuraient la déesse Raison. Mais elles étaient honnêtes, paraît-il, bien qu'elles portassent en public un costume plus que léger, ce costume qui consiste à n'en pas avoir... ou si peu! J'avoue que, sur ce dernier point, j'éprouve encore quelques doutes.

**

Avant mon départ, avant de me serrer une dernière fois la main, en me recommandant de la venir revoir, l'aimable *mémé* a voulu chanter pour moi, de sa voix brisée par l'âge, un couplet de sa jeunesse, qui lui revenait à la mémoire. Le voici dans toute sa simplicité. J'ai tenu à le transcrire à votre intention :

> Marchande d'oranges,
> Je veux t'adorer,
> Et si ça te dérange,
> Je t'épouserai.
> Cadichonne,
> Ma mignonne,
> Viens donc m'embrasser !

C'est naïf, je le veux bien ; mais, après tout, c'était peut-être sincère. Qui le saura jamais, ô Cadichonnes ! ô Mayans ! ô les amoureuses de jadis?

XXVI

Et Satan conduit le bal!...

EH BIEN! il va revenir, toujours nouveau, toujours le même, le joyeux Jeudi-Gras d'antan! Il va renaître de ses cendres et nous apparaître, — une nuit, — rapide vision, dans l'apothéose des choses métamorphosées en son honneur. Nous le reverrons, fantôme que l'on croit évanoui toujours, tout entier dans la brume des souvenirs qui se perdent, comme aux temps enfuis des grisettes et des lorettes, des lions et des dandys, au temps des bals endiablés du Tivoli-Wauxhall, de Plaisance, de Vincennes, de Bardineau, de l'Ile-d'Amour et de Bel-Orme, de la Renaissance et de l'Opéra! Nous le reverrons avec son cortège de pitres, de sauteurs, de grotesques aux costumes hardis, aux travestissements extravagants, aux conceptions pleines de gaîté exubérante et jeune, de fantaisie, d'originalité et d'imprévu.

**

Le matin, on promènera encore, — car la coutume ne peut se perdre, — par les rues boueuses de la ville, le bœuf gras, morne et triste, aux chairs branlantes et enrubannées, constellées d'étoiles de papier doré qui se décolle; le bon gros bœuf de notre enfance, précédé autrefois des tambours roulant sans répit et des corbeilles où se fanaient à l'air vif les fleurs artificielles, et suivis de la tourbe potinière des gamins ravis; le bœuf qui s'en va, poursuivant, mélancolique et doux, sa marche triomphante — ô ironie! — vers l'Abattoir rouge de sang : le dernier jour d'un condamné!

Cette promenade, c'est le prélude macabre de la fête tumultueuse et délirante; c'est le prologue de la féerie éblouissante qui se déroulera au Grand-Théâtre, le soir, à nos yeux, dans l'enchantement magique, fantasmagorique des décors faits de dorures, de marbres, d'étoffes rares, encadrés par les torchères, les lampadaires, les girandoles, les vélums taillés dans la pourpre et l'azur, les lustres couleur d'arc-en-ciel, les vasques entourées de lierre et pleines de fougères et d'azalées; par les plantes des pays du soleil et les fleurs de serre, les lataniers, les palmiers, les kentias, les chamærops, les choryphas, les cactus, et les plates-bandes de mousses et d'herbes tendres, piquées çà et là de petites fleurettes des champs, celles qu'on aime tant à voir et à cueillir par les combes désertes, en floréal, en messidor, aux mois bénis des lilas, et aussi des cerises qui saignent sous les dents blanches des aimées...

*
* *

Eh bien! il va revenir le joyeux Jeudi-Gras d'antan! Et quel esprit chagrin disait hier encore que la foi s'en allait? Qui oserait prétendre aujourd'hui que la gaîté est morte et bien morte, et que les pince-sans-rire l'ont tuée? Allons donc! Voyez plutôt dans cette vaste nef pleine de scintillements, de rayons de lumière, où la fine poussière qui monte met des myriades d'étincelles, une infinité de paillettes d'or aux reflets empourprés! Voyez la foule grouillante, suante, bariolée, la cohue que rien n'arrête et qui roule tumultueuse, un peu désordonnée, soûle de plaisir, de joie, de tapage, et qui fait fête à la reine de céans!...

Le chef d'orchestre, là-bas, devant le pupitre qui émerge d'un massif de verdure, vient de donner le signal. Les bois attaquent une marche triomphale, où les cuivres font, tous pistons dehors, un formidable accompagnement.

Les rangs s'entr'ouvrent, et une femme s'avance lentement, majestueusement presque, belle et désirable, au milieu de la plèbe, qui l'accompagne au passage.

Voulez-vous son portrait, si vous ne l'avez pas vue ou si vous voulez la revoir encore?

Un loup sur la figure, un chapeau de feutre blanc sur le coin de l'oreille, des gants aux manchettes de cuir, une chemise de batiste festonnée de broderies anglaises, un pantalon de soie bleue agrémenté de pompons roses, une ceinture de rubans nouée derrière par une grosse rosette, de fins bas blancs et des souliers de satin. Elle marche d'un air de crânerie, maintenant, une jambe bien en avant, les deux mains sur les hanches; elle sourit et dit : « Me voici revenue, je suis le Bal masqué! »

Riez et chantez encore,
La jeunesse n'a qu'un temps!

Parbleu! oui certes, la jeunesse n'a qu'un temps! Et aussitôt tous les débardeurs impertinents et joliets, si chers à Gavarni et aux frères de Goncourt, tous les mousquetaires, tous les dominos mystérieux, les Saphos provocatrices, les polichinelles, les arlequins, les moines qui gigotent irrévérencieusement sous la bure, les paysannes qui se trémoussent dans la salle dont les dorures estompées de buée s'écrasent, et où montent avec des odeurs étranges, lascives, indéfinissables, qui énervent, des dégagements d'humanité en nage, — tout le monde salue la reine, la déesse, à qui la baguette d'une vieille fée, sa marraine, a donné l'éternelle jeunesse et l'éternelle beauté.

Et, pour elle, se poursuivent la danse, la farandole, la ronde folle dans le tourbillon où tout se noie, tristesses, inquiétudes, alarmes, où tout rayonne, où tout chante, où tout resplendit : « Et Satan conduit le bal! »

※

La joie est vraie parce qu'elle n'est pas de commande : les *allumeurs* qui tournoient et se dégingandent sans enthousiasme, sont partis; plus de Pierrots attristés par l'infidélité de Colombine; plus de Cassandres maugréant; plus de « mignons » Henri III aux mains rouges, aux attaches épaisses, en maillots de coton d'une esthétique navrante; plus de clowns outrageusement fardés, de gendarmes, de gardes champêtres cassés aux gages, de clodoches désarticulés, patentés, qui exécutent des *soli* de pastourelle devant de grasses nourrices qui pivotent, une jambe au port d'arme, et tous les épileptiques de la danse, et tous les glorieux oripeaux pailletés! Non, plus de tout cela, mais des gens qui rient aux larmes des grosses *farces* qu'ils font ou qu'ils voient faire, qui s'en donnent à jambe que veux-tu, et qui paient vaillamment de leur personne, ceux-là, pour le plaisir, pour la gloire — et pour la tradition!

※

Dans la cohue des masques, des déguisements, des travestis, des habits noirs qui se confondent et se mêlent, des gibus, des « tuyaux de poêle » rouges de poussière, de casques à panaches multicolores qui se heurtent et se déforment, les entrechats, les « cavaliers seuls », les pas ultra-fantaisistes vont leur train d'enfer.

Les couloirs sont envahis, les pourtours des loges débordent : c'est partout comme un reflux de marée où les épaules marmoréennes apparaissent confusément dans la grisaille depuis les galeries où le public attentif s'est installé — et où il étouffe stoïquement!

※

Le flot se tasse et roule, houspillé, pincé, fouaillé, palpé, brutalisé même, tant l'espace est restreint, tant la foule est compacte. Les loups cachent les jolis visages, et c'est grand dommage, car ils doivent être charmants, les visages couronnant ces bras et ces gorges d'un velouté de roses, et qui semblent, sous la dentelle ou le satin, sourire aux galanteries parfois risquées, sinon spirituelles, qu'on leur décoche au passage. On intrigue ferme sous le masque, mais on n'a pas le temps de nouer de délicieuses aventures, comme jadis au temps de nos grand'mères — et puis ça n'est plus de mode; nos mœurs pratiques et américaines ne veulent plus de la fantaisie poudrée et musquée si chère aux vieilles marquises Pompadour...

Dans les loges, on aperçoit parfois, seule ou en maussade compagnie, une femme — jeune ou vieille, qui sait? — dépaysée au milieu de ce monde bruyant, qui cherche à le deviner et qui regrette, dirait-on, d'être venue, car là elle ne peut intriguer personne. C'est la curieuse, la chercheuse d'imprévu, qui, sans savoir pourquoi, rêve d'aventures chevaleresques, étranges, au rythme lent des valses chantées par les hautbois et les violoncelles harmonieux; — c'est tout le passé qui revient dans une vision rapide; ce sont les bals galants d'autrefois; c'est Adrienne Lecouvreur, ou la duchesse de Choiseul, ou encore la grande Mars, attendant, impatientes, l'instant du charmant marivaudage, au fond d'une petite loge parfumée, avec Maurice de Saxe, un officier aux gardes françaises, ou un doux poète élégiaque que la postérité fera grand et glorieux.

Et plus d'une de ces inconnues amoureuses d'idéal songe aux rencontres dont sont si exquis les lendemains, et redit tout bas les jolis vers décochés par Roger de Beauvoir au minois mutin qui, un soir de bal de l'Opéra, lui jeta au nez un rapide : « *Bonne nuit*, Roger! » et s'enfuit riant et moqueur :

> Votre souhait va bien me chagriner!
> Entre nous, convenez qu'il n'est pas fort honnête :
> Nous n'aimons pas qu'on nous souhaite
> Ce que l'on pourrait nous donner!

XXVII

Au « Cul-de-Sac »

Voilà bien le cabaret borgne, le tapis-franc où grouillait dans sa laideur, parfois dans sa repoussante débauche, ce monde spécial des dessous bordelais. Les jeunes collégiens eussent, en le voyant, éprouvé une bien amère désillusion. L'auberge du *Cul-de-Sac* était loin, en effet, de ressembler aux beaux palais de marbre décrits dans les cours d'histoire ancienne, et dont les maîtres traitaient dans les festins fameux si *famillionnairement* les heureux qui venaient s'asseoir à leur table. Le pain léger n'y circulait pas dans des fours d'argent portés par des esclaves aux tuniques de lin ; oncques nul n'y entendit les mélodieuses résonances des harpes discrètement dissimulées ; oncques nul n'y connut — autrement que de réputation, et encore ! — les bec-figues préparés dans des œufs de paon, les porcs entiers remplis de saucisses aux chairs rosées, les surmulets nageant dans une sauce de garum poivré, les sangliers dont les flancs entr'ouverts laissaient envoler des essains de grives sous l'or empilé rehaussant les fresques.

Non. Il était au contraire aussi peu décoré que possible — moins assurément que le plus inexpérimenté des moniteurs de gymnas.

tique, ce brave cabaret du *Cul-de-Sac*. Et quels plats, quels mets il réservait à sa clientèle, dont l'appétit fut toujours en éveil! Vous souvenez-vous de lui, au moins, vous les vieux Bordelais? Revoyez-vous encore, en la brume des années, cet antre de la ripaille, de la goinfrerie?

Jadis, il y a trente ans, à l'angle de la rue Ravez et du cours d'Alsace-et-Lorraine, alors à peine tracé sur les plans, se trouvaient, dans des maisons entourant une sorte de cour assez vaste, de grands entrepôts de chiffons et autres... « gueilles ». Bâties à trois ou quatre mètres en contre-bas de la chaussée, il fallait pour arriver jusqu'à elles descendre des escaliers que je revois toujours, d'une vingtaine de marches chacun. Rien de plus original, de plus pittoresque, de plus curieux que ce coin remuant, grouillant, populeux. Tout le jour, le travail allait bon train. Les propriétaires des entrepôts qui, là, commençaient et parachevaient leur fortune, avaient à leur service un nombre respectable d'hommes et de femmes employés soit au pesage, sur des bascules primitives plantées au beau milieu de la cour, des chiffons qu'apportaient pour les vendre les ménagères du quartier et les « ferrailleurs », soit au tri, soit enfin à l'emballage et à l'emmagasinage des vieilles étoffes en loques, des chapeaux défoncés, des bottes à la retraite, classés par catégories distinctes, étiquetés, numérotés comme des marchandises de valeur.

A côté, aux alentours de cette cour, c'était tout un dédale de ruelles tortueuses, étroites, qui s'entre-croisaient, et qui ont aujourd'hui disparu jusqu'à la dernière, pour faire place aux belles voies que nous devons à notre locale *haussmannisation*.

Lorsqu'on allait un peu à droite, du côté de la place du Marché-aux-Veaux, on longeait quelques maisonnettes à la physionomie malsaine et débraillée, et on arrivait bientôt, conduit par une allée, boueuse le plus souvent, à un caboulot d'aspect étrange. C'était l'auberge du *Cul-de-Sac*, bien connue des ouvriers du quartier, mais aussi des rôdeurs — et de la police. Et comme dans la vieille Californie parisienne, elle était bordée, cette allée, à droite par une langue de terrain sur laquelle on pouvait à la rigueur, les jours de fête, installer quelques tables, et à gauche, par une rangée de femmes sur le déclin, qui débitaient dans la matinée, moyennant un sou la tasse, du brouet noir qu'elles s'efforçaient de faire passer pour du café! C'était par les beaux temps un lieu de rendez-vous pour les biffins aux types multiples et pour les flâneurs, les filles sans feu ni lieu, et les pseudo-ouvriers qui se débauchaient au lieu de s'embaucher.

A la suite, dix mètres plus loin, venait le réfectoire populaire et populacier de cette partie inconnue, inexplorée du Bordeaux d'hier. Ah! je l'ai dit : pas somptueuse, point du tout parée, cette salle voûtée, basse, aux murs lézardés; simple comme bonjour, au contraire, avec ses tables boiteuses et ses bancs vermoulus toujours garnis. Un cabaret auprès duquel les restaurants hospitaliers aux noctambules impénitents de Carotte, Victor, Prieur, Régis ou Conjeau sont des alhambras. La clientèle se recrutait aussi, on le comprend, comme elle pouvait. On y voyait encore à cette époque les chiffonniers avec la hotte, ces travailleurs du crochet — et de la nuit — qui ont été remplacés par les « gueille, ferraille, la gueille! » poussant une petite charrette ou installés confortablement dans de jolies carrioles traînées par des ânes harnachés avec soin. La bourgeoisie envahissante, voyez-vous : c'est désolant! Depuis qu'une famille bien connue de la Gironde a fait sa fortune, a gagné honneurs et titres de noblesse dans le commerce des peaux de lapins, il n'est pas un biffin qui ne se devine l'étoffe d'un ministre plénipotentiaire! Après tout, pourquoi pas?...

**

Au *Cul-de-Sac* on n'avait pas les ressources culinaires et gastronomiques de la maison Trois-Étoiles; mais on peut dire sans crainte d'être démenti, par exemple, que l'agréable était sacrifié à l'utile. Puis, pourquoi donc les propriétaires du caboulot se seraient-ils mis tant que cela en frais d'imagination? Ils avaient affaire à des estomacs solides et à des palais blindés. Ils servaient à leur public de la soupe, — que les clients essayaient d'avoir autant que possible avant *l'heure de la marée,* — de la soupe aux choux et au lard, et du « fricot » présenté sous les espèces de toutes les viandes connues et inconnues, de carottes anémiques et de navets *montés*.

On entendait au *Cul-de-Sac* le langage le plus incohérent qui se puisse imaginer. Les fleurs de l'argot s'y épanouissaient parmi les boues. On « s'y rinçait la dalle », on « y jouait des badigoinces » (je ne me permets pas de mettre la traduction en regard). Nul, parmi les loqueteux, les guenillons, les ouvriers honnêtes, amis parfois de la « godaille » et un peu « gobeurs », les artisans en « flême », les « gouapeurs », nul n'y vit jamais « une serviette », même « un mouchoir de poche »; quelques « roulantes de derrière », tout au plus deux ou trois « balles ». On y parlait irrévérencieusement des braves bourgeois que le « surin » d'une « pratique » habile à dépouiller de la « toquante » avait mis dans la douloureuse obligation d' « avaler son âme » et de « s'habiller de sapin » !! En sortant de la « piole », du « garno », le dimanche, les « flambeaux » et leurs « guinches », habitués du lieu, lichonnaient des verres de « cogne-g...osier ». Les hommes avaient mis leur « grimpant » de réserve, leurs « espadres » neuves, leur « turban » sans tache, et ils s'en allaient faire la « parade » pour épater les « pantes ». Enfin, le soir venu, ils rentraient, ils « rappliquaient », toujours « goualant », sans crainte de la « rousse », pour achever la noce au caboulot au milieu de la ribaudaille haillonnée que le divin Shakespeare aurait placée dans ses drames « parmi ses gueux enluminés d'eau-de-vie et ses filles de joie enluminées d'amour, les uns en pourpoints de drap couleur de misère, les autres en robes... de taffetas couleur de feu ! »

Quelque chose comme la cour du roi électif de Thunes, tableau plein d'archaïsme, d'originalité et de couleur, avec ses types parlant une langue spéciale, toujours imagée, toujours *vivante*, toujours expressive. Ah! cet argot! Bien avant Hugo et Zola, notre Montaigne l'eût étudié longuement et compris, lui qui disait aimer avant tout « le parler succulent et nerveux, court et serré, déréglé, décousu, hardi, plus soldatesque que pédantesque ». Parbleu! Montaigne eût, sans nul doute, été heureux d'assister à une scène du *Cul-de-Sac*, au cours de laquelle le « chourineur » jaloux du « ponte » parlait de « passer la salade à son... morceau de salé »; mais d'y assister de loin, avec une longue-vue. Il y a des promiscuités gênantes. Le pittoresque a son charme, à l'écart, non pas au théâtre où il est toujours faux, mais dans le journal, dans les livres. Au moins, les connaissances que l'on fait ainsi ne sont point compromettantes; on peut les reprendre au bon moment.

*
* *

Le vieux cabaret du *Cul-de-Sac*, disparu, a laissé un successeur, plus moderne mais presque aussi curieux, et dont je vous parlerai un jour ou l'autre. Il a quelque chose après lui, une image affaiblie, transformée, modifiée, vaguement reproduite, mais enfin une image. Son hôte, le biffin à crochet, lui, a depuis longtemps cessé de vivre, et c'est dommage pour les noctambules qui vont, par les rues désertes, à la rencontre d'un type ou à la recherche d'un sujet original pour la chronique du lendemain. Disparu, oublié — l'un c'est l'autre — le brave chiffonnier d'antan, réhabilité par Félix Pyat, et à qui je dédie pour finir, en manière d'épitaphe, le sonnet que voici :

> Torse droit, front courbé. — Sa lanterne ballotte,
> Couvrant les détritus d'un rougeâtre glacis.
> Automatiquement, le croc, prompt et précis,
> Va de la hotte au tas, et du tas à la hotte.
>
> Un panama sans fond lui cercle les sourcils.
> Ses poils ont l'aspect des neiges sales. — La crotte
> A rapiécé les trous du pantalon, qui flotte
> Autour des tibias par la crasse roussis.
>
> Impassible il besogne à son tri. Le vacarme
> Hurlant sur ses talons de quelque émeute en arme
> Ne lui ferait dresser l'oreille ni les yeux :
>
> Lanternier-philosophe, ami de l'heure sombre,
> Il vague, projetant, maigre, sordide et vieux,
> Du dédain sur la vie, et du jour sur de l'ombre!

XXVIII

En route pour Caudéran !...

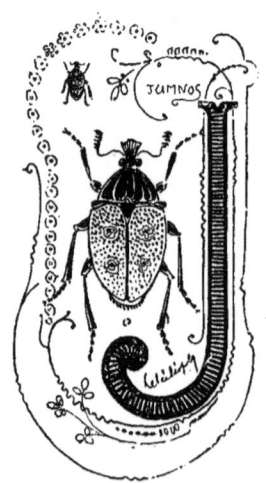

E rentre fourbu, harassé, vanné, de la promenade traditionnelle à Caudéran, les vêtements saupoudrés de poussière et la tête pleine de bruit. Tout Bordeaux était là, sur la route de Caudéran, sur les boulevards. Pas un commerçant, pas un petit boutiquier, pas un employé ne manquait à l'appel. Les voici, en famille, vêtus d'habits pimpants neufs, cherchant un peu à l'aventure, pour la marmaille qui réclame les « masques », l'extraordinaire qui ne vient pas. L'imprévu ne s'offre pas davantage. Quelques pierrots étiques, des polichinelles grossiers, des hommes habillés en femme et des femmes habillées en homme — qui font sourire, de pitié bien souvent, la foule qui roule désormais indifférente comme une affranchie de hasard — et c'est tout.

C'est tout, c'est peu. Et cependant, ce qu'on a dit depuis dix ans, vingt ans, de la promenade traditionnelle de Caudéran, on peut le répéter aujourd'hui. C'est le cas, je le fais. Il n'y a pas de fête sans lendemain. La tradition oblige encore les fidèles de Mardi-Gras à s'en aller, à l'entrée du Carême, du côté du charmant pays de Caudéran, sous le fallacieux prétexte de manger des escargots, qu'on trouve difficilement. Et les fidèles se conforment aux usages qui veulent que le mercredi des Cendres, la « balade » continue, tout fiers de l'accomplissement du devoir.

L'homme éprouve comme cela, sans savoir pourquoi, à certaines heures de la vie, le besoin de se donner le change, d'essayer d'échapper à ses ennuis, à ses malaises et à ses déceptions. « Lous limaous daou Cendreous ount feyt ma renoumade, » dit la devise de la commune de Caudéran, plus avenante, plus aimable, plus jolie que jamais. On va vers Caudéran de confiance, tranquillement, presque sans s'en apercevoir. Et puis, les tramways ont su si bien rapprocher les distances !...

Ah ! on n'y trouvera pas les guinguettes pleines de clarté dans la verte senteur du renouveau, avec leurs enseignes peinturlurées et leurs mystérieux bosquets. On ne peut plus danser les quadrilles gaîment fantaisistes et les rondes folles en plein vent, sur la place de la Croix-de-Lestonnat, au son des violes et des fifres ! On ne peut plus se pâmer d'aise à l'auto-da-fé bruyant et tapageur du bonhomme Mardi-Gras rôti en place publique. Non. Mais comme il est toujours de mode, Dieu merci ! d'aller pincer un « cancan » dans les « dansants » de la patrie aux escargots à la bordelaise, on ira plagier effrontément, sans pudeur, la façon des « cavaliers seuls » de Rigolboche, Molécule, La Goulue ou Grille-d'Égout, et s'abreuver, en manière de passe-temps, de flots de ce petit bleu qui met au cœur l'oubli des jours maussades et l'illusion d'un bonheur éphémère — ce rêve que la main n'atteint pas, comme a dit Joséphin Soulary.

Cela peut paraître étrange, bien étrange pour des Parisiens railleurs, cette sortie en masse du mercredi des Cendres, par n'importe quel temps, mais c'est ainsi. Demandez donc à tous ces gens qui font de quintuples haies sur les trottoirs, maintenus par les gardiens de la paix et les gardes municipaux en tenue de gala, immobiles au coin des rues où courent des ondulations de foule, pourquoi ils sont venus et pourquoi ils restent. Le savent-ils ? Dame ! le Tout-Bordeaux qui flâne, le Tout-Bordeaux qui s'amuse — et même celui qui ne s'amuse plus — est aujourd'hui sur une même route, escortant la procession, laide, banale, piètre, mais toujours curieuse à observer, des jeunes hommes affublés d'oripeaux et des filles aux jupes souillées.

Ils ne sont pas seuls, ceux-ci, et c'est là leur excuse. Par vingtaine ou trentaine de mille, nous, les gens sérieux, nous les suivons sur Caudéran, ces masques à l'allure indécise — qui ne savent plus nous amuser cependant.

Une note claire et fraîche illumine ce tableau piteux dans son uniformité. Dans les voitures, voici que passent, en une charmante vision de gaîté, des bébés en marquises Pompadour, en ducs — quels délicieux Watteau! — en paysannes, en Arlequins, en généraux, en princes d'Amour, ou en abbés de la Jeunesse, ou qui encore représentent le classique et ennuyé Pierrot, ce pauvre amant sans amour et sans espérance que Willette a tiré de l'oubli.

*
* *

Le scenario est toujours pareil, toujours le même. Ah! le grand-maître des cérémonies chargé de régler les détails de cette fête-là n'a pas besoin de se mettre en frais d'imagination! Les allées de Tourny, le cours de l'Intendance, les allées Damour, la rue de la Croix-Blanche, le chemin de Caudéran, les boulevards — oh! ces boulevards! — sont couverts d'une foule compacte roulant, avec un ordre parfait, dans le bruit des appels des grotesques affublés, le bruit assourdissant des fanfares d'amateurs, des batteries... de cuisine; tout cela salué par les petits cris des gamins ravis, tout cela confondu pêle-mêle, comme toujours, montant, descendant confusément — un retour de la Courtille en réduction.

Des voitures suivent et coupent parfois cette file ininterrompue, des voitures de toutes sortes : chars-à-bancs, calèches, tapissières, charrettes, omnibus-annonces loués par de grands marchands ou de grands faiseurs... de réclame. Le mercredi des Cendres devient malin et pratique.

Et toute la journée, les rues avoisinantes sont en fête. Que de jolis visages aux fenêtres et sur les balcons chargés de curieux! Et pourquoi n'organiserait-on pas à leur intention ce jeu si char-

mant, si plein de délicatesses attentionnées, et que l'on nomme la
« bataille des fleurs... » ? Ah ! Bordelais, mes frères, nos grands-
oncles, ces chicards et flambards de la légende, étaient bien plus
galants que nous !

Vers cinq heures, le soleil brille un peu, et la foule semble
augmenter ; mais elle paraît préférer les larges boulevards aux
chemins qui conduisent à Caudéran ; elle s'arrête à mi-route.
C'est là une désillusion pour les fidèles des cabrioles, qui espéraient exécuter, devant une affluence extrême, leurs variations
sur les grands thèmes chorégraphiques. Ennui aussi des Vatels
dont les cuisines ont été remises à neuf, et qui laissent échapper
des exhalaisons douces aux appétits aiguisés par la longue
et si lente marche.

Un brillant défilé commence : Gradignan, Saint-Augustin et le
Haillan sont debout et vont lutter. Leurs cavalcades sont très
correctes, propres, pimpantes avec leurs costumes neufs de gardes-
françaises, de paysans et de ribaudands troubadours, et leurs
chars couverts de draperies, de guirlandes, d'arbustes, au milieu
desquels disparaissent jolies filles et bébés roses.

Je remonte, au trot d'une haridelle de louage, les boulevards,
où un magnifique longchamp s'est formé. La file des voitures
est interminable ; dans le crépuscule qui commence, le spectacle
est d'une pittoresque originalité. Ça dure ainsi jusqu'à six heures.
Puis la dislocation s'opère. Les rues voisines des grandes artères
absorbent la masse des acteurs et des spectateurs de la vieille
mascarade — et la nuit vient peu à peu.

Et ce soir, alors que des milliers de curieux goûteront — après
la fatigue — la douceur du *home* tranquille, les derniers masques
en retard, éreintés, fourbus, démaquillés, trempés peut-être de
sueur, dévaleront, pris de regret, répétant avec des intonations
étranges le *De Profundis* local du mercredi des Cendres enterré :

<blockquote>
Tu t'én bas et jou damouri,
Adiou, praoube Carnabal !
</blockquote>

XXIX

Mariages de Gitanos.

n commençant cette avant-dernière chronique, je demande à mes lecteurs une double permission.

C'est d'abord — ce dont ils n'auront pas lieu de se déclarer mécontents — d'être plus court qu'à l'ordinaire; c'est ensuite d'abandonner pour une fois les excursions à travers les ruelles mal éclairées de la vieille cité disparue, les voyages au pays du passé et du souvenir, des aïeux vénérés, pour faire non pas une peinture, mais une esquisse rapide, à l'aide d'impressions personnelles, de mœurs et d'usages modernes.

La grande vie mouvementée, bruyante, affairée, du Bordeaux que nous connaissons, offre plus d'un coin curieux et exploitable au point de vue de l'originalité et du pittoresque, — et j'estime que l'on ne perd pas son temps en utilisant les remarques et les observations que l'on a faites au hasard des flâneries dans les centres populeux, pour les noter à l'intention de ceux qui ne peuvent pour mille raisons se livrer à une étude spéciale des milieux locaux inexplorés.

**

La semaine dernière, une foule compacte était réunie dans la cour et autour de l'Hôtel de Ville, où on célébrait le mariage de deux gitanos, deux gaillards robustes et sains, bien découplés, bien campés sur leurs bases, les traits fins et réguliers, la tête expressive et ferme, brune dans l'encadrement des boucles soyeuses à reflets bleus, donnant l'expression de beaux bronzes florentins sans tache.

Le cortège avait quitté à midi la cité Gambetta — où logent en grande partie les tondeurs de chiens et de chevaux et quelques camelots ibères — et il allait y retourner, l'union légale célébrée, par les rues éclatantes de lumière, au milieu de la double haie de curieux intrigués par cette longue théorie d'hommes et de femmes rayonnants, dont le teint chaud s'illuminait encore au soleil de juin, de gamins ravis, tout en nage, courant tête nue, essoufflés, jetant des fleurs, lançant des dragées de plâtre dans les croisées entr'ouvertes des maisons baignées de clarté, au-devant des deux cavaliers qui ouvraient la marche, solennels et impassibles, menant la « chevauchée des épousés ».

Les hommes, irréprochablement propres, avaient conservé leur veste de toile à petits carreaux, leurs pantalons à « patte d'éléphant », leurs espadrilles aux naïves broderies de laine, et quelques-uns leur large chapeau de feutre ou leur casquette de soie d'où retombent des accroche-cœurs symétriquement collés aux tempes, ou la touffe des favoris très fournis qui va se relier aux moustaches à la façon des grenadiers de la vieille garde. Les femmes — la mariée entre autres — des jupons sombres, un « caraco » de soie ou de mérinos noir pimpant neuf, avec, jeté sur les nattes serrées, le légendaire foulard flottant, aux couleurs crues. Quelques chaînes autour du cou, des médaillons et des bagues aux pierres blanches couleur de lait. Les enfants, eux, les gosses, s'étaient habillés comme ils avaient pu ; mais ils s'amusaient tant, en revanche !

A sept heures, le soir, a eu lieu dans la cité Gambetta le dîner des épousailles, un balthazar intime qui a fait grand bruit dans le quartier, mais auquel deux ou trois rares privilégiés seuls ont pu assister, car les portes de la cité étaient fermées et sévèrement gardées. La cité Gambetta, qui a été détruite, il y a quelques années, par un incendie, a été reconstruite. Elle s'étend sur une longueur d'environ cent cinquante mètres, du numéro 145 de la route d'Espagne au numéro 160 de la route de Toulouse, bordée de petites échoppes, de masures construites en bois, de voitures, où la marmaille fait un tapage d'enfer tout le long du jour. Au milieu, une allée d'un peu plus de quinze mètres, au-dessus de laquelle des arbustes, des plantes, qui relient leurs rameaux pleins de sève robuste à cette époque, mettent un dôme de verdure qui tamise les rayons du gai soleil d'été.

C'est sous cette charmille que des tables avaient été dressées pour le dîner auquel toute la noce a pris part. Les garçons et les demoiselles d'honneur s'étaient placés à côté des mariés qui venaient d'être félicités et complimentés dans l'idiome guttural fermé à toute oreille étrangère. Les grands-parents — les femmes — assis par terre, accroupis, tenaient sur leurs genoux les enfants que leur âge éloignait de la table nuptiale et qui en avaient une petite moue de dépit au bord de leurs lèvres rouges comme des cerises mûres.

On a toasté, on a trinqué, on a chanté, on a fait fête aux épousés. Pas un bruit discordant, pas une discussion chez ces gens, dont on a fait, je ne sais trop pourquoi, un épouvantail, des demi-sauvages, des barbares, toujours prêts à jouer du couteau. Très dignes, au contraire, un peu fiers et l'air dédaigneux pour tout ce qui n'est pas de leur monde, avec leurs allures de vieux Castillans qui n'ont jamais su se plier au commandement. C'était une soirée charmante dans cette tribu de bohêmes heureux de vivre en marge d'une société dont ils s'exagèrent les petitesses et les travers. — C'est leur excuse.

Mais la nuit arrivait. Tout à coup, au milieu des conversations entrecoupées du choc clair des verres à moitié vides, une traînée d'accords faux roule dans la cité, et un orgue de Barbarie commence le galop d'*Orphée aux Enfers*. C'est le signal de la sarabande, d'une farandole inouïe, échevelée, au milieu de la nuit noire, autour de la table en désordre où s'appesantissent les vieux gitanos. L'orgue, là-bas, mugit, rugit, éclate, sous l'effort du virtuose de la rue qui tourne la manivelle, sans répit, entraîné par le tourbillon des gitanilles et des gitanillos enlacés. *Olé!* les couples se confondent, se pressent, se bousculent, tournoyant, pris du vertige des pirouettes, — et les grands-pères, qui se réveillent un instant, se souviennent, sourient au plaisir des bruns amoureux qui s'en vont sous les étoiles, muets maintenant dans l'enivrement de la valse endiablée ou des vieilles danses espagnoles dont l'air est à trois temps.

L'orgue râle dans son coin. Il n'a plus que des sons rauques avec des temps d'arrêt, brusquement, qui coupent les mélodies. Le joueur essuie son front trempé de sueur. Mais il faut danser encore, danser toujours. Des musiciens de bonne volonté sont là : un piston, un tambour et une grosse caisse, et le vacarme musical reprend, grossit et va s'accentuant jusque très avant dans la soirée, accompagné des éclats de rire, des cris, des appels, qui montent comme des fusées de gaîté.

Le mariage à l'église Saint-Nicolas a eu lieu le lendemain. Deux cents gitanos s'y sont rendus à pied, à onze heures, précédés d'un orgue de Barbarie, flanqué de deux cavaliers portant haut leur tête de Maure superbe, méprisant les quolibets que la foule des petites ouvrières ricaneuses, en rupture de banquette, leur lançait. La mariée, très modeste au bras de son chevalier servant, était en robe blanche, et les petits gitanos, croquant des bonbons à belles dents pointues, jetaient sous ses pas de la verdure et des fleurettes parfumées, que la traîne de sa robe immaculée balayait sur le pavé.

*
* *

J'ai assisté deux fois, l'an dernier et il y a quelques mois à peine, à une noce de Bosniens dans un campement au Pont-de-la-Maye.

Vous les connaissez, ces tristes hères, sales, déguenillés, que la police cantonne à l'entrée des villes par crainte des épidémies, tant ils sont laids et repoussants. Leur pays est en proie aux déchirements des partis ; ils le quittent après avoir réalisé un petit pécule, et s'en vont à l'aventure à travers le monde, seuls souvent ou en nombreuse caravane, à la garde de Dieu. Leur maison, c'est la voiture à moitié défoncée, traînée par un baudet ou un cheval étique, pourchassée sur les grands chemins par les gendarmes, et où les enfants naissent et où les vieillards meurent.

Ils ont laissé les montagnes alpines et les vallées si pittoresques qu'arrosent la Save, l'Unna, le Verbatz, la Bosna ou la Migliazza, et ils se forment bien vite à la rude école de la pauvreté sordide, mais indépendante, et de l'adversité qui les oppresse, mais ne les réduit pas.

Donc, il y a quelque temps, un campement de soixante Bosniens, dans dix voitures au plus, s'était établi au Pont-de-la-Maye, route d'Espagne. Des tentes légères d'un mètre et demi de hauteur, formées de toile grossière retenue par des bâtons piqués en terre, étaient dressées. Dans un coin d'un chemin ombreux, sur l'herbe grasse, les chevaux, les baudets, les singes et les ours se reposaient des fatigues du voyage ; les femmes, après avoir déposé leurs marmots demi-nus sur des lambeaux d'étoffes aux couleurs multiples, vaquaient tout le jour, la pipe de bois à la bouche, aux soins du ménage, suivies de gamins de six ans, couverts d'habits archiusés dont les trous bâillaient sur leur peau, qui grillaient effrontément des cigarettes au nez des vieux. Les hommes dormaient sur une table de l'auberge prochaine.

Il y avait trois jours que le campement était établi là lorsqu'un mariage se célébra. Un jeune garçon de quatorze ans, Mitar Volowitche, s'unissait à une fillette de dix-sept ans, nommée Marie, gentille à croquer sous ses oripeaux, toute menue, toute frêle, toute délicate. Les Bosniens sont Grecs schismatiques. En voyage, le chef d'une caravane a le droit de marier ses coreligionnaires. Il tient ses pouvoirs soit du pope résidant à Marseille, soit de celui résidant à Lyon, qu'il supplée.

Les fêtes du mariage, chez eux, durent plusieurs jours. La veille de la cérémonie, le domestique du marié, — car ceux qui possèdent quelque argent ont des domestiques, — une bouteille de vin à la main, parcourt le campement, s'arrêtant devant chaque tente ou chaque voiture et invitant, en langue valaque, les hommes et les femmes à boire à même la bouteille. Quiconque a bu est formellement, de par les usages et les traditions, tenu d'assister à la noce le lendemain; par contre, celui qui ne boit pas doit s'abstenir de paraître dans le cortège nuptial.

Le jour solennel venu, d'assez bon matin le chef de la caravane, Marco Mitrowitch, Costa, Jophan, Stanco ou Lazar Yovanowitch, donne le signal des réjouissances. Les femmes, en toilette, sont parées de bracelets de cuivre et de colliers de grosses perles ou de corail. Les hommes quittent pour un instant leurs vêtements crasseux, leurs loques; l'un d'eux prend même pour la circonstance l'élégant costume national : le pantalon large à deux couleurs, le fez et le veston de drap court à soutache en arabesques légères.

Puis chacun s'en va congratuler les jeunes mariés, — deux enfants presque; d'ailleurs ce n'est pas rare, et il est d'usage chez ces bohémiens de s'unir de très bonne heure, — et chacun dépose sur une table placée à l'entrée de leur tente, suivant ses ressources, une somme destinée à subvenir aux frais du repas, ou plutôt des repas qui vont être servis. Le mariage a lieu, et après un festin substantiel, on se livre au plaisir de la danse, au son d'un maigre violon au cachet raclé par un musicien quelconque, tout au fond du campement.

Le dernier mariage que j'ai vu s'est déroulé au milieu d'une pompe très grande. Il fut solennel.

Le soir, le campement était éclairé par *douze* bougies, don gracieux du parrain de noces (et le fait n'est pas commun, m'a-t-on affirmé : les bohémiens pouvaient, comme Murger invitant ses amis à dîner, écrire triomphalement à leurs hôtes : « Il y aura de la bougie ! »). Il faisait une nuit tiède, après une journée de forte chaleur. Au milieu de la campagne déserte, ce coin de paysage éclairé de points lumineux tremblotants sous la brise, avec ces gens en liesse, étranges, au teint cuivré, jetant des cris stridents dans leur ronde folle, démoniaque, autour du campement, avait quelque chose d'indéfinissable, qui surprenait et saisissait.

Et puis, avant de dormir, les vieux ont raconté les légendes du pays lointain, les souvenirs confus de leur enfance, les récits amoureux du sérail que Mahomet II fit construire en Bosnie, et d'où la capitale du pays (Seraï) tira son nom; et puis les époux ont été accompagnés sous leur tente, en grande pompe, processionnellement...

Voilà ce que l'on peut voir tout à l'aise, dans une grande ville de France, — mais en cherchant un peu, par exemple! Vous en doutiez-vous?

XXX

L'ancien Cirque. — Le Théâtre-Louit.

EUX propriétaires des rues Saint-Martin (Saint-Sernin) et Judaïque eurent l'idée de s'associer, vers 1835, pour la construction, sur les terrains vagues qu'ils possédaient dans la première de ces rues, d'une salle de spectacle spacieuse où l'on pût donner asile aux compagnies d'artistes exotiques qui visitaient Bordeaux. Quelques années après, le Cirque de Bordeaux, qui devait devenir le Cirque impérial, était édifié à cet endroit. Il ressemblait un peu à tous les cirques : rien d'original à signaler. Construit en pierre dure et en bois, avec des gradins et des galeries circulaires, il pouvait contenir, en forçant un peu la note, un peu plus de mille spectateurs. Les écuries étaient disposées du côté de la rue du Grand-Pont-Long (d'Arès); elles étaient adossées aux masures, aux bicoques qui ont disparu depuis, surtout depuis le percement du morceau de la rue Saint-Sernin qui va vers la rue de la Trésorerie. Des entrées étaient ménagées rues Saint-Martin et Castelnau-d'Auros, ainsi que des dégagements. Ce Cirque succédait à celui qui, vers 1810, avait été construit à l'angle du Chemin-Neuf et de la rue du Manège, à deux pas des allées Damour, et qui avait été démoli en partie par un ouragan une nuit de Noël. Il précéda, rue Saint-Martin, le Théâtre-Louit, qui fut dévoré par un incendie en juillet 1888.

Le Cirque de Bordeaux connut d'abord des temps très durs. Fréquenté seulement par les petits rentiers et les ouvriers du quartier Saint-Seurin, les commerçants et les industriels du marché de la place Dauphine, qui ne pouvaient que le soutenir, il ne fut adopté par le *high-life* de l'époque que vers 1853 ou 1854. Alors diverses troupes d'acrobates, de gymnasiarques y donnèrent des représentations pleines d'attrait qui furent très suivies et qui décidèrent du succès définitif. En 1856, le Cirque impérial — c'était son nouveau nom — faisait une concurrence acharnée au théâtre des Folies-Bordelaises, situé sur les Quinconces, et qui fut baptisé quelques années après Théâtre du Gymnase dramatique. Les Folies-Bordelaises, comme le Théâtre des Variétés (Français), commençaient-elles leur soirée à sept heures un quart, vite le Cirque impérial affichait pour sept heures et même pour six heures trois quarts et donnait un spectacle qui durait plus de cinq heures d'horloge. La direction Colombier-Avrillon gagna alors une somme très rondelette avec les frères Schneider, ces artistes tyroliens qui firent courir tout Bordeaux, et la famille Bartin, gymnasiarques et mimes anglais très remarqués dans leurs manœuvres à cheval, leurs scènes grotesques et les exercices en haute école qu'ils exécutaient.

Ensuite, la troupe équestre de la famille Rimbert et Lambert jouit de la plus grande faveur avec ses scènes comiques, ses chevaux dressés en liberté et ses exercices de voltige d'une haute difficulté. Les premiers sujets de cette Compagnie donnaient dans la journée des leçons d'équitation pour les deux sexes d'après la méthode du célèbre professeur Baucher. Ces leçons étaient suivies par la meilleure société.

L'écuyer Gomer, dont les qualités étaient mises en relief dans des épisodes militaires, présentait aussi avec beaucoup de succès *Vendredi*, un cheval sauteur, qui franchissait un obstacle de 2^m50

de hauteur. Les femmes-caoutchouc, l'écuyer Kennebel en jockey voltigeur, les ballerines dansant en brillants costumes de « grands quadrilles moyen-âge », M. Imbert présentant un nouveau travail : les courses bretonnes ou aragonnaises sur huit chevaux, et les désopilants clowns Peschioli, Vancatendick, Rodolphe — noir, blanc et jaune, — et le clown miniature — un bonhomme haut comme une botte, — complétaient le programme, qui était renouvelé tous les deux soirs.

En décembre 1856, le feu faillit prendre au Cirque pendant une représentation. La panique s'empara des spectateurs, très nombreux ce soir-là ; mais, grâce au sang-froid du jockey Kennebel, aucun accident ne signala la représentation. Le feu, qui avait pris dans les magasins d'accessoires, fut rapidement éteint.

Après les Rimbert, nous voyons au Cirque la troupe anglo-française, sous la direction de H. Létang et C°. Auriol, le fameux, l'inimitable Auriol, paraissait quatre fois dans la soirée, après le numéro de M. Pietro Bono, qui jouait du violon comme un clown musical qu'il était, et celui d'une ravissante écuyère, Mlle Louise Modeste. On exhibait aux intermèdes des géantes, des nains, des colosses dont la vue réjouissait fort l'assistance.

En 1859, le Cirque Lalanne donna de grandes fêtes équestres pendant trois mois, les dimanches, mardis, jeudis et samedis. Puis, ce fut au tour de Bell et Myers, les directeurs-propriétaires du premier Cirque américain qui voyagea en France. Ce Cirque entrait dans une ville avec une pompe brillante, attirait l'attention des habitants avec la file interminable de ses pensionnaires aux collants étincelants de paillettes, de ses animaux de ménagerie et de ses chars dorés, tapissés de glaces et tout empanachés : tout le clinquant riche du saltimbanque. Les directeurs choisissaient leur emplacement, et deux heures après — oh ! ces Américains ! — la première représentation avait lieu.

Bell et Myers étaient très renommés pour leurs pantomimes anglaises, leur foire chinoise, leurs grandes chasses au cerf et leur ballet des fleurs, une merveille d'originalité, dansé par de ravissantes misses blondes et langoureuses.

Puis vint, en 1861, l'établissement de Gaëtano Ciniselli, un écuyer de Victor-Emmanuel, s'il vous plaît! le plus célèbre de tous. Ciniselli s'était entouré « d'attractions », comme on dit maintenant dans l'argot des cafés-concerts, par exemple l'acrobate Winling, M. et Mme Price, et enfin Léopold Werekki, dit l'homme volant, le seul rival du « grand Léotard » — que vous connaissez, de nom tout au moins — dans « ses courses aux trapèzes ». C'était vertigineux.

Ciniselli, pour attirer et retenir les amateurs d'équitation, organisa de grandes courses et des carrousels avec sa troupe, sur l'hippodrome de Mérignac. Sa tentative eut un plein succès.

Après lui la tâche était difficile. Elle fut entreprise cependant par Achille Ciotti, gérant du Cirque royal italien Pierrantoni, qui, il y a vingt ou vingt-cinq ans, fit florès sur notre foire des Quinconces; il s'appelait en dernier lieu Cirque Priami et Pierrantoni. Achille Ciotti présenta au public les inimitables gymnasiarques les frères Bates, et surtout Henri Joignerey, « l'homme le plus fort de l'époque, » comme dit une affiche que j'ai vue, et qui « lutta » Milhomme dont les « madurs » ne prononcent encore le nom qu'avec respect.

Enfin, Bastien Franconi, après avoir composé une troupe hors de pair, dans laquelle se trouvaient Lalanne, Auriol et Léotard, — rien que ça! — revint à Bordeaux, où son nom n'était certes pas oublié, et où il fut accueilli par des bravos et des félicitations : il y avait bien de quoi! Il céda la place bien tard aux frères Arsène et Léopold Loyal, qui étaient accompagnés de la gentille écuyère anglaise miss Woolfod qui, sans s'en douter ou plutôt en s'en doutant un peu, fit en notre ville bien des victimes, bien des désespérés... la cruelle!

Mais Rossignol-Rollin, l'illustre Rossignol le père, l'inventeur de la réclame à effet, le boniment fumiste fait homme, prit possession du Cirque impérial où quelque temps il régna en maître. Il semblait à l'étroit sur la piste — qui cependant avait treize mètres de diamètre, ni plus ni moins que toutes les autres pistes du monde — et il la fit modifier et transformer en arène à sa convenance, où ses athlètes pouvaient « se *mesurer* tout à leur aise avec les amateurs lutteurs de profession ou non », désireux de s'aligner et de combattre le bon combat. C'est là que longtemps Rossignol-Rollin poussa le cri devenu célèbre en les annales athlétiques, dans les moments d'effervescence populaire : « Laissez-les lutter ! »

En 1861 et 1862, des jeux de boxe anglaise et française, de canne, de bâton, et des luttes sous la direction de Coudol, attirèrent un public spécial, mais nombreux et attentif, au Cirque impérial. C'est dans ces corps-à-corps acharnés, mais productifs, que les champions de la Gascogne, les premiers bras de France, purent asseoir leur légitime popularité : j'ai nommé Milhomme — déjà cité, — le Pâtre Étienne, Pujol, Vincent, Vimar, Bernard, Paul le Porte-Pièce, Dumortier, Bergès, Dangeas, Émile Chassaigne, Joseph le Porteur-d'Eau, Lafayette, Bel-Arbre, Cambronne — oh! les jolis noms! — et Jeantien. Combien aujourd'hui manquent à l'appel!

Il y eut un temps d'arrêt pendant lequel quelques réunions publiques — je n'ai pas dit politiques — eurent lieu au Cirque, qui devint bientôt le temple de la musique. M. A. Varney, dont le *Moulin Joli* avait fait la réputation, et qui avait organisé des *Concerts-promenade* à la Renaissance, cours Saint-Médard, donna quelques séances musicales dans la rue Saint-Martin, ainsi que le flûtiste Rémusat. Ce dernier s'était adjoint le pianiste-réclame Ben-Tayoux, l'auteur de l'*Alsace-Lorraine,* qui avait eu déjà l'idée de servir aux masses de la « musique scientifique et... analogue » : une trouvaille de génie !

Ch. Calendini, l'émule des Massip et des Antony Lamotte, y donna aussi des concerts très courus.

*

Le Cirque avait vécu. Les acrobates, les écuyers, les enfants de la balle qui y avaient connu les ivresses des applaudissements et les triomphes, qui y avaient tutoyé la gloire, s'étaient depuis plusieurs années dispersés dans le monde. Où s'en étaient-ils allés? vers quels cieux plus cléments — pauvres oiseaux — avaient-ils émigré? Voilà ce que personne n'aurait pu dire. Et j'ai cependant en réserve à ce sujet une anecdote que je vous demande la permission de vous présenter.

C'était à la fin de l'année 1870, en pleine guerre. Un convoi de prisonniers allemands — soixante au plus — venait d'être conduit, arrivant de la frontière d'Alsace, à la caserne située sur le cours des Fossés. Et vous vous imaginez facilement la curiosité peu sympathique dont ils étaient l'objet pendant qu'ils étaient assis par terre dans la cour de la caserne, en attendant la soupe !

Bien peu de ces Prussiens parlaient le français ; et, comme ils avaient de la monnaie allemande à changer, l'un d'eux, baragouinant, estropiant notre pauvre langue, servant d'interprète, s'adressait aux curieux et leur offrait des marks en échange de monnaie française. Mais les braves habitants du quartier, flairant une affaire à tenter et aussi une petite vengeance patriotique à exercer, réclamaient une grosse commission, quelque chose comme vingt-cinq ou trente centimes par mark d'un franc vingt-cinq, comme on sait.

Les Prussiens trouvaient la prétention élevée et se regardaient sans mot dire. Tout à coup, un grand gaillard à casque pointu, hâve, pâle, la barbe longue poussée à la diable, qui jusque-là n'avait pas desserré les dents, s'approcha du groupe des Bordelais et dit très correctement, et avec un accent des plus purs, en s'adressant à ces derniers :

« — Non, mais vous voyez bien que c'est trop !... Trente centimes, c'est excessif ; vous n'y songez pas ! »

Là-dessus, grand émoi, comme bien vous pensez, parmi nos concitoyens. Un Prussien, et un simple soldat, qui parle le français, et si bien encore, jugez donc ! Il y avait matière à être étonné. On entoure le soldat ennemi, on l'interroge, on lui demande des renseignements. Lui, sans se faire prier, répond à toutes ces questions, et souriant :

« Mais je n'avais pas envie de me battre du tout, vous savez, contre les Français que je connais et que j'aime. Depuis plus de vingt-deux ans j'habite votre pays, et j'ai vingt-huit ans. Comptez.

« — Vous connaissez Bordeaux?

» — Mais certainement; j'y ai passé deux mois en 1861. J'étais clown au Cirque Ciniselli, rue Saint-Martin, que vous avez bien connu, et je suivais la troupe. Au moment de la déclaration de guerre, nous étions à la frontière, un peu après Strasbourg. Il a bien fallu répondre à l'appel. J'ai endossé l'uniforme, mais c'est tout. Je vous jure que mes armes n'ont pas été meurtrières et que j'ai fait tout au monde pour être prisonnier. Maintenant, ça y est sans aucun mal : pas une égratignure, et j'en bénis le ciel. J'espère bien d'ailleurs revenir en France, mais libre cette fois, quand cette malheureuse tuerie aura cessé. »

Et le clown allemand avait un tremblement dans la voix en disant très haut ce qui précède. Il gardait des sympathies et ne le cachait pas.

Il partit pour Montlouis (Pyrénées-Orientales), avec ses compagnons d'armes, la semaine suivante. Des gendarmes et des soldats escortaient le convoi; et le clown n'osait pas leur dire, à eux ses ennemis jurés puisqu'ils portaient l'uniforme des soldats du pays mutilé, qu'il était avec nous de cœur et qu'il aimait la France!

Ce récit m'a forcé à anticiper sur les événements. Je veux parler de la construction du Théâtre-Louit, qui n'est plus, sur l'emplacement du Cirque impérial. Le besoin d'une nouvelle salle ne se faisait pas sentir cependant, attendu qu'à cette époque le Grand-Théâtre, le Théâtre-Français, le Théâtre-Napoléon (alors des Variétés) et le Gymnase étaient en pleine exploitation, sans compter les cafés-concerts.

Le Théâtre-Louit fut inauguré le 1ᵉʳ septembre 1868. Sa construction, rapidement menée par M. Lamarle, architecte, coûta, me dit-on, douze cent mille francs. M. Émile Louit, armateur, manufacturier, fondateur du *Journal de Bordeaux,* en était le propriétaire.

La salle avait la forme d'une ellipse dont le grand axe perpendiculaire à la scène comptait 21ᵐ50 et le petit 19ᵐ50.

Le rez-de-chaussée contenait 370 stalles d'orchestre et 600 de parquet. Dix-neuf portes y donnaient accès.

Une première galerie était bordée par un balcon à deux rangs de places, derrière lequel se trouvaient en surélévation des loges de famille de 4, 6, 8 et 10 places.

Au milieu, en face, était la loge des autorités; à droite et à gauche, celles des Cercles de l'Union et Philharmonique.

Le Théâtre-Louit avait quatre étages.

La salle, prise dans son ensemble, était plus vaste qu'aucune de celles des autres théâtres bordelais. On estimait — les loges étant séparées par des cloisons épaisses et les places par des accoudoirs — qu'elle gardait 2,800 places disponibles.

La décoration, dont le style paraissait être celui de la fin du dix-huitième siècle, était or et chamois. Les trois étages de l'avant-scène étaient encadrés par deux colonnes d'ordre composite qu'enserraient des branches de vigne chargées de grappes.

Sur la face des premières galeries se trouvaient placés neuf écussons aux armes des principales villes du Midi, séparées par des couronnes d'or et des guirlandes de laurier.

A ces écussons correspondaient à l'étage supérieur dix-huit camées à fond rose représentant les traits de différents auteurs ou compositeurs célèbres. Au-dessus, au troisième étage, un cartouche avec le nom du portrait. Il y avait: Corneille, Racine, Molière, Victor Hugo, Beaumarchais, Scribe, Ponsard, Regnard, A. Dumas, E. Augier, A. Dumas fils, C. Delavigne, Meyerbeer, Rossini, Mozart, Gluck, Grétry et Auber.

Les portes des loges et des galeries étaient couvertes de peintures allégoriques surmontées de fleurs multicolores et décorées d'arabesques d'or. Le fond de la salle et les sièges étaient tendus en velours cramoisi à crépines d'or.

La partie artistique de la construction avait été confiée à MM. Betton, Salesses et Thénot.

La coupole était composée de motifs architecturaux, terrasses, piédestaux, emblèmes servant d'attache à un immense vélum de gaze constellé de croissants d'or bordelais, avec un fond azuré figurant l'Olympe, ses Amours, ses Génies.

Le lustre avait coûté près de 28,000 fr. Il avait été admis, dit-on, à l'Exposition de 1867.

La scène était large de seize mètres à l'ouverture, au rideau de douze. Elle avait quinze mètres de profondeur. Il y avait trois dessous pour les pièces ayant une machination compliquée.

A droite et à gauche de la scène étaient distribués les loges des artistes, le foyer, le magasin d'accessoires et des logements.

Il y avait cinq portes rue Castelnau-d'Auros et une rue Saint-Sernin. Avant de pénétrer dans la salle, on rencontrait un grand vestibule orné de colonnes, de glaces, de tentures et de candélabres. Il était flanqué de six voies d'escalier aboutissant à des foyers spacieux prenant jour sur la rue; chaque étage avait son foyer.

Au rez-de-chaussée, café ouvert à tout le public; à l'entresol, fumoir; au premier étage, riche salon de rafraîchissements; au-dessus, large terrasse couverte.

*
* *

Je viens de dire que, à l'époque de l'ouverture du Théâtre-Louit, les Bordelais qui voulaient se distraire et qui aimaient les spectacles n'avaient que l'embarras du choix. En effet, au Grand-Théâtre, la direction Halanzier-Dufrénoy venait de monter *Peau d'Ane,* une féerie dont le *clou* était un ballet, réglé par Fusch Taglioni, s'il vous plaît, et dansé par les plus gracieuses et les plus légères des ballerines de la Gaîté et de la Porte-Saint-Martin. M. Halanzier parlait de faire représenter *Roméo et Juliette* et le *Premier Jour de bonheur,* ignorés à Bordeaux, et venait de s'adjoindre M. Prioleau en qualité de régisseur de la scène. A l'orchestre, se trouvaient MM. Fréry, Calendini, Graff, Gaubert, qui fut directeur de l'école Sainte-Cécile; Delattre, Geerts, Sailly, et je me souviens d'avoir entendu citer, parmi les chanteurs, les ténors Peschard, Dulaurens et Benjamin; Mmes Meillet, Baretti, Blanche et Caroline Nordet, et Caroline Delcroix, alors simple coryphée.

Le Théâtre-Français et le Théâtre-Napoléon (National, puis des

Variétés), ce dernier construit sur l'emplacement d'un ancien couvent de Jacobins, étaient sous la direction unique de M. Lambert. Dans leur troupe on remarquait, entre autres, MM. Coutard, que nous avons revu il y a dix ans; Roque, Trellu et Jules-Alexis, jeune comique et « ténor comique », qui arrivait tout juste à Bordeaux.

Il y avait aussi le Gymnase; enfin, un vieil acteur qui avait passé plus de vingt ans dans les théâtres de Bordeaux et qui tenait même, si je ne me trompe, « un meublé » rue Saint-Sernin, A. Panot, venait d'obtenir le 25 août 1868 l'autorisation d'ouvrir un café-concert, 16, rue Voltaire : c'était le Delta, de joyeuse mémoire.

**

Mes lecteurs savent peut-être combien a été mouvementée l'existence du Théâtre-Louit, pleine de heurts, de soubresauts, de hauts et de bas, une vie troublée et incertaine. Sans porter aucune appréciation sur les directions trop nombreuses qui s'y sont succédé, sans rechercher le *pourquoi* des rares jours de réussite, et le *comment* des temps d'insuccès et de déveine noire, je me bornerai à faire, dans ses grandes lignes, l'historique — chronologique — de notre troisième scène.

L'inauguration du Théâtre-Louit eut lieu, comme on le sait, le 1er septembre 1868. La troupe Rancy était la dernière applaudie dans l'ancienne salle du cirque. Au Théâtre-Louit, les pièces de début ne pouvaient tenir longtemps l'affiche; aussi le directeur Robert Kemp fit-il représenter successivement le *Mariage de Figaro*, les *Parisiennes*, des drames et des tragédies, avec Mlle Cornélie, de la Comédie-Française, et *Lucie*, avec M. Sapin; les chœurs étaient fournis par l'orphéon Trinquier, la fanfare Rollet jouait sur la scène.

Du 22 au 25 octobre, représentation de la diva Thérésa, qui n'a trouvé jusqu'ici au concert — et dans un autre genre — de rivale que Mme Florence Duparc, l'exquise diseuse; la première de ces représentations produisit la faible somme de dix mille francs! Et il est des gens qui ne croient pas cependant à l'avenir du café-concert!

Pendant vingt jours, du 31 octobre au 20 novembre, Mme Marie Laurent vint jouer, dans les *Chevaliers du Brouillard,* le rôle de Jack Sheppard, qu'elle avait créé si magnifiquement en 1855. Mme Marie-Thérèse Alliouze-Luguet, dite Marie Laurent, sœur de M. Henri Luguet, ancien directeur de notre Théâtre-Français, et fondatrice de l'Orphelinat des Arts, fut, comme on le sait, plus tard faite chevalier de la Légion d'honneur.

Le premier concert populaire dominical, sous la direction du maëstro Ch. Calendini, qui avait quitté le Grand-Théâtre pour prendre le bâton — sans se faire battre! — dans la rue Castelnaud'Auros, eut lieu au Louit le 6 décembre, à une heure et demie; le premier grand bal paré et masqué, le dimanche 27 décembre. Le succès de ces deux tentatives fut très grand, parce que très mérité.

Le *Gendre de M. Poirier* venait de réussir, interprété par MM. Boisselot, Cornaglia, Barbe, Frespech et Vivier. La *Fille de Dominique,* une pièce dans laquelle Mme Daynes-Grassot remplissait quatre rôles très différents, avait eu le même heureux sort.

Le lundi 7 décembre, M. Ullman, — déjà! — accompagné de Carlotta Patti, de MM. Vieuxtemps, le célèbre Théodore Ritter, Bottesini, Léon Jacquard et Trenké, devait donner un concert au Théâtre-Louit. A la suite d'un malentendu avec M. Robert Kemp, M. Ullman organisa sa soirée à la salle Franklin.

Le dimanche 29 novembre, deuxième concert populaire — à la mémoire de Rossini celui-là — au cours duquel l'orchestre, bien discipliné, bien homogène, exécuta avec les pages immortelles du chantre de *Guillaume* des fragments d'œuvres magistrales de Weber, Haydn, Berlioz, Frantz Lachner, et la belle *Marche des Nobles,* du *Tannhæuser.* Même un artiste de la troupe, M. P. Vernon, vint dire, en manière de gai passe-temps, au milieu du concert, cette lugubre élégie qui a nom la *Chute des Feuilles.* Le public se fâcha tout rouge, et M. Vernon jura de ne plus recommencer!

***

Le samedi 19 décembre 1868, un bal de charité fut organisé au Théâtre-Louit par les rédactions de la *Comédie politique* et du *Satan* et avec grand succès. La scène avait été transformée en un jardin très coquet, dans les allées duquel Suzanne Lagier, qui avait chanté le soir même à l'Alcazar d'une voix toujours douce et caressante — malgré les cent cinquante représentations de la *Tour de Nesle*, qu'elle venait de fournir à Paris — les bluettes à la mode, tendait l'aumônière au nom des malheureux.

Après le plaisant, le sévère. Après la *Czarine*, un grand drame historique en six tableaux, qui servait de prétexte à l'exhibition du merveilleux « automate joueur d'échecs » présenté par Robert Houdin, le 28 décembre une très belle réunion publique fut tenue au Théâtre-Louit. Elle était organisée par Ch. Laterrade, Coulom, Lacoste, Félix Léal et Cauzac jeune. Les orateurs qui s'y firent entendre se nommaient Jules Simon, Lescarret, le docteur Marx; ils parlèrent, aux applaudissements de la salle entière, de la Ligue de l'enseignement et du travail des femmes.

Le 5 janvier 1869, première de la *Périchole*; quinze jours après, soirée troublée de la *Dame aux Camélias*, avec Mme Aimée Tessandier; puis, en février, *Séraphine*, de Sardou, une primeur; puis les représentations de la Compagnie espagnole du Théâtre Royal de Madrid, composée de chanteurs, comédiens, danseurs, instrumentistes, parmi lesquels l'étonnant guitariste Chany; enfin, le *Roi de Rome*, avec M. Guillot — qui devait être plus tard directeur du Grand-Théâtre et du Théâtre-Louit — dans le rôle de Napoléon Ier.

Durant tout le carnaval, des bals parés et masqués, bruyants et tapageurs, avaient lieu chaque dimanche rue Castelnau-d'Auros.

La charmante Rose-Marie, si goûtée des habitués du gai Delta, vient, en mars et en avril, jouer la *Grande-Duchesse*, le *Mariage aux Lanternes*, le *Canard à trois becs*. On représente comme on peut *Gavaud, Minard et Cie* et *Gaspardo le Pêcheur*, et la clôture de l'année théâtrale a lieu le 31 mai, — sans M. Éloi Ouvrard, âgé alors de treize ans, qui chantait déjà dans les concerts de la Renaissance et du Delta, et dont on voulait, pour ce soir-là, s'assurer le concours.

La direction Robert Kemp avait vécu. Et d'une!

Voici venir un nouvel impresario qui a nom Gontié. Le 21 juin, Merly, le baryton acclamé, devait chanter *Rigoletto;* mais cette partition était la propriété de la Ville, qui refusa de la prêter au directeur du Théâtre-Louit. Merly accepta alors, sur les instances de M. Gontié, de chanter *Guillaume* au lieu de *Rigoletto;* puis, voyant que les répétitions ne marchaient pas à son gré, il quitta Bordeaux un beau matin, plantant là M. Gontié et ses camarades.

MM. Riquier-Delaunay et Brégal promirent de chanter à la place de Merly, à côté de Mme Sallard et de MM. Depassio, Stelky, Duleroy, etc. La première représentation de la troupe lyrique de M. Gontié eut lieu avec *Lucie.* Mmes Augusta, F. Sallard, jadis chanteuse légère au Grand-Théâtre; MM. Mazurini et Riquier-Delaunay y furent applaudis comme ils le méritaient, c'est-à-dire par tous les connaisseurs.

L'orchestre était composé en majeure partie de musiciens du Grand-Théâtre. Il était conduit par M. Granier.

Mais voici venir Déjazet, toujours jeune, toujours exubérante, toujours délicieuse, en compagnie de M. Tony Seiglet, ancien artiste du Théâtre-Français, qui est l'objet d'une ovation de la part des Bordelais. Déjazet joue les *Premières armes de Richelieu, Voltaire en vacances,* la *Lisette,* la *Douairière de Brienne.* Dans une *Fille bien gardée,* un petit prodige, la petite Pacra, âgée de six ans, remplissait un rôle à la satisfaction des plus difficiles et donnait la réplique aux artistes mûrs.

A la suite de malentendus — et aussi peut-être parce que la caisse était fermée plus que de raison, Déjazet quitte le Théâtre-Louit et va avec sa troupe au théâtre de la rue Montesquieu.

Le 1er août, la Girondine donne rue Castelnau-d'Auros un grand concert; le 29, c'est le tour de la Société lyrique.

Après un temps d'arrêt, arrive la direction Lorini qui se prépare à jouer le grand-opéra italien et à représenter des ballets exotiques. Le soir du 28 septembre, Merly était en scène, répétant *Rigoletto* qu'il devait chanter le samedi suivant, ce qui eut lieu, lorsque éclata le terrible incendie de la rade. A ce propos, je dois rappeler que si les directeurs des théâtres de Bordeaux organisèrent des représentations au bénéfice des sinistrés nécessiteux, ce fut M. Mennesson qui donna l'exemple. Il convient de ne pas oublier ce fait tout à son honneur.

**

La troupe Lorini interprétait, augmentée de Mlle Catherine Bargli et de M. Enrico Nari, *Hernani, Lucia, Il Trovatore*, pendant qu'au Grand-Théâtre la direction Guillot s'adonnait aux drames et aux comédies, tout particulièrement *Patrie*, de Victorien Sardou.

Entre temps, M. Jules Simon faisait devant plusieurs milliers d'auditeurs une conférence inoubliable, et le lutteur républicain s'écriait, la voix ferme, saluant l'aurore prochaine de la démocratie : « La liberté, c'est la paix! » C'était une menace, un avertissement, une prophétie, un espoir dont la réalisation devait être prochaine.

Le 19 octobre, un mardi, débuta au Théâtre-Louit une troupe de ballet viennois. La directrice de la troupe, Mme Katti Lanner, fut accueillie avec grande faveur dans *Giselle*, le ravissant divertissement en deux actes d'Adolphe Adam. Mme Lanner fit jouer ensuite la *Traviata* et *Un Ballo in Maschera*, avec ballet; *Sitala* ou la *Fille du Jongleur*, grand ballet comique en trois actes; *Mirka*, grand ballet fantastique, pour les débuts de Mlle Berthe Lind, une des plus jolies danseuses de l'époque.

La *Messe solennelle* de Rossini fut exécutée rue Castelnau-d'Auros, le mardi 16 novembre 1869. Le programme, entièrement nouveau, avait pour interprètes chanteurs ou instrumentistes, Mmes Alboni, Battu, Carreno, MM. Thom, Hohler, Tagliafico, Vieuxtemps, Bottesini et Trenké.

Mme Marie Lafon, notre célèbre compatriote, vint chanter la *Norma* avec Rita Sonnieri, qui avait chanté l'opéra italien avec Merly et le ténor Tombesi, et *Lucrèce Borgia*.

**

Le Grand-Théâtre, qui avait jusqu'à ces temps derniers joué le drame, reprit l'opéra avec *Faust*, le 12 décembre.

M. Guillot, le directeur, s'était assuré le concours de MM. Dufrêne, Odezenne et Diany, « jeune chanteur, » et de Mme Ebrard-Gravière, la femme du directeur défunt de notre première scène.

M. Guillot engagea le ballet viennois, qui donna quelques représentations au Grand-Théâtre, dont les soirées n'étaient pas très suivies, et qui végétait tant et si bien que M. Guillot, au bout de quelques semaines, céda la gérance de notre première scène aux artistes réunis en Société.

Alors M. Lorini, qui venait de s'associer avec M. Sonnieri, passa du Théâtre-Louit au Grand-Théâtre. Les deux impresarios avaient l'intention de s'adjoindre M. Juclier, comme directeur de la scène, au Théâtre-Louit, où des comédies, des vaudevilles, de gros drames, les *Pauvres de Paris*, par exemple, allaient être représentés en février et mars 1870, et de prendre comme administrateur M. Lecomte, qui, l'année précédente, avait joué au Grand-Théâtre.

Quelques comédiens connus du public, M. Roques entre autres, qui jouait Mouillebec dans les *Deux Merles blancs*, furent engagés par M. Lecomte.

La comédie nouvelle de George Sand, *l'Autre*, obtint plus qu'un succès d'estime et de curiosité, et son succès acheva la déconfiture de MM. Lorini et Sonnieri au Grand-Théâtre, qu'ils abandonnèrent bientôt.

A partir du 14 mai, le Théâtre-Louit présente la gentille Rose-Marie, dans la *Belle Hellène* et *Barbe-Bleue*, pendant que la Société des Artistes du Grand-Théâtre, reconstituée sous la gérance de M. Thierry, secondé par le père Mézeray, essaie de vivre jusqu'au 20 juin.

**

Mais la guerre franco-allemande vient d'être déclarée. D'un cœur léger, l'Empire assume la lourde responsabilité qui l'accable dans l'histoire, et des milliers de soldats, de martyrs, vont tomber sous les balles ennemies. Le 8 août 1870, le Théâtre-Louit donne une grande soirée, au cours de laquelle on entend Longpré dans les *Prussiens en Lorraine,* et l'orchestre de Ch. Calendini, qui exécute une ouverture patriotique arrangée par son chef. Dans la salle, on sent comme un souffle généreux de patriotisme courir les groupes ; les cœurs semblent réchauffés et, à la sortie du spectacle, on crie dans les rues d'Arès et Judaïque : « A Berlin ! à Berlin ! »

Le 24 août, les premiers désastres ont été signalés ; mais les Bordelais ne croient pas encore à toute l'étendue du malheur qui va frapper notre pays. Une représentation a lieu au profit des blessés. M. E. Dulaurens lit deux poésies de sa composition : *Debout!* et les *Paysans de Waert,* et l'immortelle *Marseillaise,* proscrite si longtemps et qui est dite avec âme par la chanteuse d'opérette Rose Bell, costumée en vivandière, fait passer sur la foule un frisson d'enthousiasme.

Le 11 septembre — sous la République, enfin ! — le Théâtre-Louit joue les *Volontaires de 1870* et *Pour nos blessés,* deux comédies nouvelles. En octobre, les artistes en Société donnent des représentations avec le concours de Mlles Franchine et Félicie Delorme, de la Gaîté.

Le 28 décembre, représentation extraordinaire organisée par la 8e compagnie du 3e bataillon de la garde nationale. La troupe joue *Mon Isménie;* on donne un grand concert, on organise une belle loterie ; les frères Mourlon, gymnasiarques, s'y font applaudir.

1871 arrive. La troupe du Grand-Théâtre, composée de MM. Peschard, Belcastel, Duchesne, Mmes Reynald et Caroline Mézeray, enlève le public de la salle Louit qui, depuis le 20 janvier, est dirigée par une nouvelle Société où nous trouvons

Rose Bell, Aimée Tessandier, Mondelet, Félicie Delorme, Destrée, Chatelet, MM. Bory, Montaigut, Arthur Brelet, Howey, Lanjallais, Laroche, Coulon — il est des noms prédestinés! — et Chalbos, qui engagent M. Laferrière pour venir donner des représentations du *Médecin des Enfants,* son succès, son triomphe à Bordeaux comme à Paris.

Le jeudi 16 février marque une date dans l'histoire de la salle de la rue Castelnau-d'Auros. Ce jour-là, en effet, la troupe du Grand-Théâtre, où allaient se tenir les séances de l'Assemblée nationale, émigre et vient donner au Théâtre-Louit *Lucie de Lammermoor,* les *Mousquetaires de la Reine, Charles VI, Rigoletto* et *Guillaume,* avec le concours de MM. Chelli, fort ténor; Echetto, basse; Elie Clergeaud, baryton, et Mme Arnal, forte chanteuse.

Le 2 avril, le Grand-Théâtre revient à sa vraie destination, et un M. Cambogi prend la direction du Théâtre-Louit, où se donne le 3 juin la première de la revue *Tout Bordeaux y passera!* Bourrée d'allusions patriotiques, de protestations contre les mœurs dissolues de l'Empire, et de scènes ridicules, étant donné l'état de la France, cette pièce souleva des orages, un scandale non prémédité à coup sûr, mais qui dénotait chez ses auteurs un regrettable manque de tact. Elle était jouée par Laferrière, Danthaut, Coulon, Riquier, Suzanne Vidal, Rieutort et Coutault.

***

Après une fermeture obligée, « faulte de monnoye, » le Théâtre-Louit rouvre ses portes le 1er septembre avec, comme directeur, le ténor Bernard, qui a engagé des artistes d'opéra : Mmes Sarrouty et Guérin, MM. Massy, Cabel, Trillet et Justament, de l'Opéra, mais qui ne fait pas de brillantes affaires. A tel point que le 19 septembre ont lieu les débuts d'une troupe nouvelle en Société, aux premiers rangs de laquelle nous voyons Laura-Harris, des Italiens, déjà entendue et fort appréciée à Bordeaux; MM. Viard, ténor, et Raimond. Laura-Harris chante *Rigoletto* et le *Barbier.* Les chefs d'orchestre sont MM. Ch. Calendini et Fréry.

Mme Lamy obtient un vif succès dans *l'Étoile*, ballet fantastique : elle tient le rôle de l'Étoile.

Le 2 octobre, Carlotta Patti donne un grand concert en compagnie du grand pianiste Théodore Ritter. Puis, voici Mme Sarrolta-Acs, des Italiens aussi, dont la voix puissante, inouïe, attire et retient au Théâtre-Louit la foule subjuguée, ravie. MM. Pons et Jalama donnent la réplique à cette cantatrice de grand talent.

Au mois de novembre, l'affiche porte le nom d'artistes éminents : Marie Battu, Cazaux, Devoyod. Ce dernier, qui avait effectué ses débuts dans *Guillaume Tell*, donna au rôle de Valentin, de *Faust*, qu'il interpréta ensuite et qu'il mit au premier plan, une importance que jusque-là pas un Bordelais peut-être n'avait devinée. Devoyod chanta pendant quelque temps à côté de MM. Gaillard, Viard, Respaud et Mme Ebrard-Gravière, et toujours avec un succès grandissant.

Le Grand-Théâtre depuis octobre avait repris l'opéra, et il se présenta ce fait très rare, sinon unique, dans les annales artistiques : le mercredi 22 novembre, *Faust* fut joué au Louit avec Devoyod, Cazaux, Viard et Marie Battu, pendant qu'il était interprété au Grand-Théâtre par Mlle C. Regnault, MM. Peschard, Giraudet et Lutz.

**

C'est de décembre 1871 que date la décadence irrémédiable de la salle Castelnau-d'Auros. En vain la Société des Concerts inaugure-t-elle une série de belles fêtes musicales; en vain M. Georges Bina, de l'Odéon, vient-il y jouer la *Maréchale d'Ancre*, puis *Paillasse;* en vain Antony Lamotte y organise-t-il des bals masqués, rien n'y fait. Le public ne mord à aucun hameçon, et la salle sert aux distributions des prix des écoles communales.

En février 1872, on présente, au profit de l'œuvre sacrée de la Libération du territoire, les *Deux Sièges de Paris,* suite de vues panoramiques, à l'aide de puissants appareils éclairés par le gaz oxydrique, — et la salle rentre dans l'ombre!

Mme Périga, de l'Odéon, joue *Jeanne d'Arc, Marion Delorme* et *Horace*. M. Louis Varney fait jouer pendant près d'un mois une amusante féerie en vingt tableaux, *le Puits qui Chante,* qui est interprété par MM. Émile et Jules Bouchet, Chalbos, Mme Daynes-Grassot — et d'autres. En août 1873, on applaudit Mme Favart et Émile Marck, et, vers la fin d'octobre, les Chanteurs montagnards tant fêtés dans ce *Sen counesches ma bergero,* cette pastorale pleine de souvenirs des pays basques, avec les chansons tristes des amoureux, renvoyées par les échos des vallées perdues dans les lointains embrumés.

**

Je vais maintenant *brûler* mon historique et citer rapidement des noms et des dates. En 1874, de grands bals ont lieu au Théâtre-Louit. L'orchestre et les solistes, MM. Dumas, Seguin, Meuret, Offroy, Bidegain, Bouillot et Lautier, sont sous la direction de M. Daynes-Grassot.

Vers la fin de janvier a lieu le premier des concerts populaires de Sainte-Cécile, renouvelés de ceux de Ch. Calendini. Conduits par MM. Alph. Varney et Sarreau, les artistes et amateurs interprètent des pages de Wagner et de Berlioz et la fugue colossale de la *messe* de Rossini — un des plus beaux morceaux de la musique, à mon humble avis.

Le 5 février, Thérésa chante le *Retour de Suzon* que je me souviens avoir entendu dire à l'Alcazar et d'une façon remarquable, dix ans plus tard, par Suzanne Lagier, sur le grand déclin. Le 19 mars, le *Paradis perdu,* féerie, avec le concours de Jeanne Andrée. Puis, exhibition de miss Milli-Christine, ce phénomène que l'on se rappelle avoir vu ensuite à la foire des Quinconces. Enfin, en avril, concert des Dames viennoises — cinquante jeunes femmes portant un uniforme nankin et noir — jouant d'une manière irréprochable tout particulièrement cet original *Pizzicato,* de J.-J. et E. Strauss, sous la direction de Mme Aman Weinlich. Les violonistes s'appelaient Pauline Jewe et Anne de Blanc; la violoncelliste, Louise Dellemeyer, et la ravissante harpiste, Marie Cernowich. Éclatant succès de curiosité et d'enthousiasme.

La *Vie Parisienne* est donnée au mois de mai avec Zulma Bouffar, habillée par le maître Grévin, et, en juin, Darcier, le chansonnier à la mode, vient en compagnie de « dames italiennes », plus faites pour se montrer à la foire que sur un théâtre, chanter ses productions. Même, il se produit, le 18 juin, un fait singulier.

Comme Darcier venait de dire une chansonnette, avec son art consommé, le régisseur se montra, chargé par le corps du ballet de « réclamer l'indulgence du public parce que le directeur s'était sauvé en emportant la caisse », et que ces dames croyaient que la disparition de l'impresario aurait quelque influence sur les ronds, les pirouettes et les jetés-battus! La représentation eut lieu cependant, mais sans gaité, on le conçoit.

Une des dernières directions au Théâtre-Louit fut celle de P. Laugier, qui engagea Théo et Thérésa. La « diva du ruisseau » joua même, si je me souviens bien, la *Famille Trouillat*, opérette de Léon Vasseur, qui n'a jamais su faire que la *Timbale d'argent*. Thérésa — de son nom Emma Valadon — était alors âgée de trente-sept ans.

Le lundi 23 novembre, concert par Mlle Marie Marimon, MM. Diaz de Soria, Sivori, Francis Planté, Alaret, Léonard, Franchomme, Maas, de Bailly — des noms, comme on voit!

**

Je n'en finirais pas si je voulais utiliser toutes mes notes et signaler les artistes qui ont brillé sur la scène qui n'est plus. Mais il convient cependant de citer Faure, Adelina Patti, l'inimitable harpiste Godefroy; Judic, qui le 20 décembre 1881 nous fit connaître la ravissante Marie Kolb, qui promettait tout ce qu'elle a tenu; Merly, le beau chanteur, Merly qui, bien qu'âgé de soixante-trois ans, usé, cassé, vous remuait encore étrangement dans son *Pieta signori!* de *Rigoletto*; Sarah Bernhardt,

Baron, Dupuis — et Henri Rochefort, remplaçant, un jour de conférence, sa rouge amie Louise Michel !

Enfin, en 1877, le Théâtre-Louit ayant subi pour plus de cent mille francs de réparations, fut transformé en Folies-Bergère et dirigé par M. de Geslin, qui avait pour chef d'orchestre M. de Wentzel, le populaire auteur du *P'tit bleu;* puis M. de Boaz, puis Mme Olga Léaut, qui avait engagé Mmes Céline Montaland, Montbazon et Numa Dalbret; enfin, Mme Parade et M. André. Ces diverses directions aboutirent toutes à la faillite, au désastre. Celle qui leur succéda, — celle de M. F. Bory, — fut plus heureuse et, seule, termina honorablement ses trois années d'exploitation, du 18 février 1883 au 31 décembre 1885.

M. F. Bory nous présenta, on s'en souvient, les attractions les plus courues de l'époque : les fameux... cochons dressés par Raffin, l'illusionniste Bualtier de Çolta, les frères Lee, le disloqué Brown, Cotrelly, l'ancien directeur du cirque, et ses filles « travaillant sur le fil de fer »; miss Sénide, la pauvre dompteuse à moitié dévorée à Vienne en 1887; le légendaire Auguste, de l'Hippodrome, — de son vrai nom Guillot, — et son âne... la plus entêté des ânes savants, et ils le sont !

Ma tâche serait terminée, si je ne saluais en deux mots une physionomie bien populaire, bien connue de tous ceux qui ont fréquenté le Théâtre-Louit : le père Baptiste, ce concierge modèle, ce gardien intègre, inflexible, incorruptible, de la bienheureuse porte qui ouvrait sur l'étroit escalier en colimaçon conduisant dans les coulisses, — ces coulisses où l'on a tant ri, tant marivaudé, au temps de la direction du pauvre Pottier, au bon temps de l'opérette, au temps de Marguerite Ugalde, de Jeanne Caylus, d'Andrée Joly et de Mary-Albert !

Qui n'a pas vu le père Baptiste dans l'exercice de ses fonctions — un sacerdoce — n'a rien vu, et je me le représente encore dans sa petite loge tapissée des photographies de toutes les célébrités connues et inconnues, qui étaient passées là, encadrées avec soin, et qui permettaient de reconstituer à elles seules l'histoire du théâtre confié à la garde du parfait concierge, comme chez Catherine, du théâtre de la rue Montesquieu, le « dragon vert » dont le tutoiement vous mettait jadis tout de suite si bien à votre aise.

La nuit de l'incendie du 2 juillet 1888, le père Baptiste, affolé, tremblant de terreur, la voix étranglée dans la gorge, de grosses larmes sur les joues, courait, poursuivi par les flammes, comme un insensé, son bonnet de velours tout de travers, le long des galeries que le feu dévorait avec une épouvantable rapidité. Il ne voulait pas en descendre, et on a dû l'arracher de force, de violence, du théâtre qu'il aimait tant et avec lequel, répétait-il en sanglotant, il voulait être brûlé, le brave homme, avec lequel il voulait mourir...

Sur l'emplacement du Théâtre-Louit a été construit le Théâtre des Arts, que dirige avec science et conscience M. Jacques Depay, qui fut directeur du Théâtre-Français, rue Montesquieu.

ÉTUDES

SUR LES RUES DE BORDEAUX

ÉTUDES

SUR LES RUES DE BORDEAUX

Quelques-unes des rues et places de Bordeaux tirent leur nom d'événements historiques ou de faits moins connus, appartenant à la légende. C'est aux recherches sur cette origine que nous allons consacrer la seconde partie de ce travail.

Place des Quinconces. — Le quartier appelé maintenant « les Quinconces » formait autrefois un petit faubourg qui était connu sous le nom de *Troupeyla* ou *Tropeyte,* d'où, par corruption, on a dit Trompette. Lorsque ce faubourg fut démoli pour former l'esplanade du Château-Trompette, il était considérable, à en juger par les édifices et les voies publiques qu'il renfermait à la fin du xviie siècle, et dont la tradition a conservé le souvenir. On y comptait une douzaine de rues, trois couvents, un hôpital, une citadelle, un grand établissement pour le jeu de mail, un édifice romain et une porte de ville, avec les murs de clôture de la seconde enceinte de Bordeaux.

Les premiers couvents qu'eurent les Dominicains et les Carmes déchaussés étaient établis au centre du quartier de Tropeyte. La chronique rapporte que Clément V avait fait bâtir le dortoir des Dominicains pour y placer la chancellerie papale, et que ce fut en cet endroit que « Dominique de Athéra, jacobin, et Arnaud de Villeneuve, insigne médecin, disputèrent devant ce pape sur de grandes et sérieuses questions ». Ces graves disputes, dont notre chroniqueur n'a pas indiqué la nature, pouvaient bien n'être que de vaines disputes de mots, qui occupaient habituellement les savants du xiv° siècle, et qui abondent dans les écrits de ces deux docteurs.

Dans la partie la plus rapprochée du quai de Tropeyte était une rue appelée *Bernard-de-Mos*. Un titre de 1343 la fait connaître en ces termes : « *Rua quæ dicitur Bernardi de Mos, quæ est apud Tropeytam, retro chayum vocatum Dissenta.* » Ce chai (cellier), devait être considérable, car il donna son nom à la rue dans laquelle il se trouvait, ainsi qu'il résulte d'un titre de 1454, dans lequel on désigne une maison située « *in rua Dissenta, inter domum Arnaldi de Berneteyras, ex parte orientis, et ruettam Raymundi Forthonis, ex parte occidentis.* »

La rue de *Pey-de-Loen* était voisine de la précédente, suivant une ancienne exporle dans laquelle on lit : « *Pro domo quæ est in rua Dissenta inter domum Joannis Gombaudi, ex parte orientis, et ruam vocatam Petri de Loën, ex parte occidentis.* »

Dans un titre de 1476 on cite une rue du Chantre *(deu Chiantra)*, comme conduisant au « Château Troupeyte ».

Au numéro 15 de la place actuelle des Quinconces se trouvent les magasins, si intéressants à visiter, de la maison GEORGES BOUBÈS, fondée en 1832. Faire l'historique de la maison Georges Boubès serait chose aisée ; mais qui ne la connaît ? Je ne crois pas qu'on ait jamais apporté soit à la fabrication des ciments, soit à leur utilisation dans l'art et l'industrie, plus de constant soin, de goût affiné, de compétence éclairée. La maison Georges Boubès est, sans conteste, dans le genre, la plus renommée, la plus justement appréciée à notre époque, et nous devons être fiers qu'elle ait ses assises à Bordeaux.

L'application que l'on fait aujourd'hui du ciment est merveilleuse. Grâce à l'ossature en fer employée, qui ne s'oxyde pas et qui relie la matière durcie, on arrive à un résultat surprenant et nouveau au point de vue de la grande solidité et de l'extrême légèreté. Les nombreuses cuves à vin exécutées depuis longtemps par la maison Georges Boubès attestent les résultats indiscutables qu'on peut attendre de ce nouveau genre de constructions.

Cours de Tourny. — Une des sections des grands boulevards dont la ville de Bordeaux se trouva environnée par les soins de l'intendant de Tourny porte le nom de cet administrateur. Le terrain sur lequel s'étend ce cours n'était auparavant qu'un grand chemin peu fréquenté. Quelques vieilles échoppes et divers jardins le bordaient du côté du couchant. Sur toute l'autre ligne s'élevaient les anciens murs de la ville, qui étaient défendus par cinq grosses tours, dont la dernière, qu'on appelait la *Tour de l'Ermite,* n'a été démolie qu'au commencement de ce siècle. Aux pieds de ces fortifications, bâties lors du second accroissement de l'enceinte de Bordeaux, était creusé un large et profond fossé, ce qui augmentait l'insalubrité et le peu de sûreté de ce quartier. Il doit son développement à la formation du cours de Tourny.

Sur ce cours de Tourny, au n° 19, a été installé, il y a quelques années, et d'une façon irréprochable, le magasin de vente de la Maison G. Milliac, dont la vogue est si grande à Bordeaux et dans la région, depuis 1858, époque de sa fondation, et dont la renommée ne peut, du reste, que s'accroître, étant donnée l'excellence de ses produits.

Beaucoup de concurrents en ont profité et ont même pris le nom de la maison G. Milliac : peine perdue ! La marque de machines à coudre était trop connue et trop appréciée pour qu'elle eût à craindre le moindre déplacement de clientèle.

Aujourd'hui comme au temps de sa fondation ; au 19 du cours de Tourny comme autrefois au 42 du cours de l'Intendance (local qu'elle occupa si longtemps), la Maison G. Milliac — la vraie, la seule véritable et authentique — est entourée de la faveur publique.

On le sait : nulle plus qu'elle ne peut procurer à de meilleures conditions de solidité, de prix et de paiement des machines à coudre de tous systèmes (b. s. g. d. g.), à plisser, des fers à repasser (Jay); nulle n'est mieux qualifiée pour les réparations, l'entretien et la fourniture irréprochable des accessoires et produits spéciaux nécessités par l'emploi des machines de sa fabrication française et américaine.

Place Tourny. — La place Tourny avait nom autrefois Saint-Germain.

Sur l'emplacement qu'occupait dans ce coin de Bordeaux le jeu de l'arbalète, si suivi, et dans un immeuble où furent installés plus tard, durant des années, les services centraux télégraphiques de la Gironde, se remarquent aujourd'hui (5, place Tourny) les riches magasins et dépôts de M. Renouil, l'agent si actif et si compétent des maisons de cycles Clément, Humbert et Columbia, le même qui créa avec tant de succès, au 18 du boulevard de Caudéran, la piste de 200 mètres, cimentée et couverte, pour leçons et entraînement, où se donnent rendez-vous les élégants — et surtout les élégantes — amateurs de la pédale, soucieux de commencer ou de parachever leur éducation cycliste.

Mais ce n'est point tout encore. M. Renouil, prévoyant l'évolution des goûts d'une partie du public fortuné, a été un des premiers à développer à Bordeaux une industrie appelée aux plus brillantes destinées. L'Automobilisme est roi et M. Renouil son prophète. Qui ne connaît, en effet, les confortables automobiles 8 chevaux de la construction Rochet-Schneider, et les gracieuses voiturettes 4 chevaux de la construction Mors, mises en vente à Bordeaux par M. Renouil? Impossible de rêver rien de plus commode, de plus pratique et aussi de plus *smart,* suivant l'expression d'aujourd'hui.

Et ici, une rapide étude sur l'automobilisme me paraît de situation.

La locomotion automobile n'est pas aussi récente que l'on pourrait le croire, mais ses premières applications pratiques ne datent guère que de quatre ou cinq années.

Sans parler de la plus ou moins authentique voiture des Égyptiens (??), voiture qui marchait, paraît-il, par la réaction d'un jet de vapeur s'échappant dans l'air, nous trouvons, en 1771, une preuve évidente d'un essai de traction automobile, le premier selon toute apparence. C'est à un officier d'artillerie français, à Cugnot, qu'on doit cette tentative, qui d'ailleurs n'a pas dû être bien brillante, la vitesse atteinte n'ayant pas dépassé une lieue à l'heure, c'est-à-dire le pas moyen de l'homme.

Watt vint peu après, et, comme on le sait, c'est à lui qu'appartient l'honneur d'avoir créé la machine à vapeur de toutes pièces et d'avoir réduit d'un seul coup la consommation du charbon qui était de 10 kilogrammes par cheval-heure à 4 kilogrammes.

Parmi les perfectionnements qu'il apporta, on peut citer le double effet, le régulateur, la détente, le condenseur, etc. Mais tous les véhicules construits à cette époque pour se mouvoir par une force mécanique quelconque auraient été absolument incapables de donner un rendement, même médiocre, sur les routes.

Leur but était de rouler sur une surface très dure et très unie, sur des rails, ainsi que le fait justement remarquer M. Farman, dans son *Manuel des chauffeurs,* où j'ai puisé d'excellentes indications.

Jusqu'en 1882, c'est-à-dire pendant près de trois quarts de siècle, les essais tentés dans l'intention de remplacer sur les routes la force animale par un moteur quelconque ont été excessivement rares, et ceux qui se sont lancés dans des tentatives de cette espèce ont été immédiatement arrêtés par la question du générateur de vapeur.

A ce moment-là, on n'aurait pas songé un seul instant à appliquer le moteur à gaz que Lenoir avait inventé et construit en 1870, et jusqu'au concours organisé par le *Petit Journal* en 1894, la machine à vapeur paraissait seule d'une application pratique. Depuis, les innombrables moteurs à pétrole ont eu vite fait de prendre la place de la vapeur, leur aînée, et c'est en eux que tous les constructeurs voient la force de l'avenir.

La course Paris-Bordeaux et retour en 1895 et celle de Versailles-Marseille-Paris en 1896 ont montré définitivement l'indiscutable supériorité du pétrole sur la vapeur, non pas au point de vue vitesse, mais au point de vue solidité et résistance.

Dès la première journée de Paris-Marseille, avant d'arriver à l'étape terminus, toutes les voitures à vapeur étaient mises hors de course par suite d'avaries diverses; à l'une l'arbre avait grippé; à l'autre, les réservoirs fuyaient, etc.

Aussi, devant l'éclatant succès des moteurs à pétrole, ne doit-on s'occuper ici que des machines de ce genre et de la disposition générale des voitures auxquelles ils sont appliqués.

Tout d'abord, qu'est-ce qu'une automobile?

Bien des personnes ne se font peut-être pas une idée précise du sens de ce mot. En principe, une automobile est juste l'opposé d'une locomobile, c'est-à-dire que cette dernière travaille au même endroit, dans le même lieu, tandis que l'autre se déplace.

Une locomotive est une automobile d'un genre à part; au lieu d'être à même de rouler sur n'importe quelle route, elle est construite de façon à ne pouvoir fonctionner convenablement que sur des rails. Il est probable qu'à la longue le sens du mot automobile sera exclusivement réservé aux voitures de toutes espèces, capables de se mouvoir sur les routes ou sur n'importe quel terrain à peu près carrossable, à l'aide d'une force mécanique quelconque. Naturellement, il y en aura de tous genres, qu'on désignera sous le nom d'automobiles à pétrole, à l'électricité, à air chaud, à vapeur, etc.

Déjà, à l'heure actuelle, il en surgit de tous côtés, et l'amateur qui veut devenir propriétaire d'une de ces voitures ne sait vraiment pas à quel saint se vouer, surtout lorsqu'il a lu les prospectus ou les catalogues des innombrables fabricants de voitures à traction mécanique.

Comme en toute industrie naissante, la main-d'œuvre est très chère, et encore les fabricants doivent-ils s'estimer heureux lorsqu'ils arrivent à trouver des ouvriers connaissant le métier.

Dans bien des grandes maisons, les ingénieurs sont obligés de former les ouvriers sur place et perdent ainsi un temps considérable, sans parler de la question pécuniaire.

Ce sont surtout les monteurs qui manquent, car dans cette partie tout est à apprendre et rien ne ressemble au montage des moteurs ou des voitures ordinaires, l'un et l'autre étant modifiés pour pouvoir s'accoupler ensemble.

Telle est la cause principale du prix très élevé que demandent les fabricants sérieux; qui aussi, pour dire la vérité, n'ont pas de concurrents nombreux et ont, par-dessus le marché, des demandes pour près d'un an à l'avance : témoins les ateliers Rochet-Schneider, Panhard-Levassor, Mors Georges Richard, etc.

Cependant, malgré ces prix élevés, je ne conseillerai jamais à un amateur de s'adresser à une maison de second ordre, qui, moins bien outillée que les autres, ne pourra pas livrer à des prix inférieurs, à moins de construire la voiture et le moteur à la va-vite, sans y mettre tout le fini qui fait la qualité des automobiles de marque.

L'automobilisme se trouve à l'heure actuelle dans la même situation que la vélocipédie en 1890. Pour avoir une bonne bicyclette, on était obligé d'y mettre sept ou huit cents francs, tandis que maintenant on obtient les mêmes machines pour quatre cents francs.

Il est très probable qu'une baisse semblable se produira dans le prix de vente des automobiles ; mais ceux qui désirent en posséder une aujourd'hui, et ils sont nombreux, ne doivent sous aucun prétexte regarder à un ou deux milliers de francs près ; sans cela, au lieu d'en tirer profit, ils n'en auront que des ennuis et des désagréments.

L'amateur, l'aspirant-chauffeur, qui aura été naturellement visiter différentes usines, devra bien se mettre en garde contre les trompe-l'œil, contre l'apparence extérieure.

L'élégance de la carrosserie ne doit pas influer sur le choix d'une automobile, cette partie étant presque toujours indépendante du mécanisme et construite au gré du client ; ce qu'il faut examiner surtout, c'est le moteur et la transmission.

A chaque instant, des exemples de ce genre se présentent ; l'an passé, au salon du Cycle, chacun admirait, à qui mieux mieux, une fort élégante voiturette automobile ; seulement elle avait un défaut, elle n'avait jamais été capable de rouler convenablement.

Le constructeur a reçu plus de cent commandes, mais n'en a exécuté aucune, sachant très bien ce qui en était, ne voulant pas compromettre la réputation de sa maison et donnant comme prétexte le manque de temps et le désir de faire certaines modifications.

Sans vouloir écarter complètement la question d'apparence extérieure qui peut avoir de l'importance dans certains cas, dans les fiacres automobiles par exemple, il est bon de faire remarquer que cette question ne joue qu'un rôle très secondaire.

Supposons, par exemple, qu'un fabricant réussisse à attirer, par la coupe élégante de sa voiture, un certain nombre de clients; il les perdra tout de suite, dès que ceux-ci se seront rendu compte de la mauvaise marche de son automobile.

Les grands constructeurs que représente M. Renouil ont commencé par chercher à faire quelque chose de bien et de pratique comme moteur, sans songer à rendre leur voiture aussi gracieuse que les coupés à traction animale.

L'acheteur doit examiner si la voiture qu'il a en vue répond favorablement aux trois conditions principales suivantes :

Qualité du moteur; qualité de la transmission; solidité et rigidité du bâti.

Bien entendu, c'est le moteur qui doit être examiné le plus sérieusement en tous ses détails.

Chaque maison a son moteur breveté; ce n'est pas le principe qui est breveté, comme bien on le pense, mais seulement certaines modifications, certains perfectionnements que l'acheteur sera absolument incapable d'apprécier ou même de voir, à moins qu'il ne connaisse bien exactement la marche de ces machines.

Au surplus, les personnes désireuses de se renseigner plus exactement et de façon détaillée trouveront chez M. Renouil l'accueil le plus empressé, en même temps qu'une collection de types de machines unique à Bordeaux, croyons-nous.

Nous parlions des remarquables Mors tout à l'heure. Veut-on quelques chiffres à cet égard? Les voitures Mors sont arrivées 1re et 2e dans la course Paris-Trouville; 1re et 2e dans la course Paris-Saint-Malo; 1re et 2e dans la course Paris-Ostende; 1re et 2e dans la course Bordeaux-Biarritz. Partout, en un mot, où ces voitures se mettent en ligne, elles battent toutes leurs concurrentes.

Rue Billaudel. — Billaudel (Jean-Baptiste-Basilide), ingénieur, géologue, antiquaire, biographe, né à Rethel le 22 juin 1793, mort à Cenon-La Bastide le 23 juin 1851. Entré au lycée de Reims en 1804, à l'École polytechnique en 1810 et à l'École des ponts et chaussées en 1813; coopéra aux fortifications de Paris en 1814; vint à Bordeaux à la fin de la même année; s'enrôla et servit en qualité d'officier du génie pendant les Cent-Jours, après lesquels il reprit ses fonctions d'ingénieur des ponts et chaussées; visita en cette qualité les Basses-Alpes, la Nièvre et les Ardennes, et vint se fixer à Bordeaux où, de 1818 à 1838, il s'associa aux grandes entreprises de son beau-père, M. Deschamps, inspecteur général des ponts et chaussées; il construisit le pont suspendu de Langon de 1828 à 1831. Il donna le premier aux ouvriers l'exemple de visiter le fond de la Garonne au moyen des cloches à plonger. Député de la Gironde sous le gouvernement de Juillet, conseiller général, maire de Bordeaux, et député de la Gironde à l'Assemblée nationale en 1848.

Cours d'Alsace-et-Lorraine. — I. Une partie du cours d'Alsace-et-Lorraine a porté longtemps le nom de rue du Peugue (du ruisseau qui passe sous cette voie). La porte Toscanam, qui subsistait en 1850 à l'entrée de la rue du Peugue, fut bâtie lors du premier accroissement de Bordeaux. Sa dénomination lui est conservée dans les anciens titres. Dans la relation de l'entrée du maréchal de Richelieu, il est dit que le cortège passa dans la rue des Lois, où l'on avait comblé le puits de Toscanam pour élever à sa place un arc de triomphe. Cependant, dans la nomenclature des voies publiques, en 1840, on a transféré à la porte Toscanam le nom de Porte-Basse, qui s'élevait à son côté et qu'on a démolie dans les premières années du siècle. C'est un héritage nominal qu'on voulait faire passer d'un édifice ancien à un édifice moderne, en dépit des archéologues et de la vérité.

La rue du Peugue, qui s'étendait à la suite de la porte Toscanam, a été appelée rue des Mottes, parce que plusieurs tanneurs y avaient leurs ateliers et qu'on y fabriquait, avec le résidu du tan, une sorte de masse ronde, nommée *motte,* qui sert à alimenter le feu des petits ménages. Dans un plan de Bordeaux, gravé en 1787, cette rue est désignée sous la dénomination ignoble de rue *Cague-Mule*. On doit rapporter l'origine d'une pareille dénomination aux écuries où l'on renfermait les mules destinées au service des anciens moulins qui étaient établis sur le ruisseau du Peugue, suivant la *Chronique*, sous l'an 1404. A l'extrémité orientale de cette rue, on voyait, il y a quelques années, une vieille tour adossée au mur de cette ville, et qu'on appelait la *Tour du Pendard*. C'était l'ancienne demeure du bourreau.

II. La Porte-Basse a subsisté jusqu'en 1803, à l'extrémité méridionale de la rue ainsi appelée. Cette porte était percée dans le mur de la première enceinte de Bordeaux, et son nom annonçait combien peu elle était remarquable. Cependant, les personnes qui ne l'ont pas vue pourraient le regretter, attendu qu'on la cite comme un beau monument d'architecture romaine. Il y a plus : le rédacteur de l'*Almanach historique de Guienne* pour l'année 1760 a bravé les démentis des habitants de notre ville, en rapportant les mauvais vers suivants faits par l'un d'eux en l'honneur et gloire de cette espèce de porte :

> Bordeaux, vante ton monument :
> Tel de l'antique Rome était le fondement.
> Plus auguste est la Porte-Basse
> Que le haut portail d'un palais.
> Cette grande et superbe masse
> Voit les siècles couler sans s'ébranler jamais.

Et pourtant, la Porte-Basse n'était ni auguste, ni haute, ni superbe. Ce prétendu monument romain était tout bonnement une ouverture informe d'environ quatre mètres en tous sens, pratiquée dans une muraille qui avait deux mètres d'épaisseur. Elle n'offrait rien de remarquable dans sa forme. Il avait été question de la démolir en 1766, parce qu'elle obstruait la voie publique. Mais les jurats ne purent se mettre d'accord avec le chapitre de Saint-André, qui, en sa qualité de seigneur foncier du terrain sur lequel cette porte était bâtie, et comme possédant sur son surhaussement une maisonnette, demandait 50,000 francs d'indemnité pour consentir à cette démolition.

Aux côtés de la Porte-Basse fut fondée, en 1852, par M. A. Brouillaud, une maison de confections pour hommes et enfants, qui, très rapidement, devait prendre un développement inespéré et se placer à la tête des industries similaires.

Cette maison fut créée par M. A. Brouillaud — elle était la première de son genre — avec une sorte de prescience, à deux pas de l'église Saint-André, appelée à être dégagée des masures qui l'entouraient, et sur l'emplacement où devait être tracée l'entrée de notre magnifique cours d'Alsace-et-Lorraine. Depuis cette époque, à mesure que les administrations municipales amélioraient et embellissaient ce coin de Bordeaux, la maison s'étendait,

s'agrandissait, se développait. Aujourd'hui, elle occupe une grande surface sur la rue Porte-Basse et une plus grande encore sur le cours d'Alsace-et-Lorraine : les magasins Brouillaud sont, en effet, installés dans les superbes immeubles portant les numéros 120 à 128 de cette belle voie. Cela fait 50 mètres de façade.

En 1870, l'armée s'approvisionna chez M. A. Brouillaud, et le gouvernement lui témoigna à différentes reprises sa satisfaction pour l'excellence de ses fournitures.

Les vêtements pour hommes et enfants sortant de cette maison ont d'ailleurs toujours eu la plus flatteuse vogue bien méritée, tant au point de vue de l'élégance raffinée de la coupe et de la solidité qu'à celui de la valeur des étoffes employées à leur confection.

L'État accorde sa confiance à MM. Brouillaud, qui sont les fournisseurs officiels et attitrés de plusieurs de nos établissements nationaux — régionaux et autres. Il en est de même de la Ville, qui charge ces faiseurs de talent de l'exécution de commandes importantes.

Dans la plupart des collèges et lycées de la région, c'est encore les vêtements de cette maison doyenne qui sont portés par les élèves.

On verra ci-avant la reproduction d'une partie des magasins, si abondamment pourvus, de MM. Brouillaud. Il se traite là, chaque année, un formidable chiffre d'affaires. La clientèle est plus nombreuse que jamais, séduite par le bon marché exceptionnel dont elle est appelée, par surcroît, à bénéficier.

Remarquablement installés, avec téléphones, ascenseurs, salons d'attente, d'essayage, etc., les magasins et ateliers Brouillaud offrent, le soir, sous les flots des milliers de lampes électriques, l'aspect le plus vivant, le plus animé, le plus riche.

III. Au-dessus de la Porte-Basse on voyait dans une niche une statue en pierre assez bien sculptée, d'environ un mètre de hauteur, représentant un personnage vêtu d'un habit long, la tête ceinte d'une couronne de fleurs, et dont les mains, rapportées en bois, tenaient un livre ouvert. Le peuple appelait cette statue *Saint-Bordeaux,* et disait aux étrangers qu'elle tournait la feuille de son livre exactement à minuit. Il la considérait comme le *palladium* de la Ville, et dans toutes les fêtes publiques il l'entourait de guirlandes.

L'examen des pierres de la Porte-Basse et de celles qui formaient le mur prolongé des deux côtés, derrière plusieurs maisons de la rue des Trois-Canards et de celle du Peugue, put convaincre les Bordelais que le mur de ville, dans cet endroit comme dans d'autres, avait été construit en partie avec les pierres qui provenaient de quelque grand édifice public. Beaucoup de ces pierres offraient des débris de colonne, de cariatide et d'autres fragments notables de sculpture. On sait qu'après la retraite des Barbares, qui avaient successivement saccagé Bordeaux, les ducs d'Aquitaine en firent relever les murs de clôture sur le plan que les Romains avaient tracé à la vieille ville lorsqu'ils la possédaient. Il est évident qu'on employa pour cette reconstruction les matériaux épars des édifices qu'ils y avaient élevés. Ainsi la Porte-Basse n'était pas un ouvrage des Romains, mais elle avait été bâtie avec les débris de leurs monuments.

Rue J.-J.-Bel. — I. Bel (Jacques), conseiller au Parlement de Bordeaux, receveur des tailles, propriétaire du château de Savignac et de nombreuses terres entre Bazas et La Réole; acheta en 1702 à M. de Fayet, conseiller au Parlement, de vastes terrains qui se trouvent actuellement au midi des allées de Tourny, et fit construire en 1708 l'hôtel qui devait devenir plus tard l'hôtel de l'Académie. Jacques Bel était un ami des belles-lettres et un magistrat éclairé. Il envoya son plus jeune enfant, Jean-Jacques, faire ses études au célèbre collège de Juilly, où il le laissa jusqu'à dix-huit ans; puis il se chargea seul de perfectionner son éducation, et plus tard son fils écrivait « avoir plus profité des conversations de son père que de la lecture des auteurs classiques ».

Jean-Jacques Bel venait d'entrer dans sa dix-neuvième année, dit M. Feret, au moment où le duc de la Force fonda l'Académie de Bordeaux; lui aussi voulut créer une Académie, et il obtint de ses parents de réunir dans la maison paternelle quelques jeunes gens de son âge et de son rang qui s'entretinrent durant six ans, tous les jeudis, de matières relatives aux beaux-arts, à la littérature et aux sciences morales. La question à l'ordre du jour était d'abord traitée par écrit par un des assistants, puis discutée de vive voix dans l'assemblée. Le Mémoire produit était ensuite remis à deux de ses membres qui, dans l'assemblée suivante, présentaient un rapport et leur avis motivé sur le travail et sur la discussion orale qui avait eu lieu à ce sujet.

J'ai relaté la formation de cette petite Académie, convaincu qu'elle exerça une influence heureuse sur l'avenir du littérateur distingué dont voici la biographie.

II. Bel (Jean-Jacques), né à Bordeaux le 20 mars 1693, mort à Paris le 15 août 1738, fis de Jacques Bel et de Marie Gauffreteau de Châteauneuf. Avocat distingué; puis, le 15 mai 1726, conseiller au Parlement de Bordeaux; bibliophile; littérateur; un des bienfaiteurs de l'Académie de Bordeaux, dont il fut membre le 17 juin 1736 et directeur en 1737, et à laquelle il légua son hôtel des allées de Tourny et sa bibliothèque, devenue depuis 1793 la Bibliothèque de la ville de Bordeaux, ainsi qu'une maison rue Mautrec et une autre rue Poudiot (rue Teulère), à charge de tenir cette bibliothèque ouverte au public trois fois par semaine et de donner un traitement annuel de 800 francs à son conservateur. Il mourut à Paris et fut inhumé dans l'église Saint-Eustache.

— La transformation de l'ancien hôtel de Jean-Jacques-Bel — auquel j'ai consacré une notice spéciale dans mon *Bordeaux d'hier et d'aujourd'hui* — est, à l'heure présente, complètement achevée. Le plus bel immeuble que possède notre ville s'élève sur l'emplacement qu'il occupa, et dans une des parties de cet immeuble un coin attire et retient les regards de tous les amateurs passionnés de l'art des siècles écoulés, de cet art qui s'affirme avec un goût si pur, avec une si originale délicatesse dans le dessin, le meuble, l'enluminure du livre, la joaillerie, les armes. C'est le magasin — où ne cessent d'affluer et de fréquenter, en des causeries attrayantes et substantielles sur les choses qui servirent de cadre aux jolies marquises poudrées, ou aux précieuses du premier Empire, tous les connaisseurs de Bordeaux et de la région ; — le magasin que M. Ernest Descamps, anciennement cours de l'Intendance, a aménagé aussi commode qu'agréable au n° 2 de la rue Jean-Jacques-Bel.

M. Ernest Descamps qui, en sa qualité d'expert assermenté, dirige nos plus belles ventes publiques, possède une compétence et une autorité spéciale qui lui sont unanimement reconnues ; il a accumulé là, en un musée ouvert aux seuls intellectuels, les tapisseries anciennes, curiosités de tous les pays, pièces d'ameublement, archaïques bibelots d'art, tableaux, gravures, etc.

Rue Notre-Dame. — La rue Notre-Dame est la plus ancienne et la plus longue rue des Chartrons. Là s'élevait le couvent des Carmes déchaussés, vulgairement appelé des Petits-Carmes.

Sur l'emplacement qu'occupa cet immeuble, ou tout proche, (aux numéros 29 et 31 de la rue Notre-Dame) ont été créés, il y a trois ans environ, si mes souvenirs me servent bien, les Grands Bains des Chartrons, le plus vaste et le plus confortable des établissements de ce genre installés à Bordeaux et un des plus luxueux de France, sans conteste.

Les Bains des Chartrons ont été faits d'après les plans et sous la direction de M. E. Gervais, le très distingué architecte de notre ville, dont les travaux sont toujours marqués au coin du goût le plus coquet, du talent le plus sûr. Il suffit de jeter un coup d'œil sur les splendides créations de M. Gervais à Royan et à Bordeaux (Casinos, Villas, Théâtre des Arts, Bouffes-Bordelais, etc.) pour acquérir la certitude que M. L. Lambert, l'aimable et sympathique propriétaire de ces Bains, ne pouvait en confier la construction à un praticien plus habile, à un artiste plus délicat.

L'établissement, d'un style oriental impeccablement pur, a une façade de plus de vingt mètres sur la rue Notre-Dame où il occupe le n° 29 entièrement consacré à la partie mécanique de l'installation (générateurs de vapeur, pompes, machines à vapeur et électriques), et le n° 31 qui est l'établissement de bains proprement dit. Il se compose de deux vastes halls séparés, dont les fermes en fer ajourées attirent et retiennent l'attention des connaisseurs : l'un pour les dames, l'autre pour les hommes, avec, à côté, deux autres halls moins importants pour les bains médicinaux. Ensemble 63 cabines (70 baignoires), plus une salle de douches merveilleusement aménagée, avec tous les appareils en usage de nos jours.

L'éclairage électrique de toutes les parties de l'immeuble; leur chauffage à la vapeur, donnant une chaleur douce sans vicier l'air; l'empressement gracieux du personnel; le confortable que l'on rencontre partout, font des Bains des Chartrons le rendez-vous du Tout-Bordeaux élégant et distingué — qui aime ses aises.

Rue de la Devise. — Il y a cent ans et plus, la rue de la Devise (le nom vient du ruisseau la Devèze, qui la longe) était célèbre par la présence, dans une de ses vieilles maisons, d'une « devineuse infaillible ».

La foule qui a toujours eu une prédilection marquée pour le merveilleux, le surnaturel, le mystérieux, a de tous temps assailli la porte des voyants et des devineresses. A notre époque, il semble encore que ce sentiment se soit développé, accru chez elle : nous n'en voulons pour preuve que l'augmentation du nombre des « somnambules scientifiques » — et leur succès constant — le cas est curieux à relever après un siècle. Justement, au n° 15 de la rue de la Devise, chez une devineresse connue depuis fort longtemps sous le nom de Mme Auguste — et appartenant à une très vieille famille bordelaise, — il nous a été donné récemment d'assister à des expériences particulièrement attachantes : cartes égyptiennes et japonaises, divination sur l'avenir par les lignes de la main, talisman de bonheur, magnétisme, précision des dates et des noms ; durant les deux heures de cette séance à laquelle assistaient des notabilités scientifiques bordelaises, c'est toutes les pratiques du moyen-âge si curieuses, si troublantes, qui se sont révélées à nos yeux charmés.

Rue des Trois-Conils. — Une ancienne hôtellerie a donné son nom à la rue des Trois-Conils. Dans un contrat de 1514, une maison située rue Tustal, qui est parallèle à celle des Trois-Conils, sa voisine, est désignée comme touchant par les derrières « à l'hostau ou tor de Johan Bernard, hoste deus Tres-Conilhs ». Les hôtelleries se faisaient autrefois remarquer par leurs enseignes bizarres. Celle-ci portait trois lapins. Cet animal est appelé *conil* en vieux français et *counic* en anglais. Ce mot vient de ce que les lapins se cachent dans des trous qu'ils font en terre, et qu'on nomme en latin *cuniculi*. De là est venu le verbe *conniller*, pour dire : chercher des échappatoires. Montaigne l'emploie dans ce sens dans la phrase suivante : « Comment la philosophie, qui ne doit roidir le courage pour fouler aux pieds les adversités, vient de cette mollesse de me faire conniller par détours couards et ridicules ? » Suivant un titre de 1356, cette rue a porté le nom de grande rue Saint-André, à cause de la porte de ville ainsi appelée, qui était anciennement à son extrémité occidentale.

La rue du Piffre (aujourd'hui rue Dudon), qui est à l'extrémité orientale de la rue des Trois-Conils, est nommée rue Beulaygue dans un titre de 1515, parce qu'un maçon fameux, appelé Pierre Bruer, surnommé par ironie *Beu Laygue* (buveur d'eau), avait des propriétés dans cette rue. Là habitait M. Sticotti, homme de lettres de Bordeaux, auteur de plusieurs pièces de circonstance, jouées sur le théâtre de notre ville. Il rédigea les *Petites Affiches de Bordeaux* et *l'Almanach historique de Guienne*, qui furent en vogue dans le siècle dernier.

Dans la rue des Trois-Conils est mort en 1835 le docteur Monbalon. Étant membre de l'administration départementale de la Gironde, il publia en 1790 un *Rapport sur divers projets d'inhumations publiques*, travail qui détermina la fixation du cimetière général de Bordeaux dans l'enclos de la Chartreuse. Chargé de classer les livres recueillis dans divers dépôts pour former la bibliothèque publique de Bordeaux, il les mit dans l'ordre où ils sont actuellement. Il en a dressé le catalogue, dont les deux premiers volumes ont été imprimés pendant qu'il fut conservateur de cette bibliothèque.

Sur l'emplacement de l'immeuble, disparu aujourd'hui, se trouve installée une maison de commerce dont le nom est assez connu des lecteurs de ce livre pour qu'il lui soit consacré une rapide notice :

En 1825, M. Jacques Ducasse père prit la suite du magasin d'armes fondé en 1790 par Mme Vivario de Liège; ce magasin était situé rue Saint-Rémy. Il s'occupait exclusivement alors de la vente en gros des armes de chasse et de traite.

En 1860, M. L.-P. Ducasse, son fils, prit la direction des affaires, et la maison fut transférée dans la rue des Trois-Conils, qui nous intéresse, et où elle subsiste à cette heure; au commerce de gros, il ajouta un magasin de détail pour les articles de chasse, pêche, escrime, etc., tous les sports en honneur à notre époque.

Depuis ce moment, la Maison Ducasse n'a cessé de prospérer; elle occupe toute l'année un personnel composé de trente employés ou ouvriers, et elle est la seule dans le Sud-Ouest de la France faisant un chiffre d'affaires aussi élevé dans sa partie.

Lors de la création des sociétés de gymnastique et de tir, M. Ducasse fut choisi par tous ces utiles groupements patriotiques, pour la fourniture et le réglage des armes de précision — on ne pouvait choisir un artiste plus expert et plus habile — auxquels il apporta les soins les plus minutieux et les plus compétents.

Plus tard — et c'est un point à noter dans l'histoire du High-Life de notre ville — M. Ducasse organisa le Tir aux Pigeons de Bordeaux, où se formèrent les nombreux tireurs qui aujourd'hui peuvent marcher de pair avec les « meilleurs fusils » des grands tirs de Paris, Londres, Monaco; et les villes de Royan, Soulac, etc., lui confient, chaque année, l'organisation de leurs tirs aux pigeons de la saison d'été.

Travailleur infatigable, M. Ducasse est arrivé depuis quelques années à perfectionner la fabrication des cartouches de chasse à l'aide desquelles les tireurs obtiennent de merveilleux résultats dans les réunions sportives que nous citions plus haut.

Ajoutons que pour sa connaissance approfondie des armes, M. Ducasse est l'expert attitré près les Tribunaux de Bordeaux pour les affaires criminelles, et que, pour l'Exposition de Bordeaux de 1895, il a été placé hors concours et membre du Jury.

Cours de l'Intendance. — Le nom de *Fossés,* que portaient les rues de l'Intendance et du Chapeau-Rouge, vient de ce que ces rues étaient formées sur le terrain où furent autrefois creusés les fossés de la ville bordant la première enceinte, qui subit un accroissement du même côté; ces fossés furent comblés et l'on y forma une longue rue dont la partie supérieure prit le nom de *Campaure,* et l'inférieure celui de *Tropeyte.*

La première dénomination était celle du quartier actuellement compris dans le triangle qui aboutit aux places Gambetta (Dauphine), de Tourny et de la Comédie. Ce quartier s'appelait Campaure *(Campus aureus),* parce qu'il était consacré à la sépulture des principaux habitants de Bordeaux pendant que cette ville resta sous la domination romaine, et qu'en fouillant ensuite les terres de cet endroit on y a découvert des objets précieux enfermés dans des tombeaux antiques. On inhumait alors les prolétaires dans le quartier de Terre-Nègre.

Le nom de *Fossés de l'Intendance* fut substitué à l'ancien en 1707, époque où l'intendant eut son hôtel dans cette rue. A son extrémité occidentale étaient, d'un côté, les couvents des Récollets, sur l'emplacement duquel on a formé le marché des Grands-Hommes, et, de l'autre, le couvent des Grandes-Carmélites. On lit à ce propos dans la *Chronique* :

« Au mois de septembre 1614 fut faite procession générale par M. le cardinal de Sourdis, pour conduire dévotement les religieuses carmélites se remuant de la maison où elles estoient près la porte Saint-Germain, en leur couvent basti de nouveau vis-à-vis des Récollets par les libéralités des personnes d'honneur. »

Ces personnes étaient le président de Gourgue et son épouse, qui venaient de faire construire ce couvent dans l'église duquel leur mausolée a subsisté jusqu'à la Révolution.

Dans les splendides salles du premier étage de l'hôtel Sarget, situé sur le cours de l'Intendance, un des plus renommés hôtels de la région bordelaise où l'art des Brillat-Savarin tient une si grosse place, M. Jardin installa, il y a quelques années, un restaurant-modèle, au confort moderne, à l'ordonnance irréprochable : le Restaurant du Palais. Nous n'apprendrons rien aux gourmets de la région qui tous connaissent autrement que de réputation la maison Jardin, en disant, après beaucoup d'autres, que le Restaurant du Palais réalise ce difficile problème de donner à sa clientèle, pour un prix extrêmement modéré, modique même, des menus de choix accompagnés, agrémentés, rehaussés de vins des grandes marques et des belles années. Aussi l'affluence des dîneurs et déjeuneurs est énorme en ces salons princiers où jadis passèrent, dans le ravissement des soies et des joyaux, dans l'éclat de la jeunesse et de la grâce, toute l'élégance féminine du Second Empire.

Rue Sainte-Catherine. — La rue Sainte-Catherine est une des plus anciennes et des plus intéressantes du Bordeaux d'autrefois, comme elle est la plus animée, la plus vivante du Bordeaux de nos jours.

Jadis — en 1850 encore — cette voie, depuis les fossés de l'Intendance, où elle commençait, jusqu'au cours des Fossés (Victor-Hugo), était inégale, tortueuse, laide à désespérer. Par des miracles de vouloir et d'énergie, les administrations municipales qui se sont succédé ont réussi à en faire une rue très acceptable, somme toute, — en attendant la fameuse « grande voie » dont nos petits-neveux, disent les endurcis pessimistes, pourront peut-être célébrer l'achèvement.

La rue Sainte-Catherine était, à l'époque dont nous parlons, ainsi dénommée jusqu'à la place Saint-Projet. Par suite du peu de largeur que nous avons indiqué, c'est à peine si deux voitures pouvaient y passer de front; la circulation surtout devenait dangereuse pour les promeneurs, surtout au passage des courriers postaux qui, partant de la rue Porte-Dijeaux, se dirigeaient à très vive allure vers les routes de Toulouse et de Bayonne. Et, comme de nos jours, les passants étaient nombreux dans la rue Sainte-Catherine; le commerce y était très actif.

En 1852, au coin de la rue de la Devise, une maison d'un genre tout nouveau pour Bordeaux fut créée par M. Viton père.

Jouets, articles de fantaisie et d'utilité furent réunis dans cette maison; toutes les marchandises étaient marquées en chiffres connus; aussi sa réussite fut-elle complète, et nous l'avons vue s'établir peu d'années après, notablement agrandie, aux n°s 20, 24, 26, 32, 34, rue Sainte-Catherine, s'agrandissant toujours, envahissant jusqu'à l'angle de la rue du Parlement, pour déborder ensuite rue des Piliers-de-Tutelle. Elle ne doit pas s'arrêter là, et nous la verrons gagner encore du terrain.

Malgré son nom, MAISON UNIVERSELLE, le public l'a souvent appelé Magasin Universel, et tous les Bordelais ont parcouru ses vastes galeries, comme enfants d'abord pour y choisir des jouets, et plus tard y achetant à leur tour pour leurs enfants et leurs petits-enfants. Que de joies pures et douces nous sont venues grâce à lui!

M. Viton étant décédé en 1890, son fils, qui depuis quinze ans déjà secondait son père dans la direction de cette Maison, en prit seul la charge et c'est lui-même qui la dirige à l'heure actuelle.

Cette notice serait incomplète si je n'y redisais qu'il n'est pas un Bordelais ou une Bordelaise qui n'ait eu à se louer de l'accueil, gracieux toujours, fait aux nombreux visiteurs de cette importante maison, — et, par le temps qui court, le détail a sa valeur ! Elle a d'ailleurs toujours su prévenir les goûts spéciaux à notre région et s'est identifiée à nos us et coutumes. Son renom d'honorabilité est indéniable : il nous paraît inutile d'insister davantage à cet égard, car elle est trop bien connue de tous.

La surface occupée par les magasins de vente est d'environ 1,850 mètres carrés ; les dépôts et réserves occupent à eux seuls plus du double. Le personnel employé à la vente est d'environ une centaine de personnes à la morte-saison et doublé au moment du travail de fin d'année. Les deux tiers au moins de cet effectif sont nourris et logés dans la maison.

L'organisation de la Maison Universelle est remarquable ; j'appelle sur elle l'attention des personnes qu'intéressent les grands problèmes du travail et de la production.

A côté des établissements Viton se trouve une maison de tout premier ordre et qui, pour être moins ancienne que ses voisins, n'en est pas moins avantageusement connue dans tout le Sud-Ouest. Je veux parler de la Maison française Dewachter frères qui compte en France et en Belgique un très grand nombre de succursales et qui fournit les vêtements courants et aussi les habillements de grand luxe à des prix exceptionnels. C'est là un point sur lequel il m'est inutile d'insister. La maison Dewachter frères a aujourd'hui une réputation solidement assise ; on connaît le goût sûr, le sentiment de modernisme et d'élégance qui préside à toutes les confections qui portent sa marque : sa clientèle se recrute parmi tous ceux qui, à la ville comme à la campagne, ont le souci de bien s'habiller — et à bon marché.

On a lu plus haut un épisode des troubles des « Chapeaux Rouges » et des Ormistes.

Sur l'emplacement qu'occupait l'immeuble où se produisit ce dramatique événement, fut construite une maison dans laquelle, pendant les guerres du Premier Empire, était installé un bureau militaire d'enrôlement. Une grande partie de cette maison est occupée aujourd'hui — et c'est encore à ce titre que je veux en parler — par une célébrité régionale, Mme LANCELOT, pour laquelle les arides sciences occultes, impénétrables pour beaucoup, n'ont depuis longtemps aucun secret. Le nombre des découvertes et des réussites en toutes choses de Mme Lancelot a porté sa renommée dans un rayon extrêmement étendu ; de toutes parts et sans cesse, des lettres lui demandant des avis, des conseils, arrivent chez elle, et l'historique maison des « Chapeaux-Rouges » reçoit aujourd'hui quotidiennement plus de visiteurs qu'au temps des enrôlements volontaires : c'est la foule des clients de l'impeccable devineresse dont l'action fut bienfaisante à tant de malheureux.

Rue Judaïque. — Cette rue a pris son nom d'une petite église qui était à son extrémité occidentale et qu'on appelait chapelle Saint-Martin du Mont-Judaïc. C'était le chef-lieu d'un prieuré fondé en 1122 par le comte Guy d'Aquitaine, et qui appartenait depuis 1594 aux religieux Feuillants de Bordeaux. Le tènement où cette chapelle fut bâtie se nomme, dans les anciens titres, *mons Judaicus,* parce qu'il dominait les marais environnants, et que ce fut autrefois le quartier désigné pour servir à l'habitation des juifs établis à Bordeaux. On lit dans la *Chronique,* sous l'an 1723 : « Les juifs habitaient en ce temps hors la ville près le prioré Saint-Martin, de façon qu'après avoir esté chassés de France par edict de Philippe-le-Bel, le champ qui est joignant le dit prioré le long de la Devise a reteneu par les anciens titres le nom de Mont-Judaïc. » L'expulsion des juifs de toute la Guyenne fut ordonnée dans le même temps par le roi d'Angleterre, par une charte du 15 novembre 1316, ainsi cotée dans les *Rôles gascons : De judæis de ducatu Aquitaniæ ejiciendis.*

Les juifs avaient leur cimetière dans le quartier du Mont-Judaïc, et payaient une redevance de quatre kilogrammes de poivre à l'archevêque de Bordeaux, comme seigneur de ce fief. Un terrier de l'archevêché, de l'an 1356, porte ces mots : « *Judæi Burdegalæ debent domino Burdigalensi archiepiscopo, infra octavam*

Natalis Domini, annuatim octo libras piperis census. » On peut inférer de ce titre qu'alors le poivre était rare, et que les juifs de Bordeaux en faisaient plus particulièrement le trafic. Un titre du même temps désigne ce lieu comme renfermant le cimetière des juifs : « *Plantarium Sancti-Martini in monte Judaico, in quo plantario sepeliuntur judæi.* »

Tout près de *Plaisance*, l'établissement champêtre situé dans la rue Judaïque-Saint-Seurin et dont on a fait l'École de dressage, on a pu voir longtemps le mur où les généraux César et Constantin Faucher, les jumeaux de La Réole, furent fusillés le 27 septembre 1815. L'exécution eut lieu sur le *Pré-de-Pourpre*, lieu ordinaire des exécutions militaires, à deux pas du « Porge des protestants » et où a depuis été construite l'usine à gaz.

A propos de Plaisance et de l'École de dressage, de nombreuses et sérieuses réflexions s'imposent. On sait qu'un projet — aujourd'hui abandonné — voulait faire de cet établissement un grand hippodrome. Voici maintenant que l'on songe à créer dans ses dépendances des foires spéciales. Et vraiment, l'idée, très pratique, très sensée, vaut qu'on s'y arrête.

Les intéressés à la tenue et au développement des brillants Concours hippiques annuels de Bordeaux, regrettent qu'ils ne déterminent pas une conclusion logique : l'organisation, à l'époque de ces concours, de grandes foires aux chevaux.

De ce fait, les transactions seraient aussi nombreuses qu'avantageuses pour tous ; l'éleveur, qui fait les frais de préparer son cheval et de le mettre en état de subir les diverses épreuves imposées, serait assuré de trouver là un débouché profitable.

Il est vrai que dès qu'un propriétaire met son cheval au Concours, il le qualifie aussitôt de cheval de luxe, et lui donne une valeur que l'animal n'a souvent que pour son propriétaire ; et si, par hasard, la bête est primée, l'éleveur, au lieu d'abaisser le prix qu'il s'était primitivement fixé du montant de la prime, l'augmente de mille francs. Il ne lui reste donc plus qu'à se l'offrir et à attendre la désillusion pour être ramené à la raison...

C'est donc là une grande erreur, source de bien des mécomptes.

Si cette excitation sur le prix de leurs produits n'existait pas chez les exposants, nous verrions certainement les marchands venir s'approvisionner dans les concours, qui seraient alors une foire imposante et considérable, et c'est évidemment le desideratum de la Société Hippique française.

Quel avantage offrirait ce grand marché à l'acheteur qui aurait toute une semaine pour observer l'animal dont il a fait choix, étudier son caractère, ses aptitudes, le fouiller jusqu'à ses moindres défauts !

Bordeaux est admirablement situé pour devenir un de ces grands marchés, où l'on trouverait des chevaux satisfaisant à toutes les exigences. D'un côté la Charente et le Médoc fournissant des chevaux carrossiers de 1^{m}52 à 1^{m}65, tandis que les départements du Midi alimenteraient le marché de chevaux de selle et de ravissants poneys des Landes et des Basses-Pyrénées.

De plus, Bordeaux se trouve à deux pas de l'Espagne, pays de consommation qui ne produit pas ou fort peu, sur la route du Bas-Languedoc où la production est également très faible.

Il est plus que probable que si le Concours devenait réellement un grand marché, et que les demandes ne fussent pas exagérées, ces deux régions suffiraient à assurer un débouché à tous les animaux qu'on pourrait y conduire. Je vais plus loin, je suis absolument convaincu que si l'on créait à Bordeaux des foires périodiques tous les deux mois, dans un local bien organisé *ad hoc*, que l'on fît un peu de réclame autour de cette institution, on rendrait au pays et à la ville les plus grands services.

On se plaint en général à Bordeaux de la difficulté qui existe à acheter un cheval. Je crois donc que des foires bien organisées combleraient cette lacune, et que les acquéreurs seraient d'autant plus coulants qu'ils seraient sûrs de vendre. A la foire, en effet, tout le monde est vendeur ou acheteur, à quelques exceptions près ; on n'y vient pas simplement pour se promener, mais bien pour traiter une affaire.

Bordeaux trouverait dans l'affluence de chevaux et dans le concours des étrangers une source de revenus pour son octroi ; quant au commerce de notre ville, il verrait grossir ses recettes par les dépenses effectuées par cette population flottante qui lui fait précisément défaut.

Les Compagnies de chemins de fer auraient à transporter hommes et chevaux à l'aller et au retour. A ce propos, je crois que les Compagnies n'hésiteraient pas à faire à cette institution la concession de donner aux voyageurs des billets d'aller et retour à prix réduits, sur tout leur parcours, et à quelque distance que ce soit, pour toute la durée de la foire.

En affichant le prix des billets dans toutes leurs gares, et par la réclame que les Compagnies ont l'habitude de faire, elles feraient en même temps de la publicité pour lesdites foires.

Il suffirait d'essayer un peu de propagande en Espagne pour la réussite de l'affaire.

Quant au local, celui de l'École de dressage pourrait, sans gêner la circulation, être aménagé de façon à pouvoir loger 250 chevaux, sans trop fortes dépenses, en empruntant très peu de terrain au local. Le reste des animaux, qui ne trouveraient pas logement à l'École de dressage viendrait s'y mettre à l'exposition, du matin au soir, attachés à des câbles ou barres de fer installés entre les arbres. Il me paraît très possible de trouver place pour 700 ou 800 chevaux à la corde, tout en laissant l'espace voulu pour trotter les chevaux en main, et même pour les essais d'attelage.

Si, par un hasard inespéré, ces foires prenaient une extension que l'on ne peut encore prévoir, en ouvrant la porte de la rue d'Arès, la place de l'Église-Saint-Bruno permettrait d'exposer un nombre très grand d'animaux, sans gêner d'aucune manière la circulation.

*
* *

Au surplus, il y a quelque temps, la Ville a été saisie par M. Barailhé, directeur de l'École d'équitation, d'une demande relative à cette création de foires de chevaux dans le local de l'École. Cette demande était accompagnée d'un avis favorable émis par la Société d'Agriculture de la Gironde et des signatures d'un grand nombre de commerçants et habitants notables de Bordeaux et de la Gironde qui s'intéressent à ce projet.

M. l'Adjoint au maire, dans un rapport au Conseil municipal, rapport qui malheureusement ne fut pas présenté, s'exprimait ainsi :

> J'ai étudié avec soin la question et je me suis rendu compte qu'en accédant à la demande des pétitionnaires, nous donnons un essor nouveau à une intéressante institution municipale qui périclite : nous fournissons, sans aucun sacrifice financier, le moyen à son directeur de lutter contre l'envahissement de la vélocipédie et de l'automobilisme, et nous assurons à la Ville une nouvelle source de revenus, tout en donnant satisfaction à une portion considérable de la population.

Le local de Plaisance est la propriété de la Ville, mais sous la condition expresse qu'il sera donné, dans l'École d'équitation qui y est installée, l'enseignement gratuit de l'équitation à un nombre déterminé d'officiers ou soldats d'infanterie et d'élèves du Lycée. Lorsque, en 1808, Napoléon Ier fit don à la Ville d'un local à usage d'école d'équitation, il lui imposa cette condition, qui fut acceptée et dont elle n'a jamais été libérée.

L'enseignement se fit d'abord au local donné par Napoléon, dans les dépendances du Jardin-Public. Depuis, en 1864, le grand-écuyer général Fleury eut l'idée de créer des écoles de dressage qui devaient servir à l'éducation des cochers, piqueurs, grooms, etc., et aux transactions entre producteurs et consommateurs.

La ville de Bordeaux comprit l'intérêt qu'elle avait, plus que toute autre, à instituer un établissement de ce genre. Le local du Jardin-Public ne pouvait suffire à la nouvelle installation ; elle obtint du Conseil d'État l'autorisation de le vendre pour le remplacer par l'établissement actuel, dont elle fit l'acquisition.

La nouvelle institution devint aussitôt prospère sous l'habile direction de M. Cabaneau, qui, d'ailleurs, était subventionné de 10,000 francs par l'État et de 8,000 francs par la Ville et le Département.

Après les malheurs de 1870, le Gouvernement retira sa subvention ; la Ville et le Département continuèrent la leur. A la mort de M. Cabaneau, son beau-frère, M. Maréchal, devint directeur. Mais le Conseil local d'administration nommé par le ministre se désagrégea alors peu à peu, et le directeur resta abandonné à lui-même, conservant néanmoins sa subvention de 8,000 francs. M. du Parc, successeur de M. Maréchal, la reçut aussi pendant quelques années; mais bientôt la Ville, et le Département se désintéressant de plus en plus de cette affaire, ce subside fût entièrement supprimé.

M. Barailhé, le directeur actuel, entré en fonctions en 1885, accepta de diriger l'École avec ses seules ressources, et la tâche n'a pas été au-dessus de ses forces jusqu'au moment où la vélocipédie et l'automobilisme ont pris les proportions que vous connaissez. Depuis, le cahier des charges, qu'il a accepté et qu'il n'est pas au pouvoir de la Ville de diminuer, lui est devenu de plus en plus lourd.

M. l'Adjoint terminait ainsi l'exposé auquel je faisais allusion tout à l'heure :

> J'ai cru, Messieurs, qu'il était de notre devoir de prendre la situation du directeur de notre École en considération et de lui venir en aide. Si, en effet, il arrivait, par un malheur, qu'il ne pût faire honneur à ses affaires, nous serions menacés, notre cahier des charges restant en souffrance, d'avoir à faire marcher en régie l'École d'équitation, dont nous avons charge de garantir le fonctionnement régulier.
>
> Il est de notoriété que, depuis quatorze ans qu'il est en fonctions, M. Barailhé a rempli son rôle à notre entière satisfaction; son intelligente direction, sa compétence technique et l'affabilité de ses relations lui ont permis de maintenir la réputation de l'École et de remplir dignement le but de cette institution.
>
> Mais, malgré une vie simple, exempte de toute dépense exagérée, le directeur lui-même semble ne plus pouvoir trouver dans la direction de l'établissement qui lui est confié, les compensations pécuniaires sur lesquelles il était en droit de pouvoir compter.
>
> C'est pour remédier à cet état de choses, sans venir à charge aux finances de la Ville, et même en leur offrant un supplément de revenus, qu'il nous présente le projet de foires dont je demande à vous montrer les avantages, tout en vous soumettant un exposé sommaire des dépenses de premier établissement que nécessiterait cette création.

Disons, en passant, que, par un arrêté du 28 avril 1886, le préfet de la Gironde autorisait le directeur de l'École d'équitation à faire dans son établissement des ventes mensuelles aux enchères.

Ce premier pas dans une voie nouvelle est insuffisant, et aujourd'hui M. Barailhé nous demande de vouloir bien l'autoriser à faire de grandes foires de chevaux, d'une durée de trois jours, qui se tiendraient une fois tous les deux mois dans le local de l'École.

Cette institution aurait un but très intéressant pour notre ville, Messieurs, elle comblerait une lacune importante que tous les éleveurs et acheteurs de la région seraient intéressés à voir disparaître.

Ainsi que nous l'expose M. Barailhé dans sa lettre, ces foires auraient pour résultat de faciliter et d'augmenter considérablement les transactions commerciales à Bordeaux; en effet, par l'importance des demandes de ses habitants, par sa situation comme centre d'élevage et de passage, notre ville aurait dû depuis longtemps s'attacher à centraliser ce genre de commerce dans le Sud-Ouest.

Trois jours de foire tous les deux mois, c'est-à-dire dix-huit jours par an, amèneraient à Bordeaux un grand nombre d'étrangers, et il est facile d'évaluer le bénéfice minimum qui reviendrait à la Ville de ce chef.

Si, à Toulouse et à Agen, villes assurément moins favorisées que Bordeaux pour ce commerce, on voit les foires régulièrement fréquentées par une moyenne de 3,000 chevaux, on ne nous taxera pas d'exagération si nous estimons que six foires amèneront chez nous 1,000 chevaux chacune.

Il est également permis de calculer que 2,000 personnes viendront à cette occasion passer une moyenne de trois jours dans nos murs, soit un mouvement de 12,000 personnes, faisant ensemble 36,000 journées de séjour et de dépenses que nous pouvons évaluer à un minimum de 12 francs par jour, soit plus de 400,000 francs.

En comptant à 3 % la plus-value que vaudrait à nos octrois et aux diverses perceptions de la Ville ce supplément assuré de population flottante, nous trouvons un revenu très appréciable et déjà supérieur à l'intérêt du capital qui devra être versé pour constructions supplémentaires dans le local de l'École.

Encore convient-il d'ajouter à ce revenu la perception d'un droit de 1 fr. 50 par cheval entré à l'École à cette occasion, ce qui, en prenant le chiffre ci-dessus pour base de nos calculs, nous donnera encore 6,000 francs de revenu.

J'insiste sur ce point que ces chiffres sont au-dessous de la vérité.

D'autre part, il est évident que ces foires, pour être créées avec toutes chances de réussite, doivent se tenir dans un local présentant des garanties aussi complètes que possible de confort et de sûreté, garantissant en même temps aux marchands le minimum de frais.

Or, notre splendide établissement de Plaisance nous offre pour cela une situation unique, et nulle autre ville de la région ne saurait obtenir, même avec des frais beaucoup plus considérables, les mêmes résultats que nous à ce point de vue.

Il suffirait de faire construire, comme nous le propose M. Barailhé, sur tout le pourtour des murs de l'École, des écuries destinées à recevoir les animaux envoyés en vente. Les avantages qui ressortiraient d'une semblable installation sont bien faits pour attirer les marchands ; ils verraient diminuer considérablement leurs frais, la perte de temps et les risques que, pour diverses causes, courent leurs animaux. Sans cela, ceux-ci seraient, en effet, obligés de loger en ville, à des prix plus élevés et dans des écuries plus ou moins éloignées du lieu d'exposition, et, au surplus, ils auraient à accomplir, au moins deux fois par jour, un trajet souvent long et presque toujours dangereux dans des rues fréquentées.

Cette considération est de la plus haute importance et elle suffirait pour assurer le succès de cette institution.

Il convient d'ajouter que ces constructions nouvelles pourraient encore être utilisées de diverses manières. Sans parler des services qu'elles rendraient pour le passage périodique des troupes de cavalerie ou d'artillerie, elles faciliteraient la création et l'installation de foires de vaches laitières. La Société d'Agriculture de la Gironde a compris tous les avantages qui résulteraient de cet état de choses pour favoriser la création de ces foires qu'elle considère comme devant être très avantageuses pour les éleveurs de son département et de la région.

D'autre part, les frais nécessités par l'établissement des constructions à faire, constructions dont la simplicité n'exclura ni la solidité ni la commodité, ces frais, dis-je, s'élèveront à une somme relativement peu élevée.

En y ajoutant quelques frais d'entretien supplémentaire, vous voyez, Messieurs, que l'affaire reste très bonne pour les finances de la Ville.

Quant à M. Barailhé, auteur de la proposition qui nous occupe, il bénéficiera du nouvel état de choses par l'augmentation du nombre de ses pensionnaires, malgré les dépenses supplémentaires de personnel et de matériel qu'il aura à supporter.

Je souhaite, quant à moi, que cette idée arrive à rapide réalisation, pour le plus grand profit du renom de Bordeaux et de ses finances.

Chemin d'Arès. — Plusieurs voies conduisent de la banlieue à l'École de dressage, particulièrement le haut de la rue Judaïque et l'avenue de la République, la rue et le chemin d'Arès.

Rien à signaler sur la rue d'Arès prolongée, sinon le bel établissement installé là, aux numéros 86 et 88, en 1864, par M. G. Primat, pour la fabrication de pressoirs dernier modèle et de tout ce qui constitue le matériel agricole. M. G. Primat est lauréat — et tout dans sa production justifie le titre — des Expositions universelles de Paris en 1878 et 1889. Ses machines agricoles perfectionnées ont obtenu plus de cent médailles d'or, d'argent et de bronze (premier prix en 1889, à Paris, et diplôme d'honneur à l'Exposition de Bordeaux en 1895). Voilà une prospère et utile industrie dont notre ville a le droit d'être fière.

Cette maison, qui inspire aux agriculteurs une absolue confiance, construit en général tous les instruments de viticulture. Les charrues et herses vigneronnes, les grandes charrues de défoncement pour plantations de vignes, les fouloirs, égrappoirs, pompes d'épuisement, etc. Mais elle jouit tout particulièrement d'une grande renommée pour les pressoirs horizontaux à clavette simultanée pour vendanges, — des instruments dont chacun connaît l'importance dans les exploitations agricoles.

Du *Palais-Gallien* et de la rue ainsi appelée. — Qu'on ne s'attende pas à ce que j'explique ici ce qu'était le Palais-Gallien qui a donné son nom à cette rue, ni à quelle époque ce monument antique fut construit. Les documents manquent pour éclaircir ces questions, et je ne veux pas ajouter des conjectures nouvelles à celles qu'on a déjà débitées à ce sujet. Le genre de la construction de cet édifice, sa forme, le nom qu'il porte, font présumer que ce fut un amphithéâtre ou cirque romain destiné aux spectacles publics, et qu'il fut élevé pendant le règne de l'empereur Gallien, dont il a conservé le nom.

Le Palais-Gallien, appelé dans les anciens titres *las arenas* (les arènes), avait une forme ovale de 137 mètres de longueur sur 114 de largeur. L'élévation du mur extérieur et du suivant était de 21 mètres, et son épaisseur de 1 mètre et demi. Les quatre autres murs intérieurs diminuaient de hauteur et d'épaisseur en allant vers le centre, où était l'arène du cirque, qui avait 79 mètres dans son plus grand diamètre et 56 dans le plus petit.

Les galeries destinées aux spectateurs étaient au nombre de quatre dont deux au rez-de-chaussée et deux à l'étage au-dessus. Elles régnaient tout autour de l'amphithéâtre, percé à chaque étage de soixante ouvertures en arcades qui avaient 6 mètres de hauteur sur 2 de largeur. A chaque extrémité du grand diamètre de l'ovale était une porte d'entrée ayant 9 mètres de hauteur sur 6 de largeur, ornée de quatre pilastres avec leurs chapiteaux qui supportaient l'architrave. Au-dessus de chacune de ces portes et dans l'étendue de l'étage supérieur s'ouvrait une arcade de 6 mètres de hauteur et de 4 mètres de largeur, également accompagnée de pilastres, entre lesquels étaient deux niches qui paraissaient destinées à recevoir des statues. Une corniche soutenue par des modillons et surmontée de divers ornements d'architecture régnait autour de cet édifice et le terminait. Tous les murs étaient bâtis en pierres carrées qui avaient 10 centimètres d'épaisseur sur 34 de longueur. De dix en dix assises ces pierres étaient entrecoupées de briques couchées, en partie plates et en partie à rebords sur le parement, et dont chacune avait 4 centimètres d'épaisseur, 29 de largeur et 48 de longueur.

Environ un tiers du Palais-Gallien restait sur pied, quand le terrain sur lequel il s'élevait fut vendu en 1795 pour y bâtir des maisons. On était près d'achever de le démolir, lorsqu'à son arrivée à Bordeaux, le premier préfet de la Gironde fit suspendre cette démolition, dans l'intérêt des arts et pour l'honneur de la cité. L'arrêté publié à ce sujet est du 17 octobre 1800. La porte d'entrée du Palais-Gallien du côté du couchant et quelques pans de murs de ce monument subsistent encore, comme pour accuser le vandalisme qui a opéré sa destruction, dit Bernadau, auquel j'emprunte certains des renseignements qui vont suivre.

Le 13 mai 1626, un nommé Jarisse, cabaretier à Bordeaux, présenta requête aux jurats de cette ville à l'effet d'être autorisé à fouiller le terrain du Palais-Gallien, « pour en retirer, disait le demandeur, les différentes choses qui peuvent y être enfouies, et qui sont inutiles à la société humaine, comme argent monnayé et autres objets d'orfèvrerie, sous la soumission qu'il fait de ne porter préjudice ni aux murs, ni aux bâtiments construits dans ledit palais, et en cas de réussite de payer un certain *quantum*, soit à la Ville, soit aux pauvres. » On ignore quelle réponse il fut fait à ce chercheur de choses qu'il disait « inutiles à la société humaine », et dont il espérait cependant faire son profit.

Le 15 juillet 1774, la jouissance du Palais-Gallien, qui avait antérieurement été accordée à celui qui avait l'entreprise de l'enlèvement des boues et bourriers de la ville, fut concédée pour neuf ans à M. Duhautois, pour y remiser les fiacres dont il avait le privilège, à la charge par lui de ne rien faire qui pût dégrader ce monument.

Tous les hommes compétents qui ont vu le Palais-Gallien se sont accordés à reconnaître que c'était un monument romain aussi remarquable que ceux de ce genre dont il subsiste des restes dans plusieurs villes de France. Cependant on n'a pas craint de soutenir, dans une séance de l'Académie des Sciences de Bordeaux, que ce vaste et magnifique édifice était digne des Wisigoths, et qu'il n'offrait que des murs d'attente, sur lesquels on devait plaquer des ornements d'architecture. Cette ridicule opinion est consignée dans les termes suivants, à la page 10 du *Prospectus des Annales de Bordeaux*, lu à l'Académie de notre ville le 28 décembre 1783, et par elle approuvé : « On ne reconnaît dans l'amphithéâtre de Gallien, tel que nous le voyons aujourd'hui, ni le ton de grandeur, ni le goût qui caractérisent les autres ouvrages des Romains en ce genre. Sans doute, il faut croire que ces masses informes, qui n'offrent qu'une surface nue et grossière, et une architecture digne des Wisigoths, étaient comme des murs d'attente qui devaient recevoir un revêtement plus magnifique. » Celui qui écrivit ces lignes est Dom Carrière, qui avait ouvert une souscription pour l'*Histoire générale de Guienne* en 1782, et pour les *Annales de Bordeaux* en 1784, et qui n'a publié aucun de ces ouvrages, quoiqu'il ait survécu vingt ans à ses prospectus. Ce n'est pas, au reste, le seul conte qu'on ait débité avant et après celui-ci, entre archéologues, sur ce malheureux Palais-Gallien.

Aux n°s 64, 66 et 67 de la rue du Palais-Gallien sont les immenses magasins et entrepôts de meubles de la MAISON LÉVEILLEY FRÈRES.

Dans les halls de cette Maison, connue aujourd'hui dans la France entière, qui, fondée en 1860, n'a cessé de croître et de grandir, et qui possède deux succursales à Agen et à Alger, se trouvent réunis tous les objets que l'on peut désirer en ce qui concerne le meuble et ses accessoires. Les bourses les plus riches, comme aussi les plus modestes sont sûres d'y rencontrer toutes les satisfactions : ameublements complets, literie, sièges, tentures, glaces, garnitures de cheminée et de foyer, lustres, suspensions pour salles à manger, la Maison Léveilley frères donne tout de qualité supérieure et aux prix les plus réduits.

Par suite de ses nouveaux agrandissements et de l'augmentation croissante de ses affaires, la Maison Léveilley frères a été obligée de réformer son matériel de livraison devenu insuffisant. A cet effet, elle a fait l'acquisition de quatre grands fourgons automobiles, munis des derniers perfectionnements, pour la livraison correcte, rapide et économique des commandes dans toute la région. On voit sans cesse ces fourgons sillonner les routes en tous sens, ainsi que toutes les grandes voies de la ville de Bordeaux.

Quais Deschamps et de Queyries. — Deschamps, né à Vertus (Marne), le 9 janvier 1765, mort à Bordeaux en 1843. Ingénieur des ponts et chaussées à Perpignan de 1788 à 1791, à Rethel de 1792 à 1802, dans les Ardennes en 1809, et, la même année, inspecteur de la X⁰ division à Bordeaux, en remplacement de Brémontier, il conçut le projet et dirigea les travaux du pont de Bordeaux et fit des études remarquables sur l'amélioration du cours de la Garonne et la création de canaux dans les Landes. On lui doit encore l'Entrepôt réel des douanes, place Lainé. Membre de l'Académie de Bordeaux en 1816. En souvenir des services importants qu'il a rendus à Bordeaux, son nom a été donné à l'un des quais de la rive droite de la Garonne, à La Bastide, ce quartier qui a pris aujourd'hui un si grand développement, grâce aux gares qui y sont établies, grâce aussi à la création dans son sein de deux industries de la plus haute importance : j'ai nommé la Maison dirigée par M. HONORÉ PICON, l'homme de bien, le millionnaire philanthrope, qui ouvre aussi largement sa bourse que son cœur, et dont tous les pauvres de La Bastide — pour ne citer surtout que ceux-là — ne prononcent le nom qu'avec une respectueuse gratitude ; j'ai dit aussi l'important établissement Gustave Carde et fils et Cie, dont je veux faire un éloge particulier et mérité.

Le fondateur de la maison, M. Gustave Carde, est né à Bordeaux le 28 mars 1839, et dès ses jeunes années le goût qu'il manifestait pour le travail attirait l'attention de ses amis qui voyaient en lui un homme laborieux, cherchant toujours à améliorer le sort des travailleurs.

Après quelques années passées à Paris, où il était allé se perfectionner comme ouvrier, il revient en 1860 à Bordeaux, où il partage avec deux de ses frères un modeste terrain, sur lequel il fait construire un atelier de menuiserie. Tout de suite, son activité infatigable et son intelligence le font remarquer de ses clients et des architectes, et le cercle de ses affaires s'accroît rapidement.

En 1865, il entreprend une partie importante des travaux de l'Exposition de Bordeaux, ce qui l'oblige à s'installer dans un local plus vaste, où il bâtit une maison de trois étages et un atelier de huit cents mètres carrés.

Il prend part ensuite à divers travaux importants et arrive, en 1879, à occuper quatre-vingts ouvriers.

A ce moment, les machines à bois recevaient leurs premières applications pratiques ; désireux de suivre le progrès, il installe à côté de Bordeaux une usine à vapeur qui, actionnée par un moteur de quarante chevaux, s'étend sur environ six mille mètres carrés et occupe aussitôt cent vingt ouvriers.

L'usine était en pleine prospérité et M. Carde commençait à recueillir le fruit de tant d'efforts, lorsque, à la fin de 1880, un incendie la détruisit.

M. Carde ne perdit pas courage et montra ce qu'un homme courageux et travailleur peut faire contre l'adversité. Il loue une petite usine voisine de la sienne et peu à peu réinstalle un autre atelier, qui ne tarde pas à devenir plus important que le premier et qui maintenant ne fait que s'agrandir chaque jour.

Sorti des rangs du peuple, sa grande préoccupation est d'éviter le chômage beaucoup plus redoutable avec les machines-outils exigeant un personnel plus spécial, que l'on ne peut laisser chômer et donnant lieu à de grands frais que l'on ne peut amortir que par un travail continu.

Il entreprend successivement le rabotage et le sciage à façon, la fabrication des moulures et la charpenterie, le parquetage et la serrurerie, et, en 1884, il y ajoute la fabrication des outils de menuisier et de charpentier.

En 1886, il entreprend la fabrication du meuble, la sculpture, le tournage et leur complément tout indiqué, les tentures et la tapisserie.

En 1892, il commence la fabrication de la grande tonnellerie et la foudrerie, mettant à profit sa situation au milieu d'un pays essentiellement vinicole, et les puissants moyens d'action que lui donne son outillage mécanique le placent au premier rang de cette industrie.

A cette époque, la construction de la ligne du chemin de fer de l'État nécessite l'expropriation de son usine et l'oblige à abandonner l'emplacement où il s'était fixé et à en reconstruire une nouvelle, c'est celle qui existe actuellement au quai de Queyries, sur la rive droite de la Garonne, c'est-à-dire en face du plus beau quartier de Bordeaux. Il profite de cette réinstallation et de l'expérience acquise pour organiser une usine modèle, et sépare les divers ateliers, afin de localiser les risques d'incendie par de vastes cours et des murs sans ouverture.

Il installe une puissante machine de trois cents chevaux, qui distribue la force dans tous les ateliers de l'usine par des transmissions souterraines; il construit aussi une étuve perfectionnée qui lui permet de garantir la siccité des bois, par conséquent de livrer des travaux à l'abri de tout reproche. L'ordre de succession des divers ateliers et l'agencement particulier de chacun d'eux facilite les manœuvres des bois et les réduit à leur strict minimum.

La nouvelle usine a été mise en fonctionnement en 1894; à peine installé, en 1895, M. Carde ajoute encore aux diverses branches de son industrie celle des moulures chimiques pour encadrement, faisant ainsi une sérieuse concurrence à la fabrication étrangère, et porte à ce moment le nombre de ses ouvriers à quatre cents.

Il a pris une part très active aux travaux d'aménagement intérieur de l'Exposition de Bordeaux 1895, et exécute de grands travaux de chemins de fer et de tramways en Espagne. Son usine de Saragosse occupe environ cent ouvriers.

Les travaux d'art et de luxe, accomplis par M. Carde à la mairie de Bilbao, à la gare de Madrid, chez la comtesse de la Vega, lui ont valu, de la part de la Reine régente, l'Ordre royal de Charles III.

Il semble maintenant qu'il soit arrivé au couronnement de ses efforts; grâce à cette organisation, il peut se considérer comme à l'abri du chômage et par conséquent dans une situation supérieure à celle de ses concurrents qui n'exercent qu'une seule profession. Enfin, la réunion sous un même toit de tant de professions diverses permet à M. Carde d'exécuter des travaux compliqués dans un délai très court. Malgré ses grandes préoccupations et le surmenage intellectuel dont il est l'objet, M. Carde n'a pas négligé de s'occuper de son personnel et de ses ouvriers, qui sont l'objet de sa plus grande sollicitude.

Il laisse à ses employés, chaque année, une part des bénéfices réalisés et il étudie actuellement l'installation d'un économat qui leur donnera le bénéfice du groupement pour l'achat des objets de première consommation.

Ses ouvriers lui sont très dévoués, et il est entouré d'un personnel d'élite. Terminons en disant que, depuis quelque temps, M. Carde est aidé dans sa lourde tâche par son fils, sorti avec le numéro 5 ingénieur de l'École Centrale et qui marche vaillamment sur les traces de son père.

Ajoutons que M. Carde vient de transformer sa maison en Société en commandite par actions, au capital de 1,250,000 francs, sous la raison sociale GUSTAVE CARDE ET FILS ET Cⁱᵉ. La Société nouvelle — ajoutant une corde à son arc — s'occupe très activement de la fabrication des tramways : elle a reçu les commandes de Bordeaux (Saint-Médard), Grenoble, Béziers et Paris (Compagnie générale des Omnibus).

Rue Voltaire. — La rue Voltaire — qui va du cours de l'Intendance au marché des Grands-Hommes — n'a rien de particulier. J'en ai dit un mot dans la première partie de cet ouvrage. Mais il convient d'ajouter que c'est dans cette rue si fréquentée que se trouve — une institution bordelaise — l'Hôtel du Grand-Saint-Joseph, dirigé avec compétence et autorité par M. Dupret-Beeli, successeur de MM. Beeli frères, héritiers eux-mêmes d'un grand nom dans les fastes culinaires.

Comptant plus de soixante années d'existence, l'Hôtel-Restaurant du Grand-Saint-Joseph est un des plus renommés de la région et des plus recommandables pour son confortable, sa cuisine de famille irréprochable, sa cave largement approvisionnée, — et surtout l'extrême modicité de ses tarifs, que l'on y mange soit à prix fixe, soit à la carte.

Rue du Jardin-des-Plantes. — La rue du Jardin-des-Plantes n'offre à l'observation et à l'étude non plus aucune particularité. Toutefois, dans cette revue des grandes et belles — et utiles — industries qui assurent la suprématie de Bordeaux, je m'en voudrais de ne pas citer la Maison D. Guillot, fondée, en cette rue, vers 1850, et qui a très rapidement acquis pour ses produits de distillerie une réputation universelle. Quoi de plus exquis, de plus « prenant », que l'inimitable et inimité « Triple sec curaçao blanc » de cette maison, une marque qui, datant de 1864, a su bientôt faire oublier toutes ses rivales?

MM. les fils et gendre de M. D. Guillot sont les successeurs attentifs et les heureux continuateurs de M. Guillot, ce liquoriste de race, cet homme aimable et spirituel, — une des physionomies bien bordelaises d'il y a quelques années.

Rue Martignac. — Dans la rue Martignac, — qui perpétue le souvenir du célèbre Bordelais, ministre de Charles X, — se trouve depuis... depuis toujours pourrais-je dire, le fameux Hôtel de Bayonne, dont M. Cougul fut le propriétaire, et qui, aujourd'hui, est placé sous la très compétente et très habile direction de M. Eugène Augé, le maître Vatel.

L'Hôtel de Bayonne est aussi le rendez-vous de tout ce qui est notable dans la politique, les lettres, la finance, le haut commerce. L'admirable disposition des salons de banquets et de conversation, des salles de restaurant et des cabinets privés de cet établissement modèle, est unique. Cet admirable aménagement, qui convient aussi bien aux déjeuners intimes qu'aux repas de familles, aux grands dîners de corps qu'aux lunches de mariages, a fait depuis longtemps de l'Hôtel de Bayonne le lieu de prédilection des mondains et des gourmets.

L'Hôtel de Bayonne est situé au cœur même de la ville, à la porte, peut-on affirmer, de tous les lieux de plaisir. Un peu à l'étroit, il vient de s'agrandir en créant une annexe en façade sur le cours de l'Intendance, au-dessus de la vieille librairie Feret et fils. L'Hôtel de Bayonne a su trouver dans le Moulin-Rouge (le vieil établissement des frères Arnaud, à deux pas du boulevard de Caudéran et de la rue Judaïque, dont j'ai déjà parlé) une succursale digne de lui. Je ne ferai pas l'injure aux lecteurs de ce livre de leur dire ce qu'est le Moulin-Rouge, ce nid coquet, encadré de hauts arbres séculaires, entouré de verdure et de fleurs. Mais il me plaît d'en vanter aussi la large et royale hospitalité.

L'excellent traiteur, l'artiste culinaire qui a récemment pris la direction du Moulin-Rouge et de l'Hôtel de Bayonne, fait tout ce qui est en son pouvoir pour développer — si c'est possible — la vogue de ces deux maisons. Il n'est pas besoin de parler davantage de l'ordonnance de leur matériel et de leur personnel, de leur cuisine impeccable. Elle est, cette cuisine, arrosée des crus d'une cave où les trésors de nos vins généreux sont au complet.

Rue Saint-Remi. — Une industrie florissante à Bordeaux et dont il faut citer comme la plus parfaite incarnation, si j'ose m'exprimer ainsi, la Maison Bonnal et fils, est la fabrication des liqueurs, n'en déplaise aux membres de la Ligue contre l'usage de l'alcool. Du reste, il y a liqueurs et liqueurs, comme il y a fagot et fagot, et l'on pourrait renouveler avec des liqueurs la farce classique que fit jadis Ésope avec les langues. Aussi, j'estime qu'il n'est que juste de défendre des produits bienfaisants contre l'assimilation qui peut leur être faite d'autres produits qui sont, au contraire, nuisibles. Un commerce sans scrupule livre aujourd'hui à la manie de certains consommateurs, qui prétendent fabriquer ainsi les liqueurs qu'ils boivent, des fioles contenant ce que le marchand appelle des « doses pour liqueurs ». Ce sont tout simplement des extraits minéraux qui, sous leur très petit volume, imitent le parfum de certaines plantes, mais, loin d'en avoir les vertus hygiéniques, sont toujours très mauvais pour l'organisme.

Ces produits-là, d'ailleurs, sont le plus souvent écœurants, tandis qu'au contraire, après un repas copieux, un petit verre de bonne liqueur végétale remet en place un estomac dérangé et facilite une digestion laborieuse. L'éminent gastronome Brillat-Savarin l'avait bien compris : « La maîtresse de maison — dit-il dans sa *Physiologie du goût* — doit toujours s'assurer que le café est excellent, et le maître que les liqueurs sont de premier choix. »

La Maison Bonnal et fils, dont les produits répondent par excellence à cette dernière exigence, bien que munie aujourd'hui d'une installation à vapeur toute moderne, est restée des plus attachées aux vieilles traditions des anciens liquoristes. C'est ainsi que les alcools de qualité médiocre, les glucoses, les essences et autres ingrédients peu coûteux qui forment la base des produits bon marché, y sont inconnus. Fondée en 1859, d'abord rue Maucoudinat, elle est aujourd'hui, on le sait, établie rue Saint-Remi, au numéro 39.

Cours du Chapeau-Rouge. — Cours du Chapeau-Rouge — une voie dont j'ai fait plus haut l'historique — et au numéro 26, un tailleur de grand mérite et de réputation solidement établie parmi le high life régional, M. Michielsens, a installé ses salons, magasins et ateliers.

Il est inutile de consacrer à la louange de M. Michielsens une notice détaillée. Tout le Sud-Ouest fastueux et gentilhomme se sert chez lui, qu'il s'agisse de se vêtir à l'anglaise ou à la française, qu'il s'agisse du costume des grandes cérémonies ou de l'habillement de la vie ordinaire. Il n'en est pas qui allie plus que M. Michielsens le confortable au goût, l'élégance de la coupe et de la facture à la solidité des riches et modernes tissus employés.

Rue Bouffard. — Dans la rue Bouffard, au numéro 19, à l'angle de la rue Villeneuve, se trouvait, il y a dix ans, un immeuble assez curieux, dont la construction remontait au règne de Louis XV, et qui paraissait avoir subi bien des transformations. Lorsqu'on le démolit, en 1892, on trouva dans ses fondations des traces d'arceaux, qui indiquaient que les locaux devaient être en retrait. A l'entour, on déterra un grand nombre de squelettes humains et d'ossements de chevaux.

Dans cette belle maison, qui se signale à l'attention par un très joli balcon en fer forgé, style Louis XVI, sont établis, sous l'enseigne si connue « A la Chaîne d'Or », les ateliers et magasins de M. Ferris. Comme on le sait, M. Ferris, un artiste plein de science et de conscience, appartient à la grande lignée de nos joailliers locaux. Ses modèles de bijouterie d'art ancien et moderne (d'occasion rare ou de fabrication récente) constituent une collection peut-être unique dans notre ville. Aussi toutes les élégantes fréquentent à la « Chaîne d'Or ».

Rue Vital-Carles. — Au numéro 45 de la rue Vital-Carles, sur le vaste emplacement qu'occupait l'ancienne Permanence, s'élève aujourd'hui le Hammam de Bordeaux.

Le bon goût qui a présidé à l'agencement de ses différentes parties, le luxe et le confort partout répandus, lui avaient déjà permis, au point de vue balnéaire, de tenir la première place dans cette partie de Bordeaux; aussi, est-il devenu le rendez-vous d'une clientèle choisie.

Les nombreuses améliorations apportées par son nouveau et sympathique directeur M. le Dr Léon Réjou, lui ont assuré définitivement le succès. L'hydrothérapie y est appliquée sous toutes ses formes. De véritables bains turco-romains y sont administrés suivant la formule antique. Enfin, l'organisation des services d'électrothérapie, de kinésithérapie et de pneumothérapie ont complété sa mise au point.

Le Hammam de Bordeaux, qui n'avait déjà rien à envier aux autres établissements similaires, peut donc être regardé, maintenant, et à juste titre, comme un véritable monument élevé à l'hygiène et à la médecine moderne.

Nos lecteurs me sauront gré de leur faire visiter, à la suite d'un de ses amis, cet établissement :

Très heureusement situé, dit-il, au centre même de la ville, dans un des quartiers les plus aérés, le Hammam doit à son architecte distingué, M. Pierre Durand, de pouvoir répondre à toutes les exigences d'hygiène et de confort.

Par son aspect monumental et le caractère architectural mauresque de sa triple porte, le Hammam de Bordeaux arrête un moment notre regard en sollicitant notre curiosité. Nous pénétrons dans un vestibule dont le style et la riche ornementation nous retiennent un instant encore. Puis, accompagné par l'aimable cicerone mis à notre disposition par le Dr Léon Réjou, le nouveau médecin-directeur, nous franchissons les quelques marches qui nous séparent du rez-de-chaussée. Sur notre gauche, se trouve l'entrée du service des hommes ; en face, un escalier à moitié dissimulé par un petit massif de palmiers conduit à l'entresol, consacré aux dames, et au premier étage, domaine du docteur et de ses pensionnaires. Enfin, sur notre droite, c'est le bain turc et l'entrée de la piscine.

A tout seigneur, tout honneur. Nous pénétrons à droite. Nous traversons un petit salon de lecture et de conversation, où l'heureuse installation d'un bar y rend l'attente facile et le séjour agréable. Nous soulevons une portière et nous sommes dans le hammam proprement dit. Un long vestibule, bordé de chaque côté d'une série de cabines où les baigneurs échangent leurs habits de ville pour celui, plutôt primitif, que nous verrons tout à l'heure, emprunte à de riches vitraux une lumière douce qui repose déjà nos yeux du jour cru du dehors.

Nous passons, et, laissant sur notre droite le salon de coiffure, nous nous rendons directement à la grande étuve (tépidarium). Le séjour dans cette magnifique étuve, dont les voûtes en plein ceintre ruissellent d'une ornementation du meilleur goût, constitue la première opération d'un bain de hammam. Très sommairement couverts d'un pagne, des baigneurs déambulent; d'autres, assis, attendent en lisant les journaux que la transpiration survienne. D'autres encore pénètrent dans les deux étuves collatérales où la température plus élevée assure un résultat plus complet et plus prompt, pour se livrer, ensuite, étendus sur des tables de marbre, aux mains de masseurs habiles. C'est la seconde opération.

Dans une salle contiguë (lavatorium), les baigneurs disparaissent littéralement sous une mousse parfumée. C'est un savonnage idéal, d'où ils sortent dans un état de propreté absolue pour subir la dernière épreuve : la douche froide.

Mais nous avons hâte de sortir d'une atmosphère qui nous obligerait à un bain de sudation auquel nous ne sommes pas préparé.

Nous entrons dans la salle de repos. Le goût et l'habileté qui ont présidé à l'agencement des différentes parties de l'établissement, se retrouvent spécialement dans la distribution et la décoration de cette salle. Au fond de petits salons, sur des divans à l'étoffe moelleuse, sommeillent, dans le bien-être de la réaction, quelques-uns des bénéficiaires des épreuves dernières, cependant que d'autres, chez qui l'estomac ne perd pas ses droits, empruntent au buffet la consommation réconfortante, et que d'autres encore, plongés dans le *farniente*, semblent suivre d'un œil plutôt narquois les spectres de la goutte, du rhumatisme, etc., emportés sur la blanche fumée qui s'échappe d'un tabac exquis.

Non loin d'eux, suivant l'axe de la grande nef, se trouve une vaste piscine dont une eau courante, alimentée par un jet d'eau, présente ses effets les plus chatoyants. A l'une de ses extrémités, en face des étuves, un salon de lecture offre un asile délicieux, d'où la vue peut, à travers un massif de verdure, embrasser les réelles beautés de cette magnifique salle, dont le plafond, constellé de vitraux qui laissent tamiser une lumière multicolore, prend sa part des beautés architecturales de l'ensemble.

Mais il faut nous arracher à tant d'attractions et poursuivre notre visite. Avant d'atteindre l'entresol, nous devons traverser les autres services hydrothérapiques du rez-de-chaussée et, revenus sur nos pas, nous pénétrons par la porte gauche du vestibule. Devant nous s'alignent, de chaque côté, une longue théorie de cabines consacrées aux bains ordinaires, minéraux, médicinaux, hydro-électriques, etc. Chaque cabine se compose d'un petit salon de déshabillé, séparé de la cabine proprement dite par une tenture. C'est le confortable dans toute son expression. Nous passons également devant quelques salles consacrées au massage, devant les installations de douches ascendantes; puis, tout à l'extrémité du couloir, après avoir contourné une immense glace qui répète à l'infini cette belle perspective, nous trouvons, en face de nous, la salle d'hydrothérapie. C'est une des plus vastes que nous ayons vues ; elle mesure sept mètres sur plus de cinq mètres de large. Douches en jet, douches en pluie, en cercle, etc. Rien ne manque, en un mot, à ce riche arsenal hydrothérapique.

Nous laissons, enfin, le rez-de-chaussée ; nous nous dirigeons vers l'entresol, et nous voilà transporté dans un vaste et magnifique salon en rotonde, qui, de tous côtés, reçoit à flots la lumière.

C'est une salle de conversation, c'est aussi un salon d'attente et de lecture. De chaque côté, les services des dames ; mais un cerbère impitoyable, sous les traits d'une jeune femme en tablier blanc, la tête ornée d'un petit bonnet de cette même blancheur de neige qui semble communiquer sa pureté à l'atmosphère que nous respirons, nous rappelle que c'est l'heure du bain.

C'est la même installation, le même confortable avec je ne sais quoi de féminin qui ajoute encore à la propreté et au bon goût.

Après avoir donné un long regard à notre admirable cathédrale que nous apercevons à travers les tentures de cette pièce spacieuse ; après avoir contemplé, un instant, la silhouette de la tour Pey-Berland, semblant émerger d'un piédestal de verdure, et, d'un coup d'œil circulaire, avoir embrassé la belle place qui s'étend sous nos pieds, il nous faut rétrograder.

Avant de quitter l'entresol, il nous reste à voir la nouvelle installation de bains à vapeur (système Berthe). Bains russes et bains turcs, bains de vapeurs aromatiques, bains d'oxygène, d'acide carbonique, etc. Nous trouvons là une nouvelle et luxueuse organisation : salle d'hydrothérapie que tapissent, de haut en bas, des faïences décoratives (c'est la troisième que nous comptons dans l'établissement), caisse en acajou massif, aux combinaisons multiples, mélangeurs de toute nature perdus au milieu d'un fouillis de cuivres aux mille reflets, lits de massage, etc. C'est là, nous dit bien bas notre guide, non seulement le refuge de celles de nos clientes qui ont un vieux compte à régler avec le rhumatisme, les névralgies et bien d'autres vilains ennemis, mais aussi de celles que guette la gênante obésité et qui veulent conserver, avec la sveltesse des formes, toute la grâce de leur sexe.

Nous montons au premier étage. Malgré l'absence du docteur, nous donnons un rapide coup d'œil au salon où les malades attendent leur tour, au cabinet de consultations, à la salle d'électricité médicale, à la salle de gymnastique suédoise, etc. Nous traversons, enfin, le vestibule sur lequel donnent les chambres des pensionnaires, et nous nous disposons à partir.

Mais, auparavant, nous tenons à visiter les sous-sols. C'est là que nous trouvons les origines du mouvement et de la vie des autres étages.

D'énormes machines, des dynamos, dont la puissance explique les merveilles d'éclairage de là-haut, des pompes qui ne s'arrêtent pas, des chaudières, et que sais-je encore? Notre cicerone, que nos questions ne lassent pas, nous montre les gros appareils où se produisent ces énormes pressions qui permettent d'administrer des douches comme on ne les reçoit qu'au Hammam, et nous fait parcourir la lingerie où serviettes et peignoirs amoncelés s'étagent symétriquement.

Nous remontons au jour, plein de l'impression que le Hammam de Bordeaux est bien l'établissement qu'exigent l'hygiène et la médecine d'aujourd'hui. Comme nous le disions au début, outre une installation balnéaire irréprochable, nous y voyons employés la plupart des agents physiques pour le plus grand bien des affaiblis de toute sorte, des victimes de l'hérédité, du *res augusta domi* et de la suractivité mentale.

Comme dans les trop rares établissements similaires, le corps médical y trouve réunis les éléments d'une thérapeutique puissante, et les sages adeptes d'une hygiène raisonnée y puisent tous les jours le secret de maintenir intacte leur santé et de sortir victorieux de la lutte pour la vie, cette grande faucheuse de notre fin de siècle.

LISTE

DES

Premiers et principaux Souscripteurs

Le Préfet du département de la Gironde.
Le Maire de la ville de Bordeaux.
MM. les Sénateurs de la Gironde.
MM. les Députés de la Gironde.
La Chambre de Commerce de Bordeaux.
La Ligue de l'Enseignement.
La Société Philomathique.
L'Association des Lauréats des Cours de la Société Philomathique de Bordeaux.
L'Association des Étudiants.
Les Cercles de Bordeaux.
Les Sociétés de gymnastique.
La Société de sauvetage du Sud-Ouest.
Les Sociétés de patronage scolaire.
Les Sociétés d'anciens militaires.

MM.	MM.	MM.
Albert.	Bazin (Raymond).	Couëlle (L.).
Andrieu.	Barbe (Emile).	Cadène (J.).
Aymar (Marcel).	Bès (Jules).	Constant (Abel).
Abeilhé (Noël).	Bardot (Ferdinand).	Coquet (de).
Andrieu.	Buisson (C.).	Claverie (Adolphe).
Arrivé.	Baron.	Chaudié (Jean-Louis).
Boutgès (J.).	Belloc.	Cantauzel (Germain).
Barrère (A.).	Béraud.	Canizieux.
Biard (A.).	Betton fils.	Courtin.
Beau (Jean).	Böhler.	Dyriarte (Mme).
Bardié (Armand).	Bontemps.	Dacosta.
Billaudel.	Couturier.	Ducos (Henri).
Boudon (H.).	Castagnède (J.).	Déjean (Adrien).
Bourbon (Emile).	Chataignon (Hector).	Delbos (J.).
Boyer (A.).	Charbonnel.	Devaulx (Léon).
Bernard.	Cuq (Achille).	Drouet (Aristide).
Barraud (A.).	Combalier (Jérome).	Dangey (Léonce).
Bourdeau.	Chrétien.	Descamps.
Bonan.	Crous (Jules).	Dignan (Casimir).
Besse (C.).	Cathala (Louis).	Delhomme (R. E.).

MM.
Duranthon (R.).
Dureau (Albert).
Dupouy.
Dupin (Daniel).
Doussot.
Durand (C.).
Desqueyroux (L.).
Dagut.
Ducor (Camille).
Dency (M™°).
Ducaux (Jean).
Duclot (Sixte).
Domèche (G.).
Delmouly aîné (André).
Demestre.
Dumer.
Forgue.
Faugères (Emile).
Feydieu (Paul).
Ferrière (de).
Félice (de).
Franconny (G.).
Fabre (Joseph).
Fieux (G.).
Faurie.
Gamby (J.).
Gasseau.
Guionié.
Gendre.
Garraud (P.).
Gloris (Michel).
Gouat (Paul).
Guillon (C.).
Gondry (M™° S.).
Gayon (Félix).
Grégory.
Guyau (A.).
Gazel jeune.
Guillot (Georges).
Grou.
Guillot.
Gatineau (F.).
Gautier (R.).
Gautier-Fillastre.
Géhé (R.).
Hardon.
Halphen (Edmond).
Iguzquiza (Adolphe).
Jougounoux (Jean).
Joseph (F.).
Juclier.
Jacmart.
Jacquin (Gustave).

MM.
Kromm (M.).
Laporte.
Laterrade.
Landié (J.).
Laroque frères.
Laureux.
Lagarde (Florence et Ida de).
Langlumé (L.).
Lafourcade (Henri).
Longueville (Louis).
Lafeychine (V™° C.).
Longeagne (M™°).
Lacombe (Emile).
Larré (P.).
Lacouture (M™°).
Ledoux (Samuel).
Lefort (E.).
Lagénie (Maurice).
Lamothe (Valmy).
Labat (H.).
Levasseur.
Laborde-Lacoste.
Lambert (M™°).
Léglise (Henri).
Lhost.
Mensignac (C. de).
Métivier (Marcel).
Massy (Edmond).
Monferran (Léon).
Méric.
Mathet (Auguste).
Merlet (M™°).
Michel (A.).
Martial (Germain).
Moulin (Gustave).
Manhes (G.).
Marrault (H.).
Mignoneau (E.).
Marchand (A.).
Maleyran (M™° B.).
Monteil (J.).
Mora.
Magnient (C.).
Momblanc.
Malaper (général).
Monméja (A.).
Monnot (Gaston).
Montel (Elie).
Marty (Alexandre).
Mathieu (Samuel).
Monnastre-Picamilh.
Menanteau (Antonin).

MM.
Machenaud.
Machinel.
Malbert.
Merlet (J.-L.).
Montaudon.
Muller.
Mussault.
Mollat (A.).
Noguey.
Obissier (Louis).
Paillère (Numa).
Plagnes (E.).
Paular (J.).
Pontaud (de).
Prévot.
Pinçon (Auguste).
Proux (A.).
Peychès (E.).
Peyrony.
Plazanet.
Pouillès.
Privat.
Routurier (J.).
Rémy (G.).
Rivat-Delay (J.).
Richon (H.).
Renoux (B.).
Raoux (Pascal).
Riffaud (M™° Marie).
Robert (Daniel).
Robert (Emile).
Renaud.
Reczka.
Sully-Couteau.
Sagardoy (L.-A.).
Sallabardenne (Hubert.)
Sigalas (Georges).
Sigalas (Alfred).
Servais (M™° V™°).
Salomon de Saint-Sernin.
Strohel (M™°).
Serre.
Sorbe (Camille).
Trémouillères.
Troquart (Charles).
Teychonneau (Abel).
Villepantieu (J.-Z.).
Vacher.
Vièles (Paul).
Ventre (Louis).
Vilatte.
Villechanaux.
Woolongham (D° J.).

TABLE DES MATIÈRES

		Pages.
Préface d'Aurélien Scholl		v
I.	Les Anciens Cafés	1
II.	Blancs et Bleus en 1815	11
III.	Encore Blancs et Bleus	19
IV.	Les Carbonari bordelais	25
V.	Noël sous la Restauration	33
VI.	Les Rameaux	43
VII.	Pâques	49
VIII.	L'Hôtellerie du Chapeau-Rouge	57
IX.	Les Cabarets oubliés	79
X.	Le Cimetière des Étrangers	85
XI.	La Recluse de la Croix-Blanche	93
XII.	La Foire d'autrefois	103
XIII.	La Foire Saint-Fort	111
XIV.	Les Montagnes russes	119
XV.	Les Bains de mer	127
XVI.	Les Hôtels des miracles	137
XVII.	Le Trésor de la Chartreuse	143
XVIII.	Les Grands Hivers	153
XIX.	Les Vieux de la garde	161
XX.	La Rosière de La Brède	171
XXI.	Les Incendies de la rade	179
XXII.	Le Parc-Bordelais	187
XXIII.	La Place du Vieux-Marché	203

XXIV. A la « Halte des Bons Vivants ».	215
XXV. Une Centenaire.	221
XVI. Et Satan conduit le bal!.	227
XXVII. Au « Cul-de-Sac ».	233
XXVIII. En route pour Caudéran!...	239
XXIX. Mariages de Gitanos.	243
XXX. Le Théâtre-Louit.	251
Études sur les rues et places de Bordeaux.	273
Liste des premiers et principaux Souscripteurs.	319

Bordeaux. — Impr. G. Gounouilhou, 11, rue Guiraude.

AMEUBLEMENTS
LÉVEILLEY FRÈRES

64, 66, 67, 68, rue du Palais-Gallien

LES PLUS GRANDS MAGASINS DE MEUBLES DE BORDEAUX

Meilleur marché que partout ailleurs

Succursale à AGEN — Succursale à ALGER

Envoi franco sur demande du nouveau grand Catalogue illustré

G^{de} Fabrique de Meubles ordinaires et de tous styles
MEILLEUR MARCHÉ QUE PARTOUT AILLEURS, A QUALITÉ ÉGALE
Siéges, Tentures, Literie

G^{ve} GARDE & Fils & Cie
Société en commandite par actions au capital de 1,250,000 francs

33, quai de Queyries, 33 — Bordeaux-Bastide

MENUISERIE
DE LUXE ET DE BATIMENT
CHARPENTES, CHALETS, PARQUETS
Moulures — Tournage — Découpage
BAGUETTES D'ENCADREMENT
Glacières, Installations de Boucheries
MATÉRIEL ROULANT pour TRAMWAYS
Et Chemins de fer à voie étroite.

— EXPORTATION —

CUVES

FOUDRES

Pressoirs

MAISON FONDÉE EN 1842

CAVES DU MÉDOC

Maison **A** : 1, rue Huguerie, et 3, place de Tourny
Maison **B** : 180, rue Sainte-Catherine, et 127, cours Victor-Hugo

BORDEAUX

VINS FINS DE BORDEAUX, BOURGOGNE, CHAMPAGNE
Liqueurs et Rhums des premières marques

Expéditions immédiates de caisses assorties au choix de l'acheteur
pour dîners, excursions, parties de chasse, de campagne.

VINS DE BORDEAUX EN BARRIQUES ET DEMI-BARRIQUES

Comptoir et Chais : **65, rue du Jardin-Public**

MAISON
DEWACHTER Frères

36, rue Sainte-Catherine   34, rue du Parlement
67, rue de la Devise

VÊTEMENTS CONFECTIONNÉS ET SUR MESURE
POUR HOMMES ET ENFANTS (en douze heures)

Draperies Françaises et Anglaises
COUPE GARANTIE

SPÉCIALITÉ DE HAUTES NOUVEAUTÉS
Quinze Maisons de vente en France et en Belgique

Maison de confiance, fondée en 1828

CARLOMAN LAFEYCHINE-RIONDÉ
37, rue Esprit-des-Lois, BORDEAUX

PIANOS
De tous les Facteurs et de tous les modèles

Violons, Mandolines, Guitares, Contre-basses, Batteries, etc.

VENTES, LOCATIONS, ACCORDS

ATELIER SPÉCIAL DE RÉPARATIONS

→ TÉLÉPHONE 962

DRAPERIES, HAUTES NOUVEAUTÉS

J.-N. GRANDET
— TAILLEUR —
62, cours de Tourny, 62 — Bordeaux

BEAUX TRAVAUX SUR MESURE
Prix modérés

ENTREPRISE DE DÉMÉNAGEMENTS

C.-E. NASH

72, cours de Tourny, 72	253, chemin d'Eysines, 253
BORDEAUX	**BOUSCAT**

TRANSPORTS DE MOBILIERS ET DE VINS EN BOUTEILLES
En ville, dans toute la France et l'Étranger

Emballage de toute espèce. Spécialité de Transports et de Pianos
Déballage et Magasinage. Voitures capitonnées. Camionnage. Garde-Meubles

---

❋ PAPETERIE DE TOURNY ❋
Ancienne Maison HUTAU, fondée en 1846

J.-N. GRANDET, Successeur
60, cours de Tourny, 60. — BORDEAUX

GRAND CHOIX D'ARTICLES DE FANTAISIE :

Calendriers et Livrets poétiques illustrés — Billets de mariage, de faire-part
Histoires enfantines — Porte-plumes et porte-mines — Cartes de visite
Gravures de fêtes et de 1re Communion — Grand assortiment de papiers à lettres, de luxe
Maroquinerie — Études de peinture, etc. — et de fantaisie — Fournitures de bureaux.

GRAND CHOIX DE MENUS

RHUM DES PLANTATIONS ST-ESPRIT

23 MÉDAILLES
argent et or
ET DIPLOMES D'HONNEUR

MEMBRES DU JURY
aux
GRANDES EXPOSITIONS

MÉDAILLE D'OR A L'EXPOSITION DE BORDEAUX 1895

La plus haute récompense et la seule médaille d'or décernée aux rhums de marques en bouteilles.

DÉPOT GÉNÉRAL:
127, rue de l'Église-Saint-Seurin, 127
BORDEAUX

FOURNISSEURS DU GRAND-HOTEL, PARIS

MATÉRIEL AGRICOLE DE LA GIRONDE

G. PRIMAT

Lauréat des Expositions Universelles de Paris 1878 et 1889

Rue d'Arès prolongée, 86 et 88

BORDEAUX

100 MÉDAILLES D'OR, D'ARGENT ET DE BRONZE

Exposition de Paris 1889
PREMIER PRIX

Exposition de Bordeaux 1895 : DIPLOME D'HONNEUR

Maison G. MILLIAC

19, cours de Tourny, 19

MACHINES A COUDRE

Les plus renommées du monde

Hôtel de Bayonne

Rues Martignac et Maûtre et Cours de l'Intendance

MOULIN-ROUGE

Bordeaux-Caudéran

Hôtel des Princes et de la Paix

Cours du Chapeau-Rouge, 40

BORDEAUX

Mme MERCÉDÈS

Somnambule et célèbre Cartomancienne, Spirite

Travail secret. Conseil et Réussite sur toutes choses. Ôte le mauvais sort et le mal donné. Donne secret pour se faire aimer.

Consultations depuis 1 franc

Reçoit tous les jours : 7, rue Sauteyron, 7

Chemins de Fer du Midi

TARIFS DE VOYAGEURS A PRIX RÉDUITS

(Ces divers renseignements sont donnés sous réserve des modifications
qui pourront survenir pendant l'année 1900.)

BILLETS D'ALLER ET RETOUR

BILLETS D'ALLER ET RETOUR de 1re, 2e et 3e classes, *délivrés tous les jours, de toute gare ou halte du réseau, établis sur les prix du Tarif général, diminués de 25 % en 1re classe et de 20 % en 2e et 3e classes et calculés d'après les distances, à compter de l'itinéraire effectivement suivi.*

(Voir, pour les haltes de 5e catégorie et les conditions, le Tarif spécial G. V. n° 2.)

BILLETS D'ALLER ET RETOUR, *à prix réduits, de toutes les stations du réseau du Midi à* **Paris** *et réciproquement, par la voie des lignes de la Compagnie d'Orléans ou de celles de la Compagnie Paris-Lyon-Méditerranée, selon le point de départ ou de destination du voyageur.*

(Voir, pour les conditions, le Tarif spécial commun G. V. n° 102, chap. 1er, § 4.)

BAINS DE MER. — STATIONS THERMALES ET BALNÉAIRES

(Tarif spécial G. V. n° 6, chap. Ier)

BILLETS D'ALLER ET RETOUR

*Valables pendant **TRENTE-TROIS JOURS**, non compris les jours de départ et d'arrivée.*

Des billets d'aller et retour de toutes classes, avec réduction de 25 % en 1re classe et de 20 % en 2me et 3me classes sur les prix calculés au Tarif général, d'après l'itinéraire effectivement suivi, sont délivrés toute l'année, de toutes les stations du réseau, pour Agde (Le Grau), Alet, Amélie-les-Bains, Arcachon, Argelès Gazost, Argelès-sur-Mer, Arles-sur-Tech (La Preste), Arreau-Cadéac (Vieille-Aure), Ax-les-Thermes, Bagnères-de-Bigorre, Bagnères-de-Luchon, Balaruc-les-Bains, Banyuls-sur-Mer, Barbotan, Biarritz, Boulou-Perthus (Le), Cambo-les-Bains, Capvern, Cauterets (*), Collioure, Couiza-Montazels (Rennes-les-Bains), Dax, Espéraza (Campagne-les-Bains), Gamarde, Grenade-sur-l'Adour (Eugénie-les-Bains), Guéthary (halte), Gujan-Mestras, Hendaye, **Labenne** (Capbreton), Labouheyre (Mimizan), Laluque (Préchacq-les-Bains), Lamalou-les-Bains,

Laruns-Eaux-Bonnes (Eaux-Chaudes), Leucate (La Franqui), Lourdes, Loure-Barbazan, Marignac-Saint-Béat (Lez, Val d'Aran), Nouvelle (La), Oloron-Sainte-Marie (St-Christau), Pierrefitte-Nestalas (Barèges, Luz, Saint-Sauveur), Pau, Port-Vendres, Prades (Molitg), Quillan (Ginoles, Carcanières, Escouloubre, Usson-les-Bains), Saint-Flour (Chaudesaigues), Saint-Gaudens (Encausse, Ganties), Saint-Girons (Audinac-Aulus), Saint-Jean-de-Luz, Saléchan (Sainte-Marie, Siradan), Salies-de-Béarn, Salies-du-Salat, Ussat-les-Bains et Villefranche-de-Conflent (Le Vernet, Thuès, Los Escaldas, Graüs-de-Canaveilles), sous réserve des minima de prix ci-après, correspondant à un parcours, aller et retour, de 100 kilomètres.

8 fr. 40 en 1re classe; 6 fr. 05 en 2me classe; 3 fr. 95 en 3me classe.

La durée de validité peut, sur la demande du voyageur, être prolongée **une ou deux fois de 30 jours,** moyennant le paiement, pour chacune de ces périodes, d'un supplément égal à 10 °/₀ du prix du billet d'aller et retour.

(Voir, pour les conditions particulières, le Tarif spécial G. V. n° 6, chap. 1er.)

En vertu du chapitre II du Tarif spécial G. V. n° 6, des billets d'aller et retour de toutes classes sont également délivrés toute l'année pour Agde (Le Grau), Amélie-les-Bains, Arcachon, Argelès-Gazost, Balaruc-les-Bains, Banyuls-sur-Mer, Biarritz, Cette, Dax, Guéthary (halte), Hendaye, Pau, Port-Vendres, Saint-Jean-de-Luz et Salies-de-Béarn; et du 1er mai au 31 octobre, pour les autres stations déjà nommées au chapitre 1er du Tarif spécial G. V. n° 6, sauf Lourdes et plus Montpellier (Palavas).

Ces billets sont délivrés les vendredi, samedi et dimanche de chaque semaine, au départ de toute station du réseau située à plus de 50 kilomètres des stations thermales et balnéaires ci-dessus, avec réduction de :

40 °/₀ en 1re classe) sur les prix
35 °/₀ en 2me classe } du
30 °/₀ en 3me classe) Tarif général.

Les billets délivrés les vendredi et samedi sont valables, pour le retour, jusqu'au lundi inclusivement; ceux délivrés le dimanche sont valables jusqu'au mardi suivant inclusivement.

Exceptionnellement, les porteurs de billet d'aller et retour pour Biarritz pourront descendre à Bayonne à l'aller, et repartir de cette gare au retour.

(Voir, pour les autres conditions, le Tarif spécial G. V. n° 6, chap. II.)

Billets de Famille à destination des stations thermales et balnéaires des Pyrénées dénommées ci-dessus, plus Cette-Ville. (Valables 33 jours.)

(Chapitre III du Tarif spécial n° 6.)

Des billets de Famille de 1re, 2me et 3me classes sont délivrés toute l'année, à toutes les stations du réseau, pour les stations déjà dénommées au chapitre 1er, avec les réductions suivantes, calculées sur les prix du Tarif général, d'après la distance parcourue, sous réserve que cette distance, aller et retour compris, sera au moins de 300 kilomètres :

Pour une famille de **2** personnes . . . . 20 °/₀
— 3 — . . . . 25 °/₀
— 4 — . . . . 30 °/₀
— 5 — . . . . 35 °/₀
— 6 — et plus . . . . 40 °/₀

La durée de validité de ces billets peut être prolongée **une ou deux fois de trente jours** moyennant le paiement pour chacune de ces périodes, d'un supplément égal à 10 °/₀ du prix du billet d'aller et retour.

BILLETS DE VOYAGES CIRCULAIRES

Pendant toute l'année, il est délivré des billets de voyages circulaires de 1re et de 2me classes, pour les parcours des tarifs spéciaux G. V. n° 5, Midi, et n° 105, commun.

Prix : 1re classe, **68 fr.** ; 2me classe, **51 fr.**, pour les trois premiers parcours, Tarif spécial G. V. n° 5.
1re classe, **91 fr.** ; 2me classe, **68 fr.**, pour les quatrième, cinquième, sixième, septième et huitième parcours. Tarif spécial G. V. n° 5.
1re classe, **114 fr.** ; 2me classe, **87 fr.**, pour le parcours comprenant Marseille, du Tarif spécial commun G. V. n° 105, § 2.

Les voyageurs porteurs de billets de voyages circulaires de ce dernier parcours peuvent, sur leur demande, obtenir à Marseille des billets d'aller et retour pour les gares situées entre Vintimille, Grasse, Draguignan, Les Salins d'Hyères et Toulon inclusivement. Ces billets d'aller et retour comportent la même durée de validité que celle du billet de voyage circulaire et sont susceptibles des mêmes prolongations. Ils donnent aux voyageurs le droit de s'arrêter aux gares situées sur le parcours, à condition de faire apposer à l'arrivée, dans l'une des cases disposées à cet effet, le timbre de la gare d'arrêt.

Faculté de prolongation **d'une ou deux périodes de dix jours**, moyennant le paiement d'un supplément de 10 %, du prix total du billet circulaire, pour chaque période.
Les billets du G. V. n° 5 sont valables **20 jours**, ceux du G. V. n° 105 pendant **25 jours**, le jour du départ non compris.
Ils peuvent être pris à l'avance. Leur validité commence à partir du jour où ils ont été timbrés par la première station de départ.
Billets spéciaux d'aller et retour, avec réduction de 25 %, en 1re classe et de 28 %, en 2me classe sur les prix du cahier des charges pour parcours supplémentaires, non compris dans les itinéraires des billets de voyages circulaires.

(Voir les Tarifs spéciaux G. V. n° 5 Midi, et commun n° 105, pour la désignation des parcours et les autres conditions.)

AVIS IMPORTANT. — *En vue des excursions dans l'Andorre et dans la haute vallée de l'Aude, il est loisible aux voyageurs porteurs de billets du sixième ou du septième parcours, de remplacer, à l'aller ou au retour, soit le trajet Toulouse-Matabiau à Perpignan, ou vice versa, par ceux de Toulouse-Matabiau à Ax-les-Thermes, et de Villefranche-de-Conflent ou de Prades à Perpignan, ou vice versa, soit le trajet Carcassonne à Rivesaltes, ou vice versa, par celui de Carcassonne à Quillan, ou vice versa.*

VOYAGES D'EXCURSIONS

Avec itinéraire tracé d'avance, au gré du voyageur.

Il est délivré toute l'année, à toutes les stations des réseaux du Midi, de l'Est, de l'Etat, du Nord, de l'Orléans, de l'Ouest et de Paris-Lyon-Méditerranée, des **billets d'excursion** à prix réduits, de 1re, 2me et 3me classes, avec itinéraire tracé d'avance, au gré des voyageurs.
La formule de demande sur laquelle sont indiqués les prix et conditions de ces billets est tenue à la disposition du public, dans toutes les stations des réseaux susmentionnés.
Cette demande doit être remise cinq jours à l'avance au chef de la gare de départ.

(Voir le Tarif commun G. V. n° 105, chap. II.)

MAISON
A. BROUILLAUD

120, 122, 124, 126, 126 bis, 128, cours d'Alsace-et-Lorraine

BORDEAUX

VÊTEMENTS

POUR

Hommes et Enfants

TOUT FAITS ET SUR MESURE

FOURNISSEUR

De l'État, de la Ville de Bordeaux

Du Pensionnat J.-B. de La Salle *(depuis sa fondation)*

Des Tramways Électriques

Collèges, Lycées et de plusieurs Administrations

— TÉLÉPHONE N° 1030 —